유튜버 찐군 전체 무료강의 제공

2025 유튜버 찐군 사진기능사

필기 + 실기 필독서

찐군 편저

영상 바로가기

머리말

안녕하세요! 저자 찐군입니다. 제 유튜브 채널 '찐군'을 통해 사진기능사 자격증을 준비하는 많은 분들과 소통하며 함께 성장해왔습니다. 2024년 한 해 동안 여러분과 온라인으로 만나 공부하고 도전하는 과정을 보며 큰 보람을 느꼈습니다. 여러분의 열정과 노력은 저에게도 큰 동기부여가 되었습니다.

그동안 사진기능사 자격증을 준비하면서 많은 분들이 겪는 공통된 어려움을 보았습니다. 특히, 기존의 사진기능사 자격증 관련 유튜브 강의 영상들이 너무 오래되어 현재 시점과 동떨어진 내용이 많았습니다. 이를 보완하기 위해 최신 내용을 반영한 강의 영상을 제작하였고, 함께 더 효율적으로 공부할 수 있도록 이 교재를 출판하게 되었습니다.

이 교재는 사진기능사 시험 준비에 필요한 모든 핵심 내용을 체계적으로 정리하였으며, 파트별로 중요한 문제와 해설을 담아 이론 공부를 효과적으로 할 수 있도록 구성하였습니다. 또한, 실전연습문제를 통해 실제 시험과 같은 환경에서 연습할 수 있도록 하여 학습한 내용을 확실히 다질 수 있도록 했습니다. 또한 실기 내용은 기존 교재의 부족한 부분을 철저히 보강하여 실전에서 꼭 필요한 준비 과정을 담았습니다.

여러분의 합격이라는 목표를 향해 나아가는 여정에 이 교재가 든든한 동반자가 되기를 진심으로 바랍니다. '혼자가 아니라 함께'라는 마음으로, 여러분의 도전을 응원하고 지지하겠습니다. 제 유튜브 채널에서도 여러분들의 합격을 위해 도움 될 만한 유용한 영상들을 계속 업로드할 예정이니 많은 관심 부탁드립니다.

교재 출판에 많은 응원과 도움 주신 모든 분들께 감사드립니다. 그리고 수험생분들의 합격을 진심으로 기원합니다!

찐군 드림.

사진기능사 국가자격증 안내

사진기능사(Craftsman Photography) 자격증이란?

인물, 제품, 광고물 등 피사체의 종류와 작업 요구사항에 따라 카메라, 렌즈, 조명기구, 노출계, 컴퓨터, 프린터 등 각종 장비를 사용하여 촬영, 변환 및 후보정, 출력 등의 사진을 제작하는 직무직무를 수행할 수 있는 인력을 양성하기 위해 한국산업인력공단에서 시행하는 사진 국가 자격증이다.

진로 및 전망

주로 사진관이나 현상소, 슬라이드 전문현상소, 현상인화취급소, 스튜디오 등으로 진출하며, 이외에 기업체 홍보실, 언론 사진부서, 공공기관 보도실, 자료보존실, 예식장, 관광지 사진사, 패션업계, 특수사진취급소 등으로 진출할 수 있다.

취득 방법

① 시 행 처 : 한국산업인력공단

② 시험과목
- 필기 : 1.사진일반 2. 사진재료 및 현상 3. 사진기계 및 촬영
- 실기 : 디지털 사진 촬영 및 사진제작

③ 검정방법
- 필기 : 전과목 혼합, 객관식 4지 택일형, 60문항(60분)
- 실기 : 작업형(1시간 정도)

  카메라세팅작업 → 촬영작업 → 촬영데이터 PC 저장 후보정 → 출력

④ 합격기준
- 필기 : 100점을 만점으로 하여 60점 이상
- 실기 : 100점을 만점으로 하여 60점 이상

출제경향

인물, 상품, 산업제품, 광고물 등 피사체의 종류와 작업요구 조건에 따라 카메라, 조명기구, 노출계, 컴퓨터, 프린터 등 각종 장비를 사용하여 촬영, 변환 및 후보정, 출력 등의 사진제작 직무 수행 능력을 평가

i. 검정현황

연도	필기			실기		
	응시	합격	합격률(%)	응시	합격	합격률(%)
2023	1,637	983	60%	1,356	787	58%
2022	1,515	950	62.7%	1,428	833	58.3%
2021	1,532	1,057	69%	1,347	768	57%
2020	1,097	810	73.8%	1,314	857	65.2%

ii. 수수료

- 필기 : 14,500(원) / - 실기 : 52,900(원)

* 위 내용은 한국산업인력공단 고시 내용을 참고하였습니다.

목차

PART 01 | 사진기능사 필기

PART 02 | 사진기능사 필기 실전연습문제

PART 03 | 사진기능사 실기

PART 01

사진기능사 필기

CHAPTER 01

사진의 역사

1 | 사진의 역사

i. 헬리오그래피(Heliography)

- 프랑스의 조세프 니세포르 니에프스(Joseph Nicéphore Niépce)가 1826년에 개발한 비공식 최초의 사진술이다.
- 사진술 이름을 '태양의 그림'이라는 뜻의 '헬리오그래피(Heliography)'로 명명하였다.
- 최초의 사진 '그라의 창문에서 바라본 조망'은 감광도가 낮아 8시간 노출이 필요했다.
- 양화(포지티브)로 기록되어 음영이 반전되지 않고 보이는 그대로 기록되며 복제가 불가능하다.

ii. 다게레오타입(Daguerreotype)

- 프랑스의 루이 자크 망데 다게르(Louis-Jacques-Mandé Daguerre)가 1839년 개발한 공식적 최초의 사진술이다.
- 사진술 이름을 자신의 이름을 따서 '다게레오타입(Daguerreotype)'으로 명명하였다.
- 은판을 지지체로 사용하는 은판사진술(은판, 은도금 동판)로 선명한 상을 기록하였다.
- 수은증기로 현상하는 수은증기 현상법으로 사진 제작하였다.
- 양화(포지티브)로 기록되어 음영이 반전되지 않고 보이는 그대로 기록되며 복제가 불가능하다.

iii. 칼로타입(Calotype)

- 영국의 윌리엄 헨리 폭스 탈보트 (William Henry Fox Talbot)가 1841년 개발한 사진술이다.
- 사진술 이름을 '아름다운 그림'이라는 뜻의 칼로타입(Calotype)으로 명명하였다.
- 종이를 감광판으로 사용하여 선명하지 않고 그림 같은 사진을 기록하였다.
- 음화인 네거티브를 기록하고 양화(포지티브)를 만드는 방식으로 복제가 가능했다. 이는 오늘날 네거티브 필름의 방식을 최초로 사용한 것이다.

	헬리오그래피	다게레오타입	칼로타입
시기	1826년	1839년	1841년
국가	프랑스	프랑스	영국
발명가	조세프 니세포르 니에프스	루이 자크 망데 다게르	윌리엄 헨리 폭스 탈보트
감광판	비투먼을 입힌 백랍	은판/은도금 동판	종이
양화/음화	양화(포지티브)	양화(포지티브)	음화(네거티브)
복제	불가능	불가능	가능

핵심 문제 : 사진의 역사-최초의 사진

01 초기 사진술에 대하여 옳지 않은 내용을 고르시오.

① 사진 발명 초기에는 감광시간이 매우 길었다.
② 다게레오타입은 음화로 기록되어 복제성이 있었다.
③ 롤 필름의 개발은 사진의 대중화에 기여했다.
④ 칼로타입은 영국의 탈보트가 개발하였다.

02 헬리오그래피(Heliography)에 대한 설명으로 옳지 않은 내용을 고르시오.

① 양화로 기록하였다.
② 프랑스의 니엡스가 발명한 사진술이다.
③ 감광도가 빨라 즉시 사진을 얻을 수 있었다.
④ '태양의 그림'이라는 뜻의 사진술이다.

03 그리스어로 '아름다운 이미지'라는 뜻의 사진술로 영국의 탈보트가 발명한 사진술은 무엇인가?

① 다게레오타입
② 콜로디온 습판법
③ 칼로타입
④ 틴 타입

04 1839년 8월 19일 공식적 최초의 사진으로 인정을 받게 된 사진술과 발명가는?

① 롤 필름 - 이스트먼
② 습판사진법 - 아처
③ 헬리오그래피 - 니에프스
④ 다게레오타입 - 다게르

05 칼로타입(Calotype)에 대한 설명으로 옳은 내용을 고르시오.

① 포지티브 양화 기법이다.
② 복사성을 가지고 있다.
③ 지지체가 유리판이어서 다게레오타입보다 선명하다.
④ 프랑스에서 개발되었다.

정답 및 해설

01 ②

해설 다게르의 다게레오타입은 양화로 기록되는 사진술이다. 복제성이 있는 사진술은 칼로타입과 콜로디온 습판법이다.

02 ③

해설 헬리오그래피는 감광도가 낮아서 한 장의 사진을 얻는데 약 8시간의 노출이 필요했다.

03 ③

해설 그리스어로 '아름다운 이미지'라는 뜻의 사진술은 영국 탈보트가 발명한 '칼로타입'이다.

04 ④

해설 1839년 8월 19일에 발표하여 최초의 사진술로 인정받은 사진술은 다게르의 다게레오타입이다.

05 ②

해설 킬토타입은 지지체가 종이이고 네거-포지 방식으로 복제가 가능했다.

2 | 감광재료의 발달

i. 콜로디온 습판법(Collodion Process)

- 영국의 프레데릭 스코트 아처(Frederick Scott Archer)가 1851년 개발한 사진술이다.
- 빛에 민감한 콜로디온을 유리판에 발라 습한 상태에서 촬영하는 방식이다.
- 음화(네거티브)를 양화(포지티브)로 만드는 방식으로 복제가 가능했다.
- 유리판을 사용하여 선명한 상을 기록할 수 있었다.
  → 칼로타입의 복제성 + 다게레오타입의 선명도
- 젖어 있는 상태로 바로 현상해야 하는 불편함이 있다.
- 초기 엠브로타입(Ambrotype)에서 지지체를 금속판으로 사용하는 틴 타입(Tintype)으로 발전하였다.
- 1871년 젤라틴 건판 개발 전까지 널리 사용된 사진술이다.

ii. 젤라틴 건판법(Gelatin Dry Plate)

- 영국의 리처드 리치 메독스(Richard Leach Maddox)가 1871년 개발한 사진술이다.
- 건식으로 사용할 수 있어 콜로디온 습판처럼 즉각 현상할 필요가 없었다.
- 찰스 베네트(Charles Bennett)가 1878년 고감도 건판을 개발하였다.

iii. 롤 필름(Roll Film)

- 미국의 조지 이스트먼(George Eastman)이 1884년 개발한 필름이다.
- 스풀에 감겨 있는 긴 필름으로 연속촬영이 가능하도록 고안된 필름이다.
- 1888년 박스카메라 '코닥'과 함께 카메라의 소형화와 필름의 대량 생산으로 사진의 대중화에 기여하였다.
- *"버튼만 눌러주십시오, 다음 일은 우리에게 맡겨 주십시오"* 라는 코닥의 슬로건은 사진을 대중들에게 더욱 친숙하고 접근 가능한 매체로 자리 잡게 했다.

iv. 컬러 사진

- 영국의 물리학자 물리학자 맥스웰(J. C. Maxwell)이 1861년 최초로 R(Red), G(Green), B(Blue) 3색 분해 촬영한 3색 분해 네거티브를 사용하여 컬러 사진 재현하였다.
- 1935년 코닥 최초의 컬러필름인 코닥크롬(Kodakchrome)이 탄생하였다.

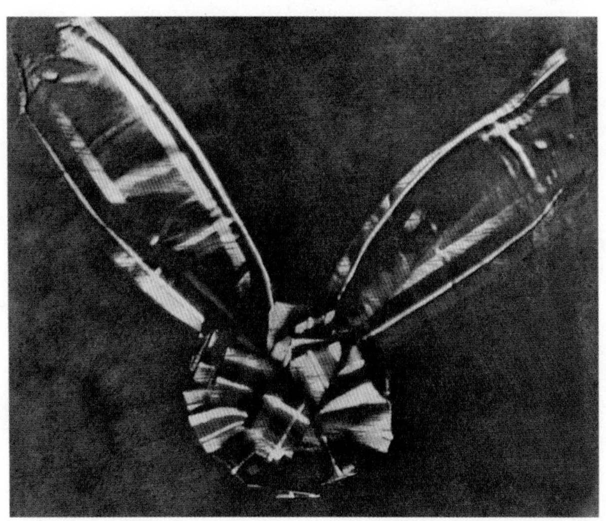

[헬리오그래피 → 다게레오타입 → 칼로타입→ 콜로디온 습판법(엠브로타입) → 틴 타입 → 건판/고감도 건판 → 롤 필름 → 컬러사진]

핵심 문제 : 사진의 역사-감광유제의 발달

01 콜로디온 습판법에 대한 설명으로 옳은 것은?

① 다게레오타입이나 칼로타입보다 인화시간이 길다.
② 노출시간이 매우 길고 현상 과정이 간단하다.
③ 사진 결과물이 선명하지 않고 흐릿하다.
④ 촬영으로 얻은 한 장의 네거티브로 여러 장의 포지티브를 인화할 수 있었다.

02 감광재료가 발달한 순서로 옳은 것은?

① 건판→습판→필름→은판
② 습판→은판→건판→필름
③ 은판→습판→건판→필름
④ 필름→은판→건판→습판

03 롤 필름의 개발과 소형 박스카메라로 사진의 대중화를 이끈 사람은?

① 조지 이스트먼
② 리처드 리치 매덕스
③ 탈보트
④ 존 프레드릭 허셀

04 3원색의 이론을 설명하여 컬러사진의 토대를 마련한 인물은?

① 맥스웰
② 허셀
③ 매독스
④ 아처

정답 및 해설

01 ④

해설 콜로디온 습판법은 네거티브(음화)로 기록되며 복제성이 있어 여러 장의 포지티브(양화)를 인화할 수 있다.

02 ③

해설 감광재료가 발달한 순서는 '은판→습판→건판→필름' 순이다.

03 ①

해설 조지 이스트먼은 롤 필름과 소형 박스카메라를 개발하여 사진의 대중화에 큰 기여를 한 인물이다.

04 ①

해설 영국의 물리학자 맥스웰은 Red, Green, Blue 각각 분해 촬영하여 최초의 컬러 사진은 재현하였다.

3 | 카메라의 발달사

i. 카메라 옵스큐라(Camera Obscura)

- 카메라 옵스큐라는 '방(Camera)'과 '어두운(Obscura)'의 합성어로 '어두운 방'이라는 뜻이다.
- 오늘날 카메라의 기원이 되는 도구이다.
- 어두운 방 외부의 풍경이 벽에 뚫린 작은 구멍을 통해 구멍의 반대편 벽에 상이 투영된다.
- 빛의 직진성으로 인해 상하, 좌우 역상을 맺는 원리이다.(바늘구멍 사진기/핀홀카메라 원리)
- 초기에 그림을 그리기 위한 보조 수단으로 활용되었다.
- 카메라 옵스큐라의 발전
  - 볼록 렌즈 부착하여 상을 선명하게 하였다.
  - 상자 형태로 작게 제작하여 휴대가 가능하게 만들었다.

- ㅇ 내부에 45도 거울을 설치하여 상의 위아래가 뒤집히지 않게 하였다.

ii. 카메라 루시다(Camera Lucida)

- 윌리엄 하이드 울러스턴(William Hyde Wollaston)이 개발 드로잉 보조 도구로 '밝은 방'이라는 뜻이다.
- 프리즘과 거울을 이용한 드로잉 보조 도구로 활용되었다.

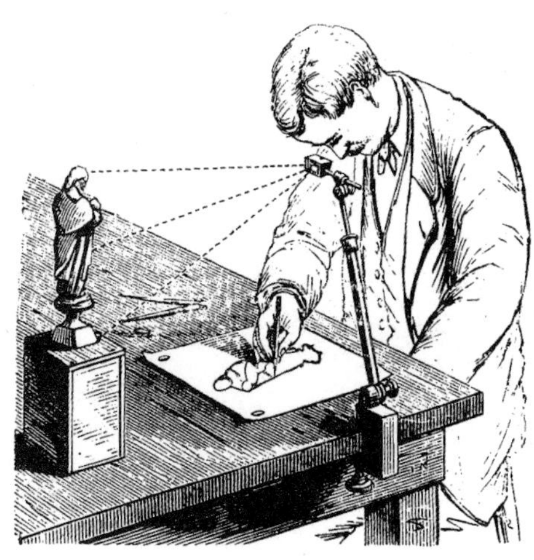

iii. 카메라의 발달

- 초기 나무상자에 렌즈를 장착한 다게레오타입 카메라(Daguerreotype camera)부터 다양한 형태의 카메라로 발전하였다.
- 뷰카메라, 필드카메라, 레인지파인더 카메라, SLR카메라, 디지털카메라(DSLR, 미러리스 등)이 있다.

핵심 문제 : 사진의 역사-카메라 발달사

01 오늘날 사진 촬영 도구인 사진기의 기원이 되는 카메라 옵스큐라와 연관 없는 것은 무엇인가?

① 거꾸로 비치는 상
② 벽에 뚫린 작은 구멍
③ 어두운방
④ 거울과 펜타프리즘

02 카메라 옵스큐라는 피사체를 좌우상하 역상이 투영되는데 그 이유는 무엇인가?

① 빛의 직진
② 빛의 회절
③ 빛의 굴절
④ 빛의 반사

03 카메라 루시다(Camera lucida)의 발명가는 누구인가?

① 조세프 니세포르 니엡스
② 윌리엄 울러스턴
③ 존 허셀
④ 맥스웰

04 다음에서 설명하는 장치는 무엇인가?

> 윌리엄 울러스턴이 발명한 도구로 도화지 위에 프리즘을 이용하여 공간과 입체감을 사실적으로 재현하여 사진이 발명되기 전 휴대용 드로잉 보조 도구로 많이 활용되었다.

① 카메라 드로잉　② 카메라 프리즘
③ 카메라 옵스큐라　④ 카메라 루시다

05 카메라 옵스큐라는 오늘날의 완성도 있는 카메라의 모습이 되기까지 여러 차례 개량되어 왔다. 다음 중 가장 먼저 개량된 사항은?

① 카메라 옵스큐라 크기를 줄였다.　② 카메라 옵스큐라에 초점 조절 장치를 설치했다.
③ 카메라 옵스큐라의 구멍에 오목렌즈를 끼웠다.　④ 카메라 옵스큐라의 구멍에 볼록렌즈를 끼웠다.

정답 및 해설

01 ④
해설 거울과 펜타프리즘으로 구성된 카메라는 일안반사식(SLR)카메라에 대한 설명이다.

02 ①
해설 카메라 옵스큐라로 투영되는 상이 좌우상하 역상인 이유는 빛의 직진성 때문이다.

03 ②
해설 카메라 루시다를 발명한 사람은 '윌리엄 울러스턴'이다.

04 ③
해설 카메라 루시다는 윌리엄 울러스턴이 프리즘을 이용하여 발명한 드로잉 보조 도구이다.

05 ④
해설 카메라 옵스큐라의 가장 처음 개량된 사항은 구멍에 볼록렌즈를 끼우는 것이었다.

4 | 주요사진사

i. 슐체 (J. H. Schulze)

- 독일 교수 및 박식가(polymath)이다.
- 18세기 초 은(Ag)이 광선에 반응하는 것을 과학적으로 증명하였다.

ii. 에드워드 마이브리지(Eadweard Muybridge)

- 영국 사진가로 움직이는 말, 다양한 인간의 활동 등 동물의 동작과 인체의 동작을 연속촬영(모션 픽쳐)하였다.
- 인간과 동물의 움직임을 체계적으로 연구하고 사진으로 촬영한 책을 출간하였다.

iii. 로저 펜튼(Roger Fenton)

- 영국 정부의 공식 사진가로 1855년 크리미아 전쟁을 촬영한 최초의 전쟁 사진가이다.
- 기존의 콜로디온 습판법에 자신만의 독특한 감광 처리를 하여 사진을 제작하였다.

iv. 워커 에반스(Walker Evans)

- 미국 보도사진가로 미국의 농업안정국 FSA(Farm Security Administration)에 소속되어 1935년 미국 경제공황으로 인한 어려운 미국 농촌의 모습을 다큐멘터리 기록하였다.

v. 에리히 살로몬(Erich Salomon)

- 독일 유대인 뉴스 사진작가로 상대방이 의식하지 못한 상태에서 자연스러운 동작이나 표정을 훔쳐서 찍는 사진을 찍었다(캔디드 포토 Candid Photo).

vi. 존 허셸(John Herschel)

- 영국의 박식가로 1819년경 하이포가 염화은의 용해제임을 발표하였다.
- 티오황산나트륨으로 미감광은을 용해하는 정착 방법을 제시하였다.

vii. 알프레드 스티글리츠(Alfred Stieglitz)

- 미국의 사진가로 사진분리파 운동(Photo-Secession)을 전개하며 291화랑을 운영하고 카메라 워크(Camera Work)지를 발행하였다.
- 회화적이고 과장된 연출에서 벗어나 순수하고 사실적인 사진을 추구하는 스트레이트 포토(Straight photography)를 제창하였다.
- 후반기 연작 시리즈로 구름을 소재로 촬영한 '동등한'이라는 뜻의 '이퀴벌런트(Epuivalent)'시리즈를 촬영하였다.

핵심 문제 : 사진의 역사-주요 사진사

01 은(Ag)이 빛에 반응하는 것을 과학적으로 증명한 학자는 누구인가?

① 애드워드 머이브리지
② 안셀 아담스
③ 슐체
④ 니에프스

02 에드워드 마이브리지에 대한 내용으로 옳은 것은?

① 카메라 루시다를 발명하여 이동하며 스케치 도구로 유용하게 사용하게 했다.
② 렌즈를 개발하여 더욱 선명한 상을 얻게 하였다.
③ 오늘날에도 사용하는 네거티브 형태의 필름을 개발하였다.
④ 동물과 인체의 동작을 연속 촬영하여 정확한 동작의 표현을 한 자료집을 만들었다.

03 최초로 전쟁 사진을 촬영한 로저 펜튼에 관한 내용으로 옳은 것은?

① 미국 남북전쟁을 촬영했다.
② 소형 35mm 필름을 사용하여 촬영했다.
③ 콜로디온 습판법을 사용하여 촬영했다.
④ 최초로 컬러 필름을 사용하여 사진을 촬영했다.

04 1935년 미국의 경제공황을 계기로 결성한 미국 농업안정국 FSA의 사진가로 미국의 농촌 상황을 기록한 사진가는?

① 워커 에반스
② 게리 위노그랜드
③ 에드워드 웨스턴
④ 이모젠 커닝햄

05 상대방이 의식하지 못한 상태에서 그 자연스러운 동작이나 표정을 훔쳐서 찍는다는 의미의 캔디드 포토(Candid Photo)의 대표적인 사진가는?

① 마이너 화이트
② 안셀 아담스
③ 에리히 살로몬
④ 헨리 피치 로빈슨

06 이퀴벌런트(equivalent)에 대한 설명으로 옳은 것은?

① 알프레드 스티글리츠가 사용한 이 용어는 '동등한'이란 뜻의 그의 연작물이다.
② 에드워드 웨스턴이 설립한 사진가 그룹의 이름이다.
③ 안셀 아담스가 고안한 체계로 여러 단계의 존으로 흑백 농도를 구분한다.
④ 에리히 살로몬이 상대방이 인식하지 못한 자연스러운 장면을 포착한 것이다.

정답 및 해설

01 ③
해설 슐체는 은(Ag)가 빛에 반응한다는 것을 과학적으로 증명하였다.

02 ④
해설 에드워드 머이브리지는 동물과 인체의 연속동작을 촬영하였다.

03 ③
해설 미국 남북전쟁을 촬영한 사진가는 매튜 브레디(Mathew Brady)이다. 최초의 전쟁 사진은 크리미아 전쟁을 촬영한 로저 팬튼(Roger Fenton)이 촬영했으며 콜로디온 습판법을 이용하여 사진을 제작하였다.

04 ①
해설 루즈벨트 대통령이 시행한 뉴딜정책의 일환으로 설립된 농업안정국(FSA)은 대공황 시기에 미국 농민과 노동자의 삶을 개선하려는 목적을 두고 있으며 워커에반스(Walker Evans)를 비롯한 도로시어랭(Dorothea Lange) 아서 로드스타인(Arthur Rothstein) 등의 사진가들을 고용하여 농민들의 삶을 사진으로 기록했다.

05 ③
해설 에리히 살로몬(Erich Salomon)은 독일 출신 사진가로 소형 카메라를 사용하여 인물의 자연스러운 표정과 행동을 포착하는 '캔디드 포토'의 선구자이다.

06 ①
해설 알프레드 스티글리츠(Alfred Stieglitz)는 미국 근대 사진에 큰 기여를 한 사진가로 스트레이트 포토를 주창하며 사진 분리파운동은 전개하였다. 또한 291화랑을 운영하고 카메라 워크지를 창간 하였으며 후반기 작품으로 이퀴벌런트 연작 사진을 촬영하였다.

CHAPTER 02

광학의 기초

1 | 빛의 속성

i. 직진

- 빛은 기본적으로 동일한 매질에서 직진하는 성질을 갖는다.
- 핀홀카메라(Pinhole Camera)는 빛의 직진성을 이용하여 상을 형성한다.

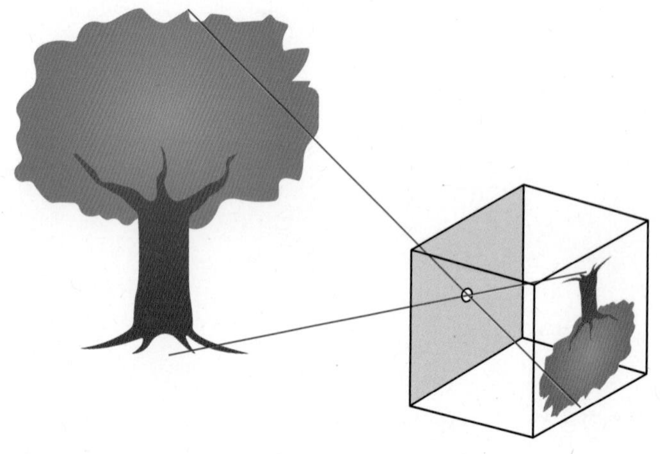

ii. 반사

- 빛이 한 물질의 경계면에 입사할 때, 그 단색광의 진동수가 변하지 않고 빛이 되돌아오는 현상이다.
- 입사광에 대한 반사광의 비를 반사율이라고 한다.
- 빛이 반사하는 표면에 따라 정반사와 난반사로 나뉜다.
- **정반사**
  - 매끈한 면을 경계로 일어나는 반사로 거울반사 또는 경면반사라고도 한다.
  - 입사각과 반사각이 같아서 특정 방향에서만 관찰할 수 있다.

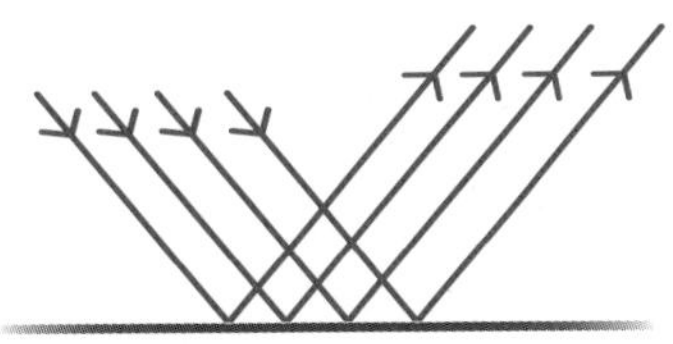

- **난반사**
  - ㅇ 거친 면을 경계로 발생하는 반사로 확산반사라고도 한다.
  - ㅇ 반사될 때 빛이 산란되어 여러 방향에서 관찰할 수 있다.

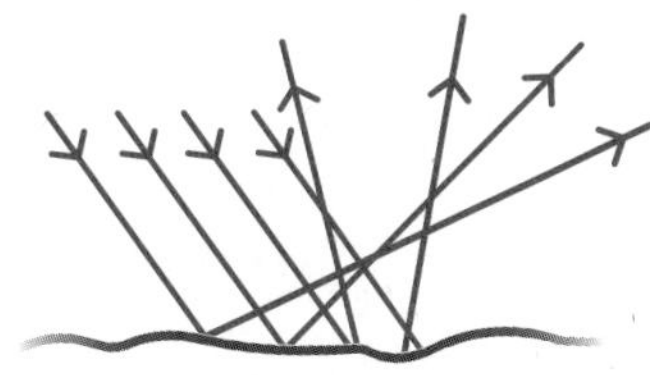

- 빛의 대부분의 파장을 반사하면 흰색으로 보이고 흡수하면 검은색으로 보인다.
- 특정 파장을 선택적으로 반사하면 해당 색상으로 보이게 된다.
  예시) 빨간 파장의 빛을 반사하고 이 외 다른 파장 흡수→ 우리 눈이 빨간색으로 인식

iii. 투과와 굴절

- 투과 : 빛이 지나가는 물질의 종류(매질)가 투명성을 가지면 빛의 일부가 그 재료를 통과하는 현상이다.
- 굴절 : 빛은 기본적으로 직진하지만 투과하는 물질의 종류(매질)에 따라 빛의 속도가 달라져 방향이 바뀌는 현상이다.

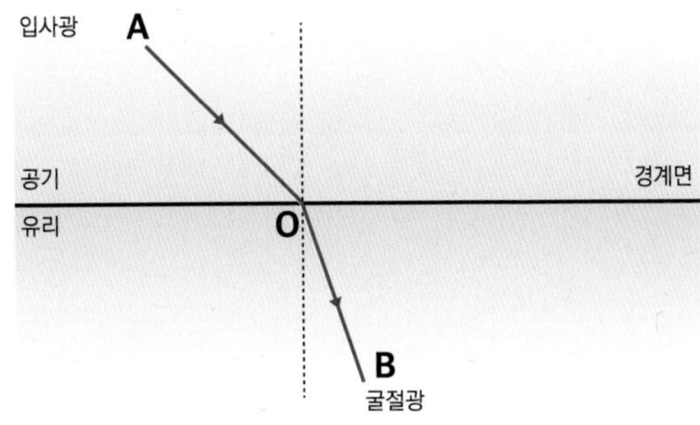

- 빛의 속도
  진공 > 공기 > 물 > 유리 > 플라스틱
- 굴절의 양
  - 빛의 파장이 길수록(장파장) 적게 굴절하고 빛의 파장이 짧을수록(단파장) 많이 굴절한다.
    [파장]
    빨강 > 주황 > 노랑 > 초록 > 파랑 > 남색 > 보라
    [굴절]
    빨강 < 주황 < 노랑 < 초록 < 파랑 < 남색 < 보라

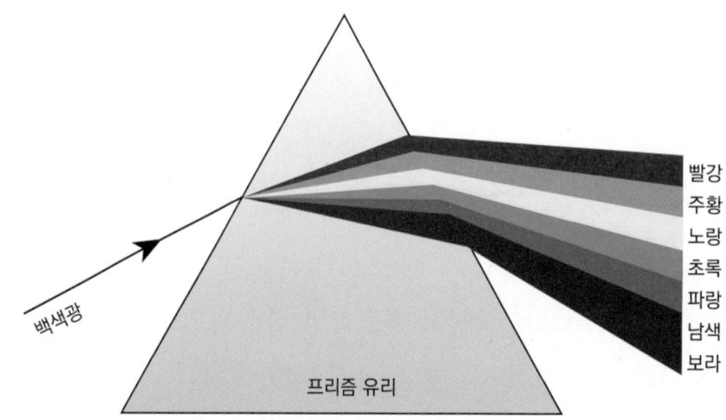

iv. 분산(분광)

- 빛의 파장에 따라 굴절되는 정도가 달라서 한 줄기의 빛이 나누어져 스펙트럼으로 나타나는 현상이다.
- 빛 → 프리즘 : 굴절 발생 → 분광 : 스펙트럼

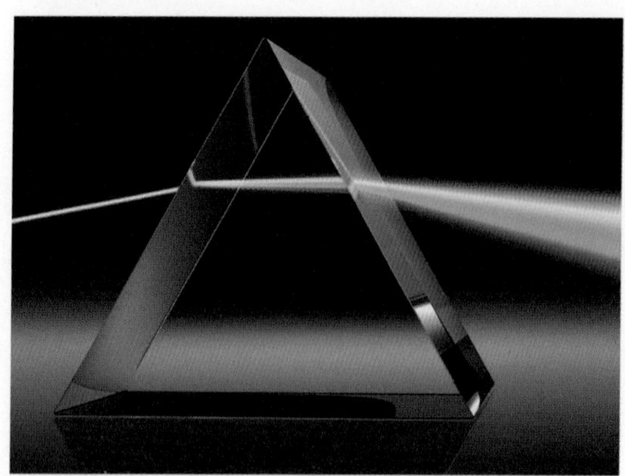

v. 회절

- 장애물로 인해 파동의 전파 일부가 차단되었을 때 장애물의 그림자까지 파동이 전파되는 현상이다.
- 조리개를 너무 많이 조이면 회절현상이 발생하여 해상력이 저하된다.

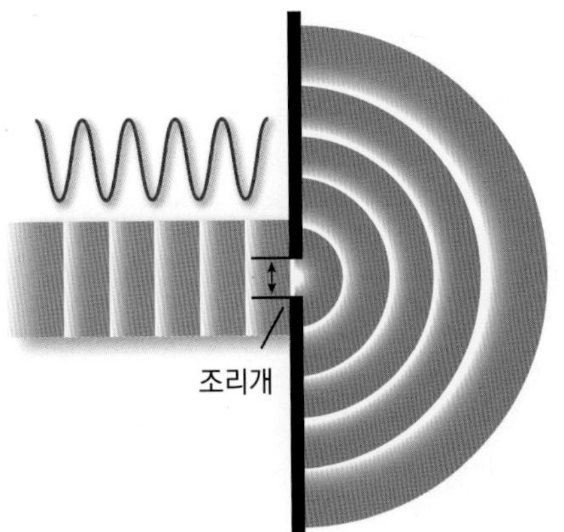

핵심 문제 : 빛의 속성

01 빛의 성질에 대한 설명으로 옳지 않은 것은?

① 입사광에 대한 반사광의 비를 반사율이라고 한다.
② 직진하는 빛이 다른 매질을 만나면 빛의 속도가 달라져 일부는 굴절한다.
③ 빛은 균일한 매질 속에서 회절과 직진을 동시에 한다.
④ 빛이 한 물질의 경계면에 입사할 때, 그 단색광의 진동수가 변하지 않고 빛이 되돌아오는 현상을 반사라 한다.

02 가시광선이 프리즘을 통과할 때 빛의 성질에 대한 설명으로 옳은 것은?

① 굴절되지 않는다.
② 모든 파장의 빛이 일정하게 굴절한다.
③ 장파장의 빛이 가장 많이 굴절된다.
④ 단파장의 빛이 가장 많이 굴절된다.

03 조리개를 너무 많이 조이게 되면 해상력이 저하되는데 그 이유로 옳은 것은?

① 빛의 직진
② 빛의 반사
③ 빛의 굴절
④ 빛의 회절

04 빛의 여러 현상 중 스펙트럼(spectrum)과 가장 관계있는 것은?

① 직진
② 반사
③ 굴절
④ 회절

정답 및 해설

01 ③

해설 빛은 균일한 매질 속에서 직진한다. 회절은 빛이 장애물로 인해 일부가 차단되었을 때 발생한다.

02 ④

해설 가시광선이 프리즘을 통과할 때 단파장의 빛이 가장 많이 굴절되고 장파장의 빛이 가장 적게 굴절된다.

03 ④

해설 렌즈의 조리개를 과도하게 조이게 되면 빛의 회절현상으로 인해 해상력이 저하될 수 있다.

04 ③

해설 스펙트럼은 빛이 프리즘을 통과할 때 빛의 파장에 따른 굴절로 분광 되는 현상이다.

2 | 광원의 종류 및 성질

i. 태양광(자연광)

- 태양광은 광선의 양과 질이 수시로 변화한다.
- 시간에 따라 연속적인 움직임으로 인해 빛의 방향이 변한다.
- 시간 또는 날씨에 따라 색이 변화한다.
- 광원의 광량, 방향, 색온도 등의 조절이 불가능하다.
- 피사체는 촬영거리에 관계없이 균일한 조명을 받는다.

ii. 가시광선과 비가시광선

- 가시광선(Visible Light)

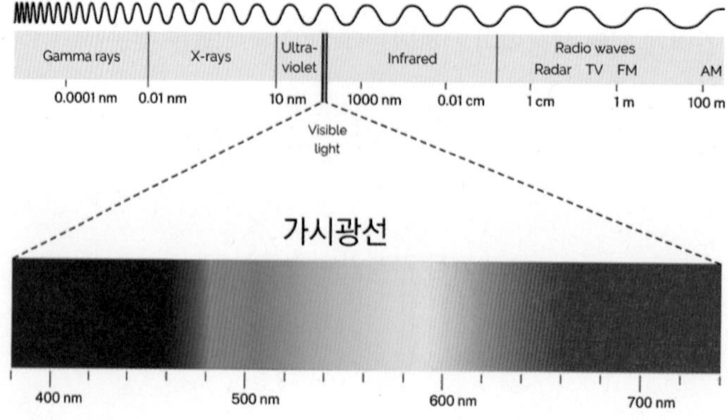

- o 380nm~780nm 파장의 광선으로 사람의 눈으로 인식할 수 있는 빛의 영역을 말한다.
  380~450nm : 보라, 남색 영역
  450~495nm : 파랑 영역
  495~570nm : 초록 영역
  570~590nm : 노랑 영역
  590~620nm : 주황 영역
  620~750nm : 빨강 영역
- o 1666년 뉴턴이 프리즘을 이용한 스펙트럼 분광을 통해 관측하였다.

- 자외선(Ultraviolet, UV)
  - o 가시광선보다 파장이 짧은 광선으로 파장 범위는 약 290~380nm이다.
  - o 살균 등의 일상생활에 활용되며 형광물질이 반응하여 빛을 발한다는 특징이 있다.
- 적외선 (Infrared, IR)
  - o 가시광선보다 파장이 긴 광선으로 파장 범위는 약 780nm~1mm이다.
  - o 특수한 반사와 투과력에 의해 문서나 회화의 감정, 감식사진 등에 이용된다.

iii. 인공광

- 인공광은 태양광 이외의 인위적으로 발생한 모든 빛을 말한다.
- 태양광에 비해 시간적·공간적 제약이 적고 조명의 방향, 광량 조절이 용이하다.
- 조명의 종류와 피사체의 거리를 이용해 빛 조절이 가능하다.
- 조명거리, 위치 및 필터 등의 조작이 없을 경우 광도와 콘트라스트는 고정된다.
- 넓은 지역에 균일한 조명 효과를 주기 어렵다.
- 광원의 크기가 커질수록 그림자 경계가 부드럽게 표현되고 광원의 크기가 작아질수록 그림자 경계가 날카롭게 표현된다.
- 디퓨져와 같은 조명 액세서리를 이용하여 피사체를 부드럽게 표현할 수 있다.
- 스포트라이트(Spotlight)는 집중된 빛의 직사광으로 디테일이 없는 짙은 그림자를 생성한다.
- 인공광의 종류로 지속광(텅스텐, 형광등, LED 등), 순간광(플래시) 등이 있다.

3 | 색온도

- 색온도는 광원의 분광분포를 켈빈(Kelvin, K)으로 표기한 것으로 빛의 색상을 온도의 개념으로 표현한다.
- 색온도가 낮을수록 붉은색, 높을수록 푸른색을 띤다.

• 필름은 색온도가 고정되어 필터로 조절하고, 디지털카메라는 화이트밸런스 설정으로 조절한다.

천공광	10000~20000K	
흐린 날 하늘	7000~8000K	
맑은 날 정오 청색전구, 플래시	5500~6000K	 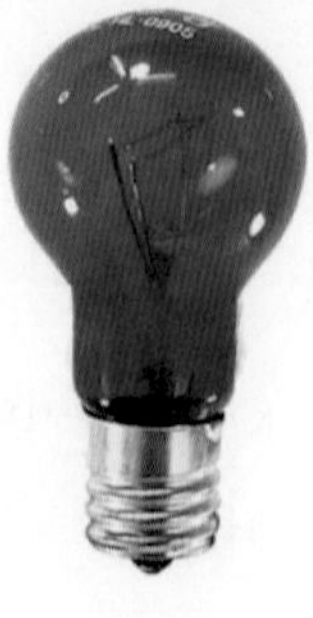 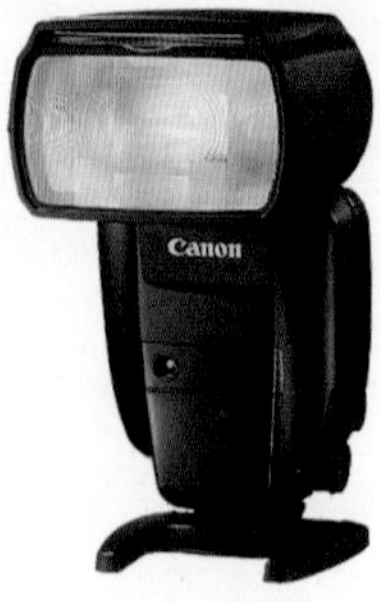

텅스텐, 할로겐, 백색전구	3000~4000K	
일출 / 일몰	2000~3000K	
촛불	1000~2500K	

핵심 문제 : 광원의 종류 및 성질

01 사진촬영 시 자연광을 사용할 경우 주의할 사항으로 옳은 것은?

① 같은 시간의 자연광의 밝기는 언제나 똑같다.
② 같은 시간의 자연광의 위치는 언제나 똑같다.
③ 자연광은 시간 및 계절에 따라 광질이 변화한다.
④ 시간이 변화하더라도 동일한 콘트라스트를 가진다.

02 특수한 반사나 투과력에 의해서 문서나 회화의 감정, 감식사진에 이용되고 가시광선보다 파장이 긴 광선은?

① 자외선 ② 적외선
③ 감마선 ④ X선

03 가시광선보다 파장이 짧은 광선으로 사람 눈에는 안 보이지만 살균에 사용되고 형광물질에 비추면 형광물질이 빛을 발하는 광선을 무엇이라고 하는가?

① 적외선 ② 자외선
③ 감마선 ④ 가시광선

04 사진촬영에 사용되는 인공광의 특성으로 적절한 것은?

① 객관적이고 사실적인 광질을 갖는다.
② 시간에 따라 위치가 계속 변하는 성질이 있다.
③ 특별한 조절이 없다면 광량과 콘트라스트는 고정되어 있다.
④ 촬영 장소에 따라 색온도가 달라진다.

05 색온도에 대한 설명으로 옳은 것은?

① 촛불의 색온도는 대략 1,900K이다.
② 색온도가 7,000K 이상이면 붉은색으로 나타난다.
③ 맑은 날 정오의 태양광의 색온도는 대략 2,200K이다.
④ 맑은 날 천공광의 색온도는 5,500K이다.

정답 및 해설

01 ③

해설 자연광은 시간과 계절에 따라 위치, 광량, 색온도 등의 광질이 변화한다.

02 ②

해설 적외선은 가시광선보다 파장이 길어서 사람의 눈으로 보이지 않지만 특수한 반사와 투과력으로 인해 문서나 회화의 감정과 감식사진에 활용된다.

03 ②

해설 자외선은 가시광선보다 파장이 짧아 사람의 눈으로 보이지 않지만 사람의 피부를 노화시키고 살균 작용을 하며 형광물질에 비추면 형광물질이 빛을 발한다는 특성이 있다.

04 ③

해설 지속적으로 변화하는 자연광과 달리 인공광은 특별한 조절을 따로 하지 않는다면 광량과 콘트라스트는 고정된 상태로 빛을 발한다.

05 ①

해설 색온도가 높을수록 푸른빛, 낮을수록 붉은빛을 띠며 촛불-약 1000~2500K, 맑은 날 정오 태양광-약 5500k, 천공광 - 약 10,000k이다.

4 | 광량 측정

i. 입사식 노출 측정

- 피사체로 입사되는 빛의 양(조도)을 측정한다.
- 반사율에 영향을 받지 않고 흰색과 검은색을 정확하게 표현할 수 있다.

- 네온사인, 태양과 같이 스스로 빛을 발하는 대상은 측정할 수 없다.
- 접사 링이나 벨로스를 사용할 때 (플랜지 백이 길어졌을 때) 노출량을 증가시켜야 한다.
- 입사식 노출계
  - o 피사체로 입사되는 빛의 양(조도)을 측정하는 노출계
  - o 플라스틱 반투명 반구형의 수광부를 통해 180°까지 모든 빛을 받아들인다.
  - o 실제 조명의 밝기를 측정하며 반사율에 영향을 받지 않는다.

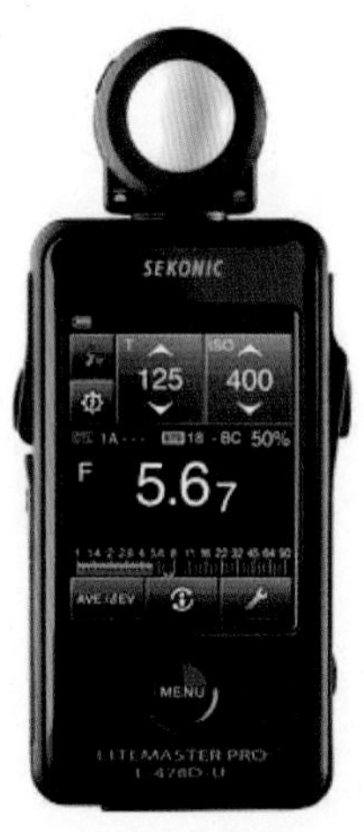

ii. 반사식 노출 측정

- 피사체 방향으로 향하여 피사체가 반사하는 빛의 양(휘도)을 측정한다.
- TTL노출계, 스팟(Spot)노출계

- 적정 노출을 반사율 18% 기준으로 삼기 때문에 흰색은 노출이 부족, 검은색은 노출 과다로 표현된다. 그렇기 때문에 흰색과 검은색의 장면을 촬영할 때는 노출 보정이 필요하다.
- 네온사인과 같이 빛을 발하는 물체도 측정 가능하다.
- 그레이 카드

  - 반사율 18%의 중성 회색 카드로 반사식 노출계의 표준 피사체이다.
  - 반사식 노출계 카메라로 촬영 시 정확한 노출과 화이트밸런스 설정이 가능하다.

iii. TTL측광

- Through The Lens의 약자로 카메라 내부에 설치된 반사식 노출계이며 렌즈를 통해 들어오는 빛을 측정한다.
- 반사식 노출계이므로 적정 노출의 기준을 반사율 18%로 한다.
- 여러 렌즈나 필터를 사용해도 따로 노출 보정을 해줄 필요 없다.
- SLR카메라, DSLR카메라, 미러리스 카메라에 활용된다.
- TTL 이외의 반사식 노출계 수광소자의 종류는 Se(셀레늄), SPD(실로콘 포토 다이오드), CdS, GPD(갈륨 포토 다이오드) 등이 있다.

iv. 측광방식

- TTL노출계가 내장된 카메라에서 장면의 밝기를 측정하는 방식이다.

- 피사체의 위치, 촬영 환경, 빛의 조건에 따라 다양한 모드로 사용된다.
- 분할, 중앙부중점, 부분, 스팟 등이 있다.(카메라 제조사마다 이름이 다를 수 있음)

표시	측광방식	내용
	분할 측광	• 화면의 모든 부분을 각각 따로 측정하고 평균값을 계산하여 노출 • 어떤 상황에서도 적절한 노출을 맞추기에 초보자가 쉽게 사용 • 극단적인 상황에서 부적절할 수도 있음(역광 등) • =평가 측광 =매트릭스 측광 = 멀티 패턴 측광 = 평균 측광
	중앙부중점 측광	• 중앙 부분의 빛에 더 비중을 두어 노출을 맞추는 방식 • 중앙부 60% 주변부 40%
	부분 측광	• 화면의 좁은 부분을 측광(스팟보다는 넓은 범위) • 화면의 약 10~15%의 영역을 기준으로 노출
	스팟 측광	• 화면의 극히 좁은 부분의 점을 측광 • 화면의 약 3~5%의 영역을 부분 기준으로 노출

핵심 문제 : 광량측정

01 노출계에 백색 반구 형태의 수광소자를 결합하여 피사체로 입사하는 빛의 양을 측정하는 노출 측정 방식은?

① 스팟 측정법　　② 입사식 측정법
③ 화이트 카드 측정법　　④ 그레이카드 측정법

02 그레이 카드(gray card)에 대한 설명 중 옳은 것은?

① 표면에 입사하는 광선의 18%만을 반사하고 나머지는 모두 흡수한다.
② 표면에 입사하는 광선의 35%만을 흡수하고 나머지는 모두 반사한다.
③ 표면에 입사하는 광선의 35%를 반사하고 나머지는 모두 흡수한다.
④ 표면에 입하사는 광선 18%만을 흡수하고 나머지는 모두 반사한다

03 TTL 노출 측광 방식에 대한 설명으로 옳은 것은?

① 렌즈를 통과한 빛을 직접 측정하며 반사율 18%를 기준으로 한다.
② 대형 카메라에 내장된 노출계이다.
③ 피사체로 입사하는 빛의 양을 측정하는 방식이다.
④ ND필터를 사용할 때 필터 계수 값을 계산하여 노출 보정을 해 주어야 한다.

04 노출계에 사용되는 수광소자가 아닌 것은?

① GPD
② CdS
③ CMS
④ SPD

05 측광모드에 대한 설명으로 옳지 않은 것은?

① 평가 측광 - 화면을 중앙과 주변부로 분할하여 중앙부만 측광한다.
② 중앙중점 부분 측광 - 화면 중앙을 기준으로 약 60%를 측광한다.
③ 부분 측광 - 화면 중앙을 기준으로 약 20%를 측광한다.
④ 스폿 측광 - 화면 중앙을 기준으로 약 8%를 측광한다.

정답 및 해설

01 ②

해설 입사식 노출계는 플라스틱 반투명한 반구형의 수광부가 있으며 피사체로부터 광원을 향하여 피사체로 입사하는 빛의 양을 측정한다.

02 ①

해설 그레이 카드는 반사율 18%의 중성 회색 카드이며 그레이 카드로 입사하는 빛의 18%만 반사하고 나머지는 흡수한다.

03 ①

해설 TTL(Through The Lens)은 카메라 내부에서 렌즈를 통해 들어오는 빛의 양을 직접 측정하는 방식이다. 반사식 측정 방식이기 때문에 반사율 18%를 기준으로 삼는다.

04 ③

해설 CMS는 Color Management System을 말한다.

05 ①

해설 평가(분할) 측광은 화면의 모든 부분을 각각 따로 측정하고 평균값을 계산하여 노출을 결정하는 방식이다.

5 | 광량 조절

i. 조리개를 이용한 광량 조절

- 조리개는 카메라 렌즈 안에 위치하여 통과하는 빛의 양을 조리개 크기로 조절하는 장치이다.
- 조리개 크기에 따라 f값(f-number, Focal Ratio)이 정해진다.
  f값이 증가하면 조리개 크기가 작아지고 노출이 감소한다.
  f값 감소하면 조리개 크기가 커지고 노출이 증가한다.

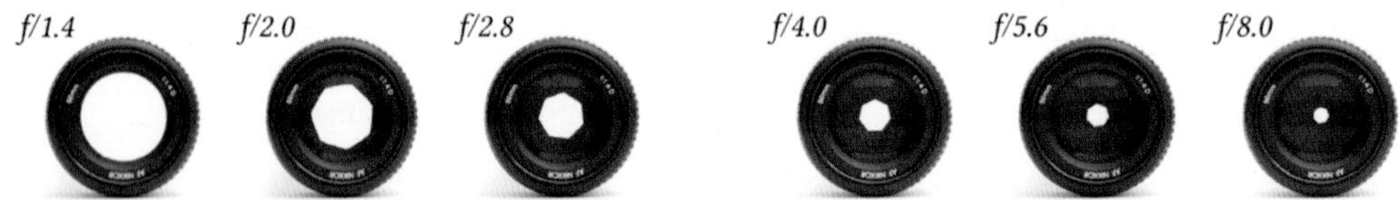

- f 값은 렌즈 초점거리를 유효구경으로 나눈 값이다.
  F = 초점거리/유효구경
- 스톱(stop) : 빛의 양이 2배 증감하는 단계를 스톱이라고 한다.
  → 2배 증감하면 한 스톱, 4배 증감하면 두 스톱, 8배 증감하면 세 스톱
- f1부터 한 스톱씩 조리개 나열: 우측으로 갈수록 조리개 조여지며 노출 감소
  f1 f1.4 f2 f2.8 f4 f5.6 f8 f11 f16 f22 f32 f45 f64
- 조리개 크기에 따라 피사계심도 조절이 가능하다.
  f값이 증가하면 피사계심도가 깊어져 초점이 맞는 범위가 확대된다. : 팬포커스
  f값이 감소하면 피사계심도가 얕아져 초점이 맞는 범위가 축소된다. : 아웃포커스

ii. 셔터를 이용한 광량 조절

- 셔터(Shutter)는 카메라 바디 내부(포컬플레인셔터) 또는 렌즈 내부(렌즈셔터)에 위치하여 통과하는 빛의 양을 셔터가 열리고 닫히는 시간으로 조절하는 장치이다.
- 셔터스피드가 느려질수록 빛의 양이 증가하고 셔터스피드가 빨라질수록 빛의 양이 감소한다.

- 1초부터 한 스톱씩 셔터스피드 나열(초) : 우측으로 갈수록 셔터속도 빨라지며 노출 감소
  1" 1/2 1/4 1/8 1/15 1/30 1/60 1/125 1/250 1/500 1/1000 1/2000 1/4000 1/8000
- 필름이나 이미지센서(감광재료)에 빛이 들어가지 못하도록 차광 역할을 한다.
- 피사체의 움직임을 정적으로 또는 동적으로 표현(운동감) 한다.
- **포컬플레인셔터**
  - o 카메라 바디 안에 위치하여 선막과 후막의 간격(슬릿, slit)을 통해 노출하는 셔터이다.
  - o 선막과 후막의 간격이 멀어질수록 느린 셔터스피드이고 선막과 후막의 간격이 좁아질수록 빠른 셔터스피드이다.
  - o 일안반사식카메라(SLR)에서 채택하고 있다.

- **렌즈셔터(리프셔터)**
  - o 렌즈 안에 위치하여 렌즈 중심에서 가장자리로 열렸다가 닫히는 방식으로 노출하는 셔터이다.
  - o 레인지파인더 카메라, 이안반사식카메라(TLR), 뷰카메라 등에서 채택하고 있다.

iii. ISO감도

- ISO감도는 필름 또는 디지털 이미지센서가 빛에 대해 얼마나 민감하게 반응하는지를 수치화한 것이다.
- ISO감도가 높을수록 빛에 대한 민감도가 상승하여 노출이 증가한다.
  ISO감도가 낮을수록 빛에 대한 민감도가 감소하여 노출이 감소한다.

- 1초부터 한 스톱씩 ISO감도 나열 : 우측으로 갈수록 감도가 높아지며 노출 증가
  100 200 400 800 1600 3200 6400 12800 25600
- 필름의 감도에 따라 감광유제의 특성이 달라진다(입상성, 해상력, 관용도, 콘트라스트 등).
- 디지털카메라에서 설정 감도가 높아지면 노이즈가 발생하여 화질이 저하된다.
- ISO(International Standard Organization), ASA(American Standard Association), DIN(Deutsche Industry Normal) 등의 단위를 사용한다.

iv. 노출 모드

- P모드
  - o 프로그램(Program) 모드, 자동 모드
  - o 조리개와 셔터스피드를 카메라가 자동으로 설정하는 노출 모드이다.
- M모드
  - o 매뉴얼(Manual) 모드, 수동 모드
  - o 조리개와 셔터스피드를 촬영자가 직접 수동으로 설정하는 노출 모드이다.
  - o 카메라의 노출 인디케이터를 확인하여 노출 결정한다.
- Av(A)모드
  - o 조리개 우선(Aperture Value, Aperture) 모드
  - o 촬영자가 조리개를 설정하면 카메라가 자동으로 셔터스피드를 설정하는 반자동 모드이다.
- Tv(S)모드
  - o 셔터스피드 우선(Time Value, Shutter) 모드
  - o 촬영자가 셔터스피드를 설정하면 카메라가 자동으로 조리개 수치를 설정하는 반자동 모드이다.

v. 상반법칙과 상반측불궤

- 상반법칙
  - o 조리개와 셔터스피드의 상관관계에 의해 일정하게 노출하는 법칙이다.
  - o 예시) [F5.6, 1/125초, ISO100] = [F8, 1/60초, ISO100]
  - o 조리개와 셔터스피드의 값이 달라도 같은 노출을 기대할 수 있다.
  - o 조리개와 셔터스피드가 서로 반비례하여 같은 노출을 유지한다.
- 상반측불궤
  - o 노출시간이 극도로 빠르거나 느려지는 상황에서 노출의 상반법칙이 적용되지 않고 노출 부족 되는 현상이다.
  - o 슬라이드 필름을 장노출 촬영 시 컬러 밸런스가 깨지는 현상이다.

vi. EV

- 'Exposure Value'의 약자로 주어진 노출에 대한 빛의 양을 나타내는 수치를 말한다.
- 조리개 수치와 셔터속도의 조합으로 표기한다.
- 조리개가 f1일 때 EV 값은 0이고 한 스톱 씩 수치가 증가할 때마다 1씩 증가하고 셔터스피드가 1초일 때 EV 값은 0이고 한 스톱 씩 빨라질 때마다 1씩 증가한다.

S / F	1	1.4	2	2.8	4	5.6	8	11	16	22
1	0	1	2	3	4	5	6	7	8	9
1/2	1	2	3	4	5	6	7	8	9	10
1/4	2	3	4	5	6	7	8	9	10	11
1/8	3	4	5	6	7	8	9	10	11	12
1/15	4	5	6	7	8	9	10	11	12	13
1/30	5	6	7	8	9	10	11	12	13	14
1/60	6	7	8	9	10	11	12	13	14	15
1/125	7	8	9	10	11	12	13	14	15	16
1/250	8	9	10	11	12	13	14	15	16	17
1/500	9	10	11	12	13	14	15	16	17	18
1/1000	10	11	12	13	14	15	16	17	18	19

핵심 문제 : 광량 조절

01 조리개의 역할이 아닌 것은?

① 피사계심도를 조절한다.
② 렌즈를 통과하는 빛의 양을 조절한다.
③ 기록되는 상의 밝기를 균일하게 한다
④ 피사체의 운동감을 조절하여 동적인 표현을 한다.

02 카메라 셔터의 기능에 대한 설명으로 옳은 것은?

① 촬영 구도를 조절하고 범위를 결정
② 피사체에서 반사되는 빛을 모아 필름에 상을 형성
③ 빛을 양을 받아들이는 시간을 통해 조절
④ 색온도를 조절하여 원하는 색감을 촬영

03 카메라 모드에 관한 설명으로 옳지 않은 것은?

① M 모드 - 수동 모드로 촬영자가 조리개, 셔터를 모두 조절하여 촬영한다.

② AV/A 모드 - 조리개 우선 모드로 촬영자가 조리개를 설정하면 자동으로 카메라가 셔터스피드를 설정하여 촬영한다.

③ TV/S 모드 - 셔터 우선식 모드로 촬영자가 셔터스피드를 정하면 자동으로 카메라가 조리개를 설정하여 촬영한다.

④ P 모드- 감도 우선 모드로 촬영자가 조리개, 셔터를 정하면 카메라가 자동으로 감도를 설정하여 촬영한다.

04 조리개 f/8, 셔터 속도 1/125초, ISO 100이 적정 노출이었다. 조리개를 고정한 채로 ISO를 400으로 변경하여 동일한 장면을 촬영한다면 적정 노출의 셔터 속도는?

① 1/60초　② 1/125초

③ 1/250초　④ 1/500초

05 셔터속도 1초일 때 EV 1의 F넘버로 옳은 것은?(ISO 100일 때 기준)

① 1.0　② 1.4

③ 2　④ 2.8

정답 및 해설

01 ④

해설 셔터에 대한 설명이다.
조리개의 역할 - 렌즈로 통과하는 빛의 양 조절, 피사계심도 조절, 화상의 중앙과 주변부 밝기 고르게 해주는 역할

02 ③

해설 셔터는 빛을 허용하는 시간을 조절하여 빛의 양을 조절하며 운동감 조절을 할 수 있다. 색온도 조절과 거리가 멀다.

03 ④

해설 P모드는 프로그램(Program)모드이며 조리개와 셔터스피드를 카메라가 설정하는 모드이다.

04 ④

해설 ISO100과 ISO400은 두 스톱 차이(증가)가 나므로 셔터스피드를 두 스톱(감소) 빠르게 하여 노출을 맞춰준다.

05 ①

해설 조리개 f1일 때 EV 값은 0이고 한 스톱 씩 수치가 증가할 때마다 1씩 증가한다. 또한 셔터스피드가 1초일 때 EV 값은 0이고 한 스톱 씩 빨라질 때마다 1씩 증가한다.

CHAPTER 03

색채의 기초

1 | 색의 기본 성질

색은 색의 3속성(요소)인 색상, 명도, 채도로 이루어진다.

i. 색상

- 색상은 다른 색과 구별되는 고유한 색의 명칭이나 특징을 의미하며 영어로는 Hue(H)라고 표기한다.
- 유채색에만 있고 무채색에는 없다.
- 색의 온도감을 나타낼 수 있다.
  - o 난색계열(빨강, 주황, 노랑) → 따뜻한 느낌
  - o 한색계열(파랑, 남색, 보라) → 차가운 느낌

ii. 명도

- 명도는 색의 밝고 어두운 정도를 나타내며 영어로 Value(V) 또는 Lightness(L)로 표기한다.
- 유채색과 무채색에 모두 있다.
- 색의 3속성 중 인간의 눈 민감도에 가장 큰 영향을 미친다. (명도 > 색상 > 채도 순)
- 색의 중량감을 표현할 수 있다.
  - o 고명도 → 가벼운 느낌
  - o 저명도 → 무거운 느낌

iii. 채도

- 채도는 색의 맑고 탁한 정도를 나타내며 영어로 Chroma(C) 또는 Saturation(S)으로 표기한다.

- 흰색, 검은색, 회색과 같은 무채색이 섞이지 않은 순수한 색을 순색이라고 하며, 순색에 가까울수록 채도가 높다.
- 유채색에만 있고 무채색에는 없다.
- 침정과 흥분 효과를 유발한다.
  - 고채도(청색) → 흥분
  - 저채도(탁색) → 침정

iv. 무채색과 유채색

- **무채색**
  - 명도만 있고 색상과 채도는 없는 색을 말한다.
  - 명도의 단계로 구별하며 온도감이 느껴지지 않는 중성색이다.

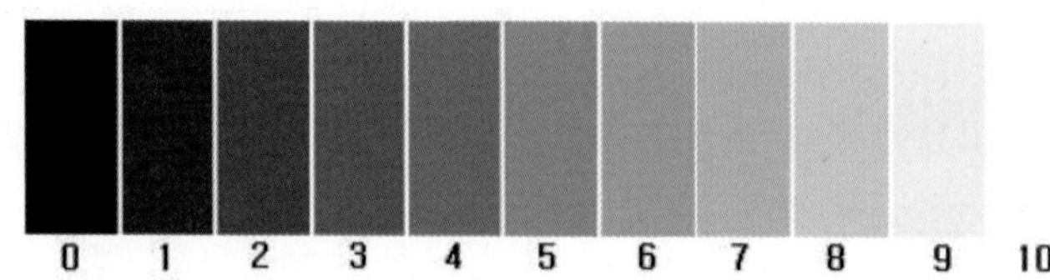

- **유채색**
  - 색상, 명도, 채도를 모두 갖는 색으로 순수한 무채색 이외의 모든 색을 말한다.

핵심 문제 : 색의 기본 성질

01 색의 3속성을 옳게 나타낸 것은?

① 색상, 명도, 조도
② 조도, 휘도, 채도
③ 색상, 조도, 채도
④ 색상, 명도, 채도

02 색의 3속성 중 인간의 눈에 가장 빠르고 예민하게 작용하는 요소는?

① 색상
② 명도
③ 채도
④ 감도

03 무채색에 대한 설명으로 옳지 않은 것은?

① 검은색, 회색, 흰색을 포함한다.
② 색의 3속성 중 명도만 가지고 있다.
③ 반사율이 낮을수록 검은색이 된다.
④ 무채색은 빛의 삼원색을 포함한다.

04 어떤 색을 보고 흥분 또는 침정되는 것을 느낀다면 색의 3속성 중 어느 것과 가장 관계가 있는가?

① 색상
② 명도
③ 채도
④ 유채색

05 색의 3속성 중 중량감을 가장 잘 나타내는 요소는?

① 색상
② 명도
③ 채도
④ 순도

정답 및 해설

01 ④
해설 색의 3속성은 색상, 명도, 채도이다.

02 ②
해설 색의 3속성 중 사람의 눈이 가장 민감하게 반응하는 요소는 명도이다.

03 ④
해설 무채색은 색의 3속성 중 명도로만 구성되는 색을 말하며 색상과 채도는 포함하지 않는다.

04 ③
해설 흥분과 침정 효과와 관련된 것은 색의 채도이다.

05 ②
해설 색의 중량감을 나타내는 요소는 색의 명도이다.

2 | 색의 표시

i. 색상환

- 색상환은 여러 가지 색을 체계적으로 둥글게 늘어놓은 것을 말한다.
- 스펙트럼에서 보이는 7가지 색과 그 사이의 수많은 색들을 연속적으로 둥글게 배열하였다.
- 여러 색을 시각적으로 이해하고 조합하는 데 유용한 도구로 활용된다.

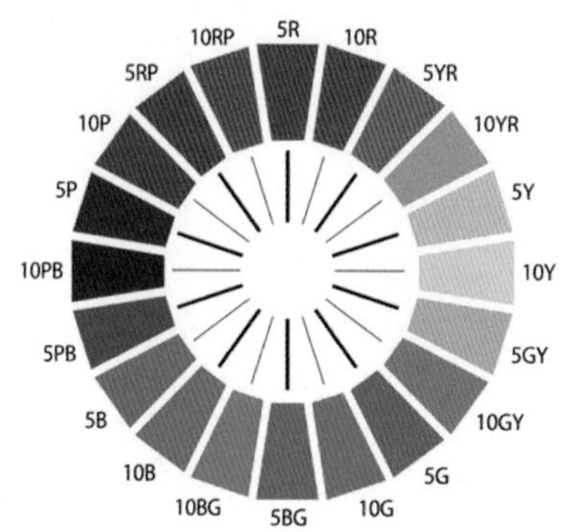

ii. 색입체

- 색입체는 색의 3속성(생상, 명도, 채도)을 계통적, 입체적으로 배열한 것을 말한다.
- 색상 - 원 : 스펙트럼 순
  명도 - 직선(수직의 축) : 위↑-고명도, 아래↓-저명도
  채도 - 중심에서 방사선 : 안쪽-저채도 , 바깥쪽-고채도

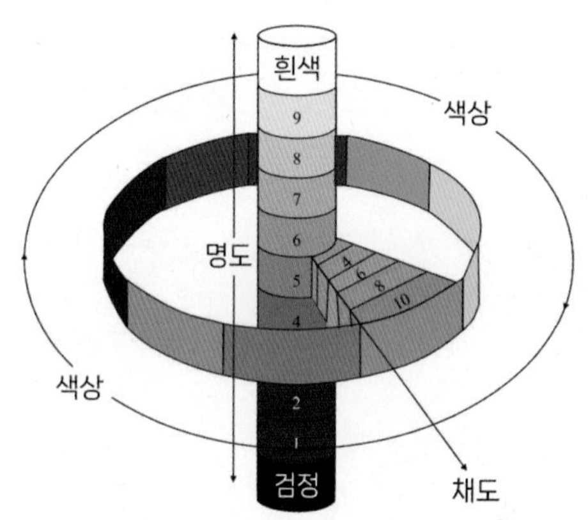

- 색입체의 수직단면(등색상면)
  - o 색입체를 수직으로 절단한 것이다.
  - o 축을 중심으로 동일한 색상이며 반대쪽 보색을 나타낸다.

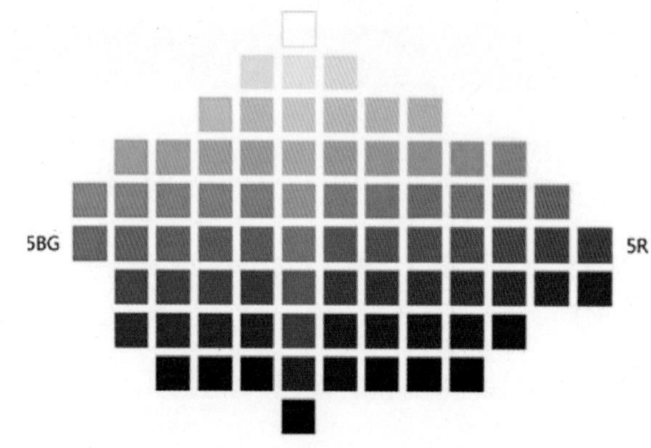

iii. 표색계

- **먼셀 표색계**
  - o 미국의 화가, 색채학자 먼셀(Muncell)이 1905년 고안한 색체계이다.
  - o 색의 3속성인 색상, 명도, 채도로 색을 분류하여 표시한다.
  - o 색상 기호 H, 명도 기호 V, 채도 기호 C로 표시한다.
  - o 뉴턴의 색을 보고 정리한 색체계이며 우리나라 교육용으로 주로 활용된다.
  - o 5가지 기본색 : 빨강(R), 노랑(Y), 초록(G), 파랑(B), 보라(P)
    5가지 중간색 :주황(YR) 연두(GY) 청록(BG) 남색(PB) 자주(RP)

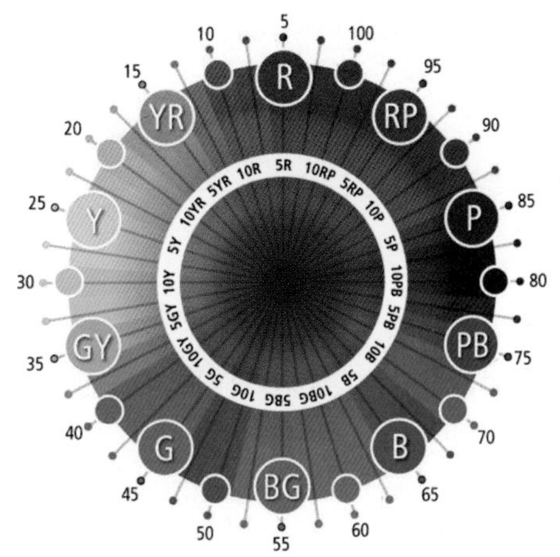

o H V/C로 표기한다.
예) 빨강의 순색 표기
5R 4/14 - 색상:5R(빨강), 명도:4, 채도:14

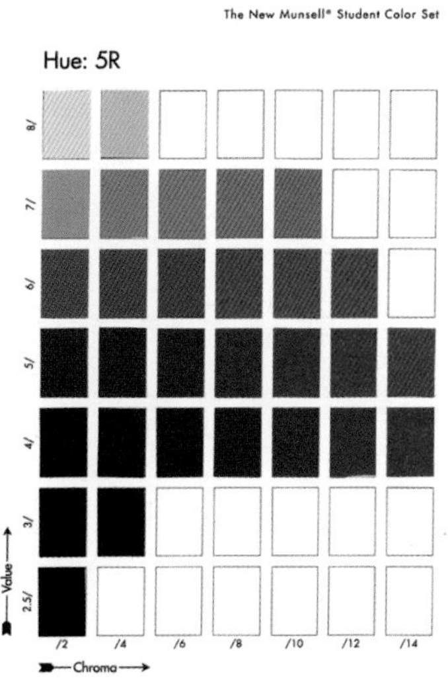

- **오스트발트 표색계**
  - o 완전색(C), 백색(W), 흑색(B)의 혼합 비율로 표시하는 표색계이다.
  - o B+C+W=100%라는 삼각형 원리를 기반으로 한다.

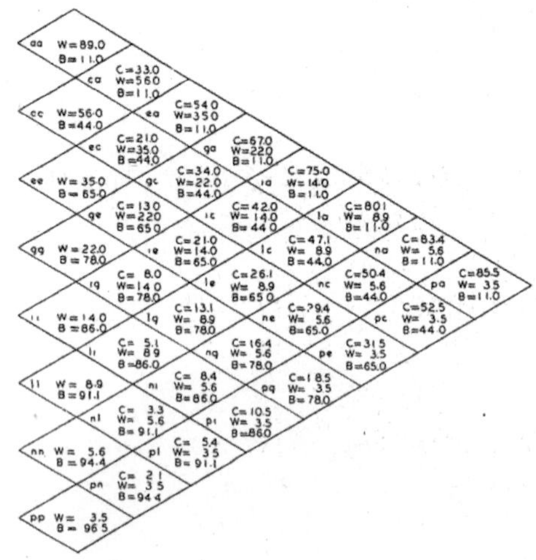

- **NCS 표색계**
  - o 시대에 따라 변하는 유행색이 아닌 보편적인 자연색을 기본으로 인간이 어떻게 색채를 보느냐에 기초한 표색계이다.
  - o 헤링의 4원색설을 기원으로 하여 오스트발트 색체계를 원형으로 한다.
  - o 6가지 심리색 각각의 구성비로 표현한다. (하양W, 검정S, 노랑Y, 빨강R, 파랑B, 초록G)
  - o 하양량, 검정량, 순색량의 세 가지 속성 중 검정량, 순색량의 뉘앙스만 표기한다.

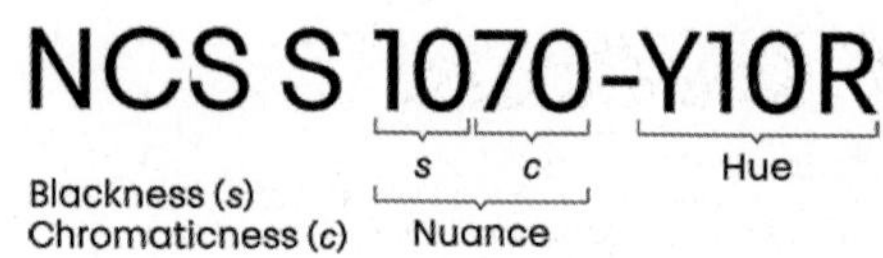

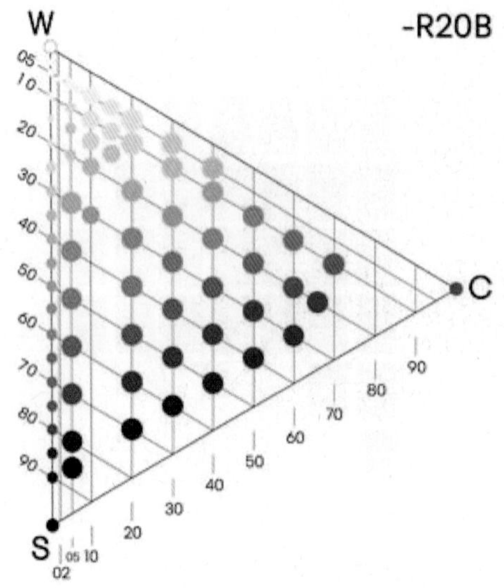

- **PCCS 표색계**
  - o 일본 색채 연구소가 1965년 발표한 표색계이다.
  - o 색채조화를 주목적으로 한 컬러시스템으로 명도와 채도를 Tone이라는 두 가지 기호로 표시하는 Hue/Tone시스템을 도입하였다.
  - o 색채를 이해하는 과정에서 톤과 색조를 종합적으로 이해하는 데 적합한 구조를 지닌다.

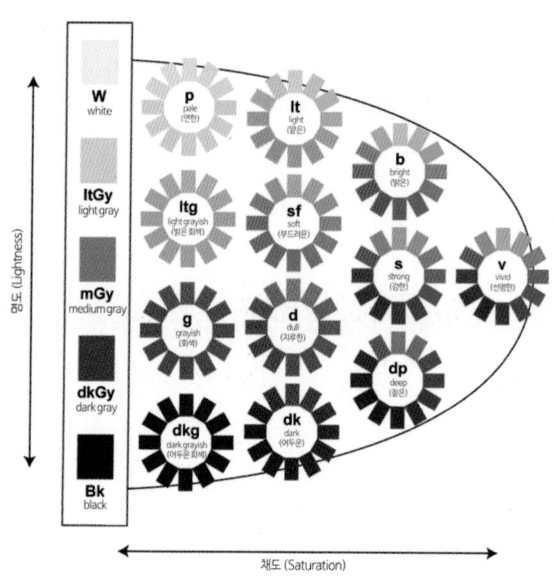

- **CIE 표색계**
  - o 1931년 국제조명위원회(CIE)에서 개발했으며 가법혼색의 원리를 기본으로 하는 표색계이다.
  - o 3가지 기본 자극색(빨강, 초록, 청자)을 정삼각형의 한 점으로 구하고 X, Y, Z라고 하는 3각 좌표 위에 표시하여 XYZ표색계로도 불린다.
  - o 말굽 모양의 CIE 색체계 중심 부분의 색은 백색으로 나타난다.

핵심 문제 : 색의 표시

01 먼셀 표색계와 관련한 내용으로 옳지 않은 것은?

① 먼셀은 미국의 색채학자이자 화가이다.

② 뉴턴의 색을 보고 색체계를 정리하였다.

③ 빨강, 노랑, 파랑의 3가지 색상을 기준으로 한다.

④ 색상, 채도, 명도의 기호를 H, C, V로 표기한다.

02 PCCS 표색계에 대한 내용으로 옳은 것은?

① PCCS는 색채조화를 주목적으로 하기에는 한계가 있기 때문에 적절하지 않다.
② 톤과 색조를 종합적으로 이해하는 데 적합한 구조를 가지고 있다.
③ 색채관리 및 조색, 색좌표의 전달에 적합하다.
④ 1964년 프랑스 색채연구소가 독자적으로 개발하여 발표하였다.

03 시대에 따라 변하는 유행색이 아닌 보편적인 자연색을 기본으로 인간이 어떻게 색채를 인지하는지에 기초한 지각색의 심리적 혼합비를 나타낸 표색계는?

① 먼셀 표색계
② CIE 표색계
③ PCCS 표색계
④ NCS 표색계

04 측색법, 표색기호법, 색명법 등을 이용하여 색을 표시하며 국제조명위원회에서 규정한 색체계는 무엇인가?

① CIE 표색계
② PCCS 표색계
③ NCS 표색계
④ 오스트발트 표색계

정답 및 해설

01 ③
해설 먼셀 표색계의 기준 색상은 5색상으로 빨강, 노랑, 초록, 파랑, 보라색이다.

02 ②
해설 PCCS표색계는 일본 색채 연구소가 색채조화를 주목적으로 발표한 표색계로 톤과 색조를 종합적으로 이해하는 데 적합한 구조를 가지고 있다.

03 ④
해설 NCS표색계는 시대에 따라 변하는 유행색이 아닌 보편적인 자연색을 기본으로 인간이 어떻게 색채를 인지하는지에 기초한 지각색의 심리적 혼합비를 나타낸 표색계이다.

04 ①
해설 CIE표색계는 국제조명위원회에서 규정한 색체계로 측색법, 표색기호법, 색명법 등을 이용하여 색을 표시한다.

3 | 색의 기준

i. KS색채규정

- 한국산업표준(KS, Korean Industrial Standards)에서 색상을 체계적으로 규정한 기준이다.
- KS에서 색을 표시하는 방법(색견본의 제시, 색이름, 색의 표시)을 규정한다.
  1) KS A 0011 (물체색의 색이름)
  2) KS A 0012 (광원색의 색이름)
  3) KS A 0061 (XYZ색 표시계 및 X10Y10Z10색 표시계에 따른 색의 표시 방법)
  4) KS A 0062 (색의 3속성에 의한 표시 방법)
  5) KS A 0063 (색차 표시 방법)
  6) KS A 0067 (L*a*b* 표색계 및 L*u*v* 표색계에 의한 물체색의 표시 방법)
- 색의 표시
  - o 유채색 : HV/C (색상H, 명도V, 채도C) 예) 2.5R 4/10
  - o 무채색 : NV(무채색의 명도NV) 예)N8
    약간의 색을 띠는 무채색: NV/(HC) 예) N5.5/(Y0.3)
- 물체색의 색이름
  - o 계통색이름 : 유채색명과 무채색명으로 나뉜다.
    - 유채색의 기본색이름

기본색이름	대응 영어(참고)	약호(참고)
빨강(적)	Red	R
주황	Yellow Red	YR
노랑(황)	Yellow	Y
연두	Green Yellow	GY
초록(녹)	Green	G
청록	Blue Green	BG
파랑(청)	Blue	B
남색(남)	Purple Blue	PB
보라	Purple	P
자주(자)	Red Purple	RP
분홍	Pink	Pk
갈색(갈)	Brown	Br

• 무채색의 기본색이름

기본색이름	대응 영어(참고)	약호(참고)
하양(백)	White	Wh
회색(회)	(neutral) Grey(영), (neutral) Gray(미)	Gy
검정(흑)	Black	Bk

o 관용색이름

• 관용적인 호칭 방법으로 표현한 색이름으로 우리에게 익숙한 과일, 식물, 사물에 빗대어 나타낸 표현이다.

• 예) 벚꽃색, 사과색, 코코아색

ii. ISO/CIE 색채규정

• ISO색채규정

o 국제표준화기구(ISO, International Organization for Standardization)에서 제정한 색채 관련 표준 및 지침이다.

• CIE색채규정

o CIE(국제조명위원회)에서 제정한 색채 관련 표준 및 지침이다.

핵심 문제 : 색의 기준

01 KS 색채규정의 설명으로 옳지 않은 것은?

① 꽃색, 사과색 등 관용적으로 사용되는 이름은 색이름으로 허용하지 않는다.
② 색을 표시하는 방법은 색견본의 제시, 색이름, 색의 표시 등 크게 3가지로 나눌 수 있다.
③ KS A 0062(색의 3속성에 의한 표시 방법)은 한국 산업표준(KS)에서 규정하였다.
④ 빨강(R), 주황(YR), 노랑(Y) 등은 유채색의 기본색 이름이다.

02 CIE 색채규정의 설명으로 옳지 않은 것은?

① 국제조명위원회에서 제정한 색채 규정이다.
② 빛의 특성을 수치화하여 추상적인 빛의 속성을 객관적으로 표준화하였다.
③ 가상 삼원색인 Z, Y, Z를 사용해 모든 색을 재현할 수 있는 색공간을 정의했다.
④ 물감의 3원색인 Red, Green, Blue로 색을 재현할 수 있다.

정답 및 해설

01 ①

해설 KS색채 규정에서 물체의 색이름은 크게 계통적 색이름과 관용적 색이름으로 표현하고 관용적 색이름은 우리에게 익숙한 과일, 식물, 사물에 빗대어 나타낸 표현이다.

02 ④

해설 물감의 3원색은 cyan, magenta, yellow는 색의 감산 혼합에 관련된 것이며, CIE 색채 규정에서는 이를 사용하지 않는다.

4 | 빛과 색의 혼합

i. 가색법(RGB)

- 빛의 색을 혼합하여 새로운 색을 만들어내는 방식으로 빛의 3원색인 빨강(Red), 초록(Green), 파랑(Blue)을 등량 혼색하면 백색(White)이 된다.
- '가법혼합', '가산혼합', '색광혼합'이라고도 부른다.
- 빛은 혼합할수록 명도가 증가한다.
- 컬러TV, 모니터, 프로젝터 등에 활용된다.
- 빛의 색 혼합
  빨강(R) + 초록(G) = 노랑(Y)
  빨강(R) + 파랑(B) = 마젠타(M)
  초록(G) + 파랑(B) = 사이언(C)

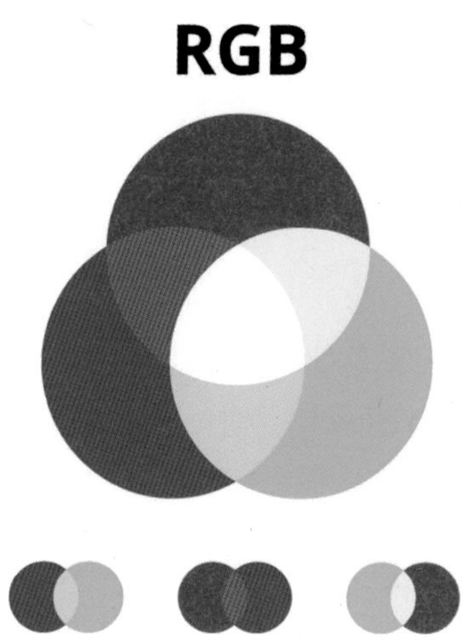

ii. 감색법(CMYK)

- 물감과 같은 염료의 색을 혼합하여 새로운 색을 만들어내는 방식으로 색료의 3원색 사이언(Cyan), 마젠타(Magenta), 노랑(Yellow)를 등량 혼색하면 검정색(Black)이 된다.
- '감색혼합', '감산혼합', '색료혼합' 이라고도 부른다.
- 물감은 혼합 할수록 명도와 채도가 감소한다.
- 잉크젯 프린터, 그림, 인쇄 등에 활용된다.
- 물감의 색 혼합
  사이언(C) + 마젠타(M) = 파랑(B)
  사이언(C) + 노랑(Y) = 초록(G)
  마젠타(M) + 노랑(Y) = 빨강(R)

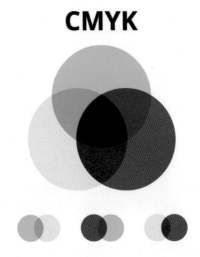

CMYK

핵심 문제 : 빛과 색의 혼합

01 가색혼합에 대하여 옳은 것을 고르시오.

① 물감의 3원색인 Red, Green, Blue를 혼합하는 것
② 물감의 3원색인 Cyan, magenta, Yellow를 혼합하는 것
③ 빛의 3원색인 Red, Green, Blue를 혼합하는 것
④ 빛의 3원색인 Cyan, magenta, Yellow를 혼합하는 것

02 컴퓨터 모니터와 같은 디스플레이는 어떠한 색들을 혼합하여 색상을 표현하는가?

① Cyan, Magenta , Yellow ② Red, Green, Blue
③ White, Black ④ Red, Purple, Orange

03 감색법으로 Magenta와 Yellow를 합쳤을 때 나타나는 색은?

① Black ② White
③ Red ④ Green

04 가색법에서 빨강(Red)과 녹색(Green)을 등량 혼색하면 어떤 색이 되는가?

① 검정 ② 파랑
③ 노랑 ④ 마젠타

정답 및 해설

01 ③
해설 가법혼합은 빛의 3원색인 Red, Green, Blue를 혼합하여 색을 표현하는 것을 말한다. 물감의 3원색인 Cyan, magenta, Yellow를 혼합하여 색을 표현하는 것은 감색혼합이라고 한다.

02 ②
해설 모니터와 같은 디스플레이는 빛의 삼원색 Red, Green, Blue를 혼합하여 색을 표현하는 가법혼색을 사용한다.

03 ③
해설 Cyan+Magenta = Blue, Cyan+Yellow = Green, Magenta+Yellow = Red

04 ③
해설 Red+Green= Yellow, Red+Blue= Magenta, Green+Blue= Cyan

5 | 색의 지각적인 효과

i. 보색

- 가색법에서 빛을 동일한 양을 혼합하면 흰색이 되는 두 색 또는 감색법에서 색료를 동일한 양을 혼합하면 검은색이 되는 두 색을 말한다.
- 색상환에서 서로 마주 보며 대비를 이루는 두 색을 보색이라고 한다.
- 빛의 3원색과 색료의 3원색의 보색 관계
  - Red(빨강) ↔ Cyan(사이언)

o Green(초록) ↔ Magenta(마젠타)
o Blue(파랑) ↔ Yellow(노랑)

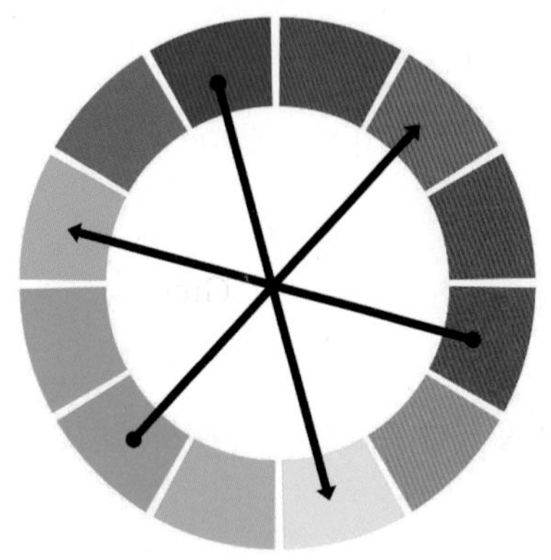

ii. 색의 명시도

- 두 색을 배색하였을 때 멀리서도 잘 보이는 정도를 나타낸다.
- 두 색의 명도 차와 색상 차가 클수록 명시도 증가하며 명도에 가장 큰 영향을 받는다.
- 노랑과 검정의 배색이 명시도가 가장 높다.
- 검정 배경일 때 노랑과 주황색이 가장 명시도가 높고 보라와 파란색이 명시도가 낮다.
- 흰색 배경일 때 노랑과 주황색이 가장 명시도가 낮고 보라와 파란색이 명시도가 높다.

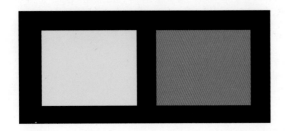

iii. 잔상

- 어떤 자극을 받았을 경우 원자극을 없애도 색의 감각이 계속해서 남아 있거나 반대의 상이 남아 있는 현상을 말한다.
- 정의 잔상(Positive Afterimage)
  - o 원래 자극의 색과 동일한 색으로 나타나는 잔상이다.
- 부의 잔상(Negative Afterimage)
  - o 원래 자극의 색과 반대의 색으로 나타나는 잔상이다.
  - o 보색 잔상 (Complementary Afterimage) : 부의 잔상의 일종으로 본 자극의 보색으로 나타나는 잔상으로 가장 흔하게 나타나는 잔상이다.
    예시) 노란색을 일정 시간 동안 보다가 흰색으로 눈을 옮겼을 때 남색이 잠깐 보이다가 사라지는 현상

iv. 대비

- 동시대비 : 두 가지 색을 동시에 보았을 때 서로의 영향으로 색이 다르게 보이는 현상을 말한다.
  - o 색상대비 : 동일한 색상이 주변의 색상에 따라 다르게 보이는 현상이다.
    - 보색대비 : 색상환에서 서로 반대 위치에 있는 보색 간의 대비로 서로의 색을 더욱 선명하고 강렬하게 보이는 효과가 있다.
    - 한난대비 : 따뜻한 색과 차가운 색을 함께 배치하면 따뜻한 색은 더 따뜻한 느낌이 들고 차가운 색은 더 차가운 느낌이 드는 효과가 있다.
  - o 채도대비 : 주변 색상의 채도에 따라 색이 선명하거나 흐릿하게 보이는 현상이다.
  - o 명도대비 : 주변 색상의 명도에 따라 색이 밝게 보이거나 어둡게 보이는 현상이다.
- 계시대비 : 시간차를 두고 색을 보았을 때, 앞서 본 색의 영향으로 뒤에 본 색이 다르게 보이는 현상이다.
- 기타대비
  - o 면적대비 : 색이 차지하는 면적에 따라 다르게 보이는 현상이다.
    - 큰 면적의 색을 실제보다 더 밝고 선명하게 인식하고 작은 면적의 색을 실제보다 더 어둡고 탁하게 인식한다.
  - o 연변대비 : 두 가지 색이 만나는 경계면에서 색의 차이가 더욱 강조되어 보이는 현상이다.

v. 진출과 후퇴

- 배경색보다 색이 앞으로 진출해 보이는지, 후퇴해 보이는지를 나타낸다.

진출	후퇴
따뜻한 색	차가운 색
고명도 색	저명도 색
고채도 색	저채도 색
유채색	무채색

vi. 팽창과 수축

- 어떤 색의 면적이 실제보다 크게 보이는지, 작게 보이는지를 나타낸다.

팽창	수축
따뜻한 색	차가운 색
고명도 색	저명도 색

핵심 문제 : 색의 지각적인 효과

01 다음 중 빛의 3원색과 염료의 3원색의 보색 관계 연결이 알맞은 것은?

① 파랑(blue) - 빨강(red)
② 초록(green) - 마젠타(magenta)
③ 파랑(blue) - 시안(cyan)
④ 빨강(red) - 노랑(yellow)

02 작은 흰 색지 뒤에 검정 배경 색지를 대비시켰을 때 가장 뚜렷하게 나타나는 대비 현상은?

① 보색대비
② 색상대비
③ 채도대비
④ 명도대비

03 색의 명시성에 대한 내용 중 옳은 것은?

① 색상에 가장 큰 영향을 받는다.
② 보색에 가장 큰 영향을 받는다.
③ 명도에 가장 큰 영향을 받는다.
④ 채도에 가장 큰 영향을 받는다.

04 노란색을 한동안 응시하다가 흰색으로 시선을 옮겼을 때 남색이 잠깐 보이다가 사라졌다면, 어떤 현상 때문인가?

① 계속대비
② 보색 잔상
③ 정의 잔상
④ 연변대비

05 색의 대비에 대한 설명으로 옳은 것은?

① 밝은색은 진출되어 보이고 어두운색은 후퇴해 보인다.
② 중앙의 색보다 배경의 색이 밝으면 중앙의 색의 면적이 넓어 보인다.
③ 녹색은 빨간색에 비해 명시도가 높다.
④ 어두운색은 밝은색보다 크게 보인다.

정답 및 해설

01 ②
해설 빨강(red) - 시안(cyan) / 초록(green) - 마젠타(magenta) / 파랑(blue) - 노랑(yellow)

02 ④
해설 명도 대비는 주변 색상의 명도에 따라 색이 밝게 보이거나 어둡게 보이는 현상이다.

03 ③
해설 색의 명시성(명시도)란 두 색을 배색하였을 때 멀리서도 잘 보이는 정도를 나타내며 명도에 가장 큰 영향을 받는다.

04 ②

해설 보색 잔상은 부의 잔상의 일종으로 본 자극의 보색으로 나타나는 잔상이다.

05 ①

해설 색이 진출해 보이는 색 - 따뜻한 색, 고명도 색, 고채도 색, 유채색 / 색이 후퇴해 보이는 색 - 차가운 색, 저명도 색, 저채도 색, 무채색

CHAPTER 04

사진장비 및 관리

1 | 카메라

카메라의 기본 요소로 몸통(Body), 파인더, 렌즈(결상 기구), 셔터와 조리개(노출 조정 기구) 등이 있다.

i. 필름에 의한 분류

- 소형 카메라
  - 세로·가로 24 x 36mm이하 크기의 필름을 사용하거나 소형 포맷의 이미지 센서를 사용하는 디지털카메라를 말한다.
  - 라이카판(35mm)의 필름 크기는 24x36mm이고 하프판 필름 크기는 18x24mm이다.
  - 크기가 작아 휴대성과 기동성이 뛰어나다.
  - 일안반사식 카메라(SLR), 레인지파인더 카메라(RFC) 등이 있다.
- 중형 카메라
  - 6x4.5 / 6x6 / 6x7 / 6x9 / 6x12 / 6x17cm 사이즈의 중형 필름을 사용하거나 중형 포맷의 이미지센서가 탑재된 디지털카메라를 말한다.
  - 120타입, 220타입이 있으며 220타입이 120타입보다 길이가 두 배 길고 두 배 더 많은 컷을 촬영할 수 있다.
  - 일안반사식 카메라(SLR), 이안반사식 카메라(TLR) 등이 있다.
- 대형 카메라
  - 4x5 / 5x7 / 8x10Inch 등 대형 시트(Sheet) 필름을 사용하는 카메라를 말하며 '뷰(View) 카메라'라고도 한다.
  - 대형 필름을 사용하기 때문에 섬세한 고해상도 사진을 얻을 수 있다.
  - 무브먼트가 가능하여 다양한 표현이 가능하다.
  - 크기가 크고 무거워서 휴대성이 좋지 않고 조작이 어려울 수 있으며 필름 교환의 번거로움이 있다.

ii. 셔터에 의한 분류

- 렌즈셔터식 카메라

- o 렌즈 안에 셔터뭉치가 내장되어 있는 카메라를 말한다.
- o 렌즈셔터는 모든 셔터에 스트로보 동조가 가능하며 작동 시 진동과 소음이 작다.
- o 고속 셔터가 불가하다(1/500~1/1000s 이하).
- o 레인지파인더 카메라, 이안반사식 카메라(TLR), 뷰카메라 등이 있다.

- 포컬플레인셔터식 카메라
  - o 바디 안에 셔터박스가 내장되어 있는 카메라를 말한다.
  - o 빠른 고속 셔터가 가능하다.
  - o 스트로보 동조 시 셔터속도가 제한되고 작동할 때 소음과 진동이 크게 발생한다.
  - o 일안반사식 카메라(SLR), 미러리스 카메라 등이 있다.

iii. 파인더에 의한 분류

- 거리계연동식 카메라(RFC)
  - o Range Finder Camera(RFC)로 카메라 뷰파인더의 상과 렌즈와 연동된 거리계(레인지파인더)의 상을 하나로 겹쳐 초점을 맞추는 방식의 카메라를 말한다(이중상 합치식).
  - o 상을 확인하는 파인더와 렌즈가 분리되어 있어서 시차가 발생한다.
  - o 셔터를 누르고 있는 동안(노출 중)에는 피사체 확인 가능하지만 필터 등의 효과를 직접 확인할 수는 없다.

o 주로 소형 카메라이며 대부분의 카메라가 렌즈셔터를 탑재하고 있다.

- 일안반사식 카메라(SLR)
  - o SLR카메라(Single Lens Reflex)이며 렌즈를 통과한 빛이 반사경과 펜타프리즘을 통과해 뷰파인더로 전달된다. [렌즈→반사경→펜타프리즘→뷰파인더]
  - o 카메라 내부에 반사경과 펜타프리즘을 설계하여 시차가 발생하지 않는다.
  - o 셔터를 누르고 있는 동안(노출 중)에는 피사체 확인 불가하지만 필터 등의 효과를 직접 확인할 수 있다.
  - o 바디와 렌즈로 구성되며 포컬플레인셔터를 사용한다.
  - o TTL노출계 내장되어 있어 피사체로부터 반사되어 렌즈를 통과한 광선의 양을 카메라 내부에서 측정하며 광량이 감소하는 필터나 액세서리를 사용해도 별도의 노출 보정이 필요 없다.

- 미러리스 카메라
  - o DSLR에서 반사경과 펜타프리즘을 없앤 형태의 디지털카메라를 말한다.
  - o 전자식 파인더(EVF)와 전자식 셔터를 사용한다.
  - o 렌즈 교환이 가능하며 TTL노출계가 내장되어 있다.
  - o SLR카메라에 비해 비교적 작고 가볍다는 장점이 있다.

- 이안반사식 카메라(TLR)
  - o TLR카메라(Twin Lens Reflex)를 말하며 파인더용 렌즈와 촬영용 렌즈가 위/아래로 분리된 형태의 카메라이다.
  - o 시차 발생하며 렌즈 교환이 제한적이다.
  - o 일반적으로 6x6cm 중형 필름 사용하며 렌즈셔터를 사용하는 카메라이다.

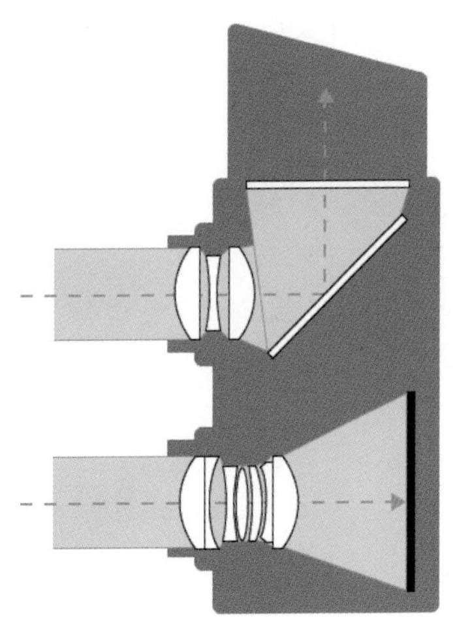

- 뷰카메라(View Camera)
  - o 초점유리(그라운드 글라스, 포커스 스크린)에 상을 결상하는 카메라이다.
  - o 상하좌우가 반대된 상이 형성되며 시차가 발생하지 않는다.
  - o 밝은 낮에 야외 촬영 시 초점유리의 상이 잘 보이지 않아 초점유리 후드나 암천을 사용한다.
  - o 초점이 잘 맞았는지 확인하기 위해서 루페를 사용한다.
  - o 렌즈보드(프론트 스탠다드), 필름보드(레어 스탠다드), 주름상자(벨로우즈), 초점유리(그라운드 글라스, 포커스 스크린)로 구성된다.
  - o 4x5inch 이상의 대형 필름 사용하여 뛰어난 세부 묘사와 높은 해상도의 사진을 얻을 수 있다.
  - o 무브먼트(Movement)를 이용해 왜곡을 보정하고 피사계심도를 자유롭게 조절할 수 있다.

- 라이즈/폴(Rise/Fall) : 렌즈 또는 필름보드를 위쪽 또는 아래쪽으로 평행 이동

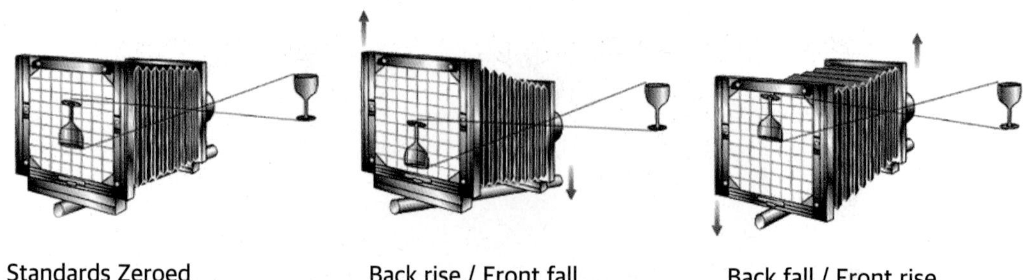

- 시프트(Shift) : 렌즈 또는 필름보드를 좌우 방향으로 이동

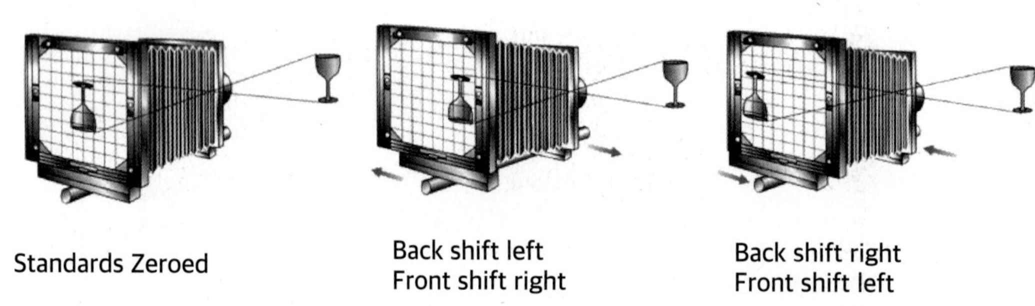

- 틸트(Tilt) : 렌즈 또는 필름보드를 수평축을 중심으로 앞뒤로 경사지게 기울임

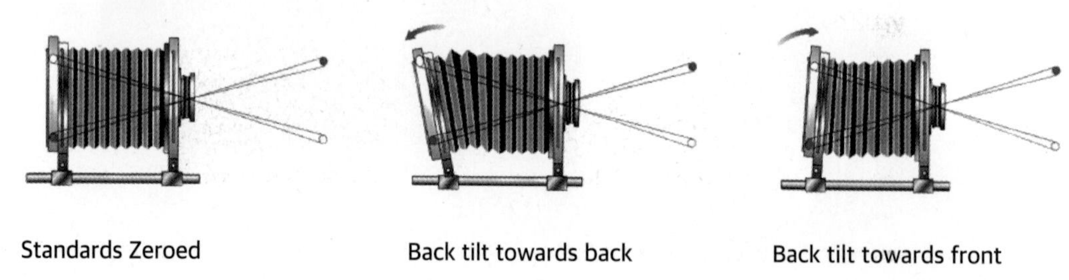

- 스윙(Swing) : 렌즈 또는 필름보드를 수직축을 중심으로 좌우로 비틀어 경사지게 기울임

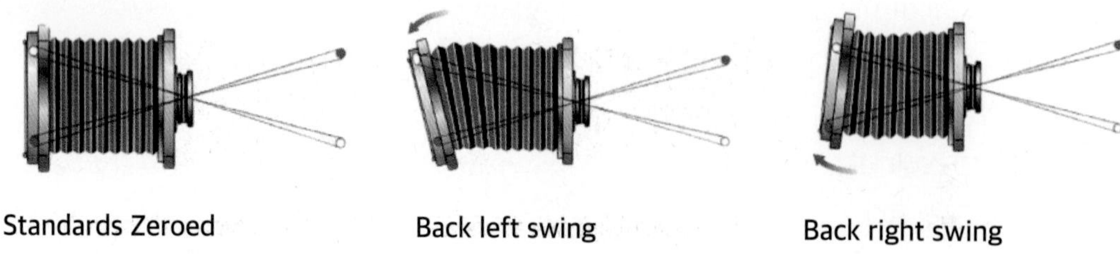

- 샤임플러그 법칙
  뷰카메라의 렌즈면과 필름면과 피사체면을 가상으로 연장했을 때 하나의 공통점에서 만나도록 무브먼트를 조절하면 피사체 모든 영역에 초점이 맞는 법칙이다.

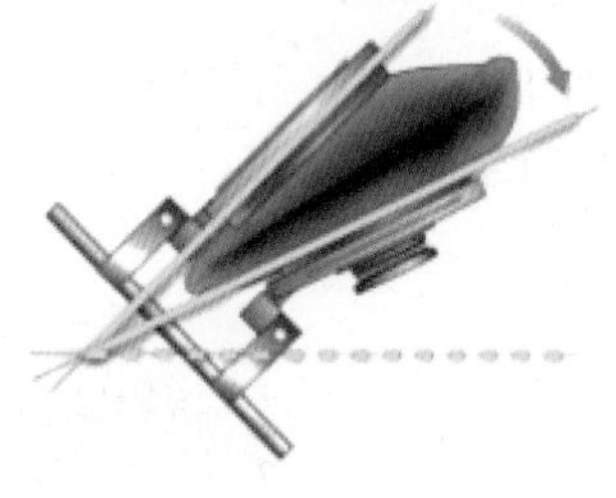

- 필름 홀더에 낱장의 필름을 넣어 사용하므로 연속촬영이 불가하며, 크고 무거워서 휴대성이 안 좋다.
- 노출계가 내장되어 있지 않아서 외부 노출계가 필요하다.
- 렌즈셔터를 사용한다.
- 벨로우즈가 길어지면 노출시간을 더 증가시켜야 한다.

- 필드카메라
  - 대형 카메라를 휴대하기 편하도록 접이식 가방처럼 제작한 형태의 카메라이다.
  - 뷰카메라처럼 4x5inch 이상의 대형 필름을 사용하며 무브먼트가 가능하다.

iv. 디지털카메라

- 필름 대신 디지털 이미지센서를 사용하여 사진을 생성하는 카메라이다.
- 풀프레임 바디(Full Frame Body)
  이미지센서 사이즈가 35mm 소형 필름의 이미지 사이즈(36 x 24mm)와 동일한 크기를 가지며 1:1 바디라고 도 부른다.
- 크롭바디(Crop Body)
  풀프레임바디 보다 이미지센서가 작은 디지털카메라를 말한다.
- 이미지센서의 사이즈에 따라 크롭 배수가 달라진다.
  APS-H = 1:1.3 , APS-C=1:1.5 또는 1:1.6, 마이크로포서드(Micro Four Thirds) = 1:2 등

→ 같은 렌즈를 사용한다면 풀프레임바디에서 50mm이던 화각이 APS-C(1:1.6) 크롭바디에서 사용하면 80mm로 바뀌어 화각이 좁아지고 망원의 효과가 발생한다.

- 세계 최초의 디지털카메라 : 일렉트릭 스틸 카메라
  - o 코닥(Kodak)에서 개발한 프로토타입의 카메라이다.
  - o 0.01 메가픽셀(100x100px) 흑백 이미지를 생성하며 자기테이프에 기록한다.

- 다이캠(Dycam) : 최초로 메모리칩을 사용하여 데이터를 저장한 디지털카메라이다.

v. 기타 카메라

- 인스턴트 카메라(폴라로이드 카메라)
  - o 촬영 후 수 분 내에 즉석에서 현상과 인화를 거쳐 포지티브 프린트를 얻을 수 있는 카메라
  - o 1947년 에드윈 랜드(E.H.Land)가 '폴라로이드 랜드 카메라'를 개발하였다.

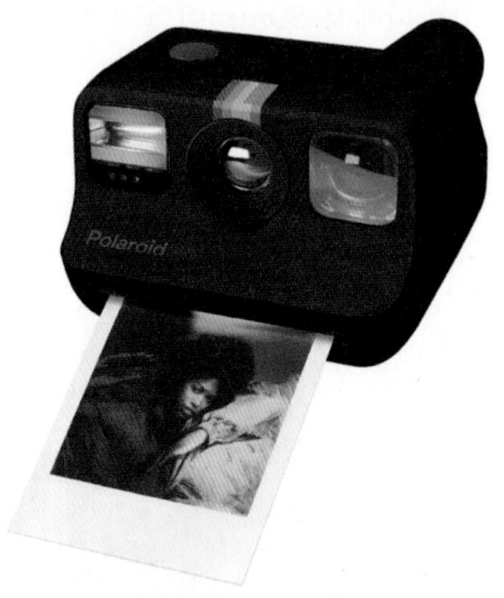

- 파노라마 카메라
  - o 렌즈가 회전하여 360° 까지의 넓은 범위를 촬영하는 카메라이다.
  - o 화면 크기 : 6 x 17cm

- 스테레오 카메라
  - o 두 눈의 시차로 거리와 입체를 지각하는 육안의 원리를 이용하여 입체화상을 기록하기 위한 카메라이다.

**** 시차가 있는 카메라와 없는 카메라**

시차는(Parallax) 촬영 장면을 확인하는 파인더와 상이 통과하는 렌즈의 위치가 다르기 때문에 발생하는 현상으로, 파인더를 통해 보는 장면과 찍히는 장면의 위치 또는 장면 범위의 차이가 발생하는 것을 말한다.

시차가 있는 카메라	시차가 없는 카메라
레인지파인더 카메라(RFC), 이안반사식 카메라(TLR)	일안반사식 카메라(SLR), 미러리스 카메라, 뷰카메라

vi. 카메라 보조기구

- 파인더
  - 아이레벨 파인더
  - 웨이스트레벨 파인더
  - 앵글파인더
- 셔터 릴리즈 : 셔터를 누를 때 카메라의 흔들림을 방지하기 위해 외부 버튼으로 셔터를 작동시키는 액세서리

- 삼각대 : 카메라가 흔들리지 않도록 고정시켜주는 도구로 삼각대 다리와 해드로 구성
- 모터드라이브 : 수동 필름카메라로 사진촬영 시 와인딩 레버를 사용하지 않고 자동으로 와인딩 시켜주는 장치

- 배터리 그립(세로그립) : 카메라 배터리가 2개 들어가서 배터리 수명을 연장하고 셔터 작동 버튼이 있어서 세로로 촬영 시 편안한 자세로 촬영할 수 있는 장치

- 데이터 백 : 촬영 날짜, 촬영 번호, 프레임의 촬영 조건, 각종 촬영 데이터를 사진에 기입하는 역할을 하는 것

- 시도조절장치(디옵터 조정 다이얼) : 광학식 뷰파인더의 초점을 사용자 시력에 맞춰 조절하는 장치

- 심도 미리보기 장치: 설정된 조리개 값으로 조리개 모양을 작동시켜 초점이 맞는 범위(피사계심도)를 파인더을 통해 바로 확인할 수 있는 장치

핵심 문제 : 카메라

01 포컬플레인 셔터의 장점이 아닌 것은?

① 자유롭게 렌즈교환이 가능하다.
② 렌즈 내부에 셔터가 있어 편리하다.
③ 슬릿(Slit)의 조절로 셔터 속도 조절이 간단하다.
④ 고속 셔터가 가능하다.

02 일안반사식(SLR)카메라의 특징이 아닌 것은?

① 촬영 렌즈가 만드는 상을 직접 볼 수 있다.
② 근접하여 촬영하는 접사 시에는 시차가 발생한다.
③ 어떤 렌즈를 사용하더라도 파인더 시차가 없다.
④ 촬영 중에는 파인더를 통해서 촬영 장면을 확인할 수 없다.

03 거리계 연동식 카메라의 특징으로 옳지 않은 것은?

① 뷰파인더를 통해 피사체를 관찰할 수 있다.
② 촬영 시 셔터의 진동과 소음이 작다.
③ 반사경과 펜타프리즘이 없다.
④ 파인더로 보이는 장면이 그대로 기록되어 시차가 생기지 않는다.

04 레인지파인더 카메라나 TLR카메라에서 발생하는 시차(Parallax)의 원인은 무엇인가?

① 촬영 거리가 너무 가까워질 때
② 촬영 거리가 너무 멀어질 때
③ 뷰파인더와 레인지 파인더의 위치가 불일치할 때
④ 뷰파인더와 렌즈의 위치가 불일치할 때

05 뷰카메라의 무브먼트 중 프런트(Front)와 백(Back)을 수직축을 중심으로 좌우로 비트는 것을 무엇이라 하는가?

① 틸트(Tilt)
② 라이즈(Rise)
③ 폴(Fall)
④ 스윙(Swing)

06 디지털카메라의 크롭바디에서 APS-H 포맷이 의미하는 것은?

① 크롭 배수 x 1.3
② 크롭 배수 x 1.6
③ 포서드
④ 마이크로 포서드

07 필름 카메라에서 촬영 날짜, 촬영번호, 프레임의 촬영조건, 각종 촬영 데이터를 사진에 기입하는 역할을 하는 것은 무엇인가?

① 데이터 백
② 컨버터
③ 모터 드라이브
④ 배터리 그립

정답 및 해설

01 ②
해설 포컬플레인셔터는 카메라 바디 안에 있으며, 렌즈 내부에 있는 셔터는 렌즈셔터이다.

02 ②
해설 일안반사식(SLR)카메라는 시차가 발생하지 않아 뷰파인더 보이는 장면 그대로 촬영할 수 있다.

03 ④
해설 거리계 연동식 카메라(RFC)는 촬영 장면을 확인하는 뷰파인더와 사진이 촬영되는 렌즈의 위치가 달라 시차가 발생한다.

04 ④
해설 시차(Parallax)는 뷰파인더와 렌즈의 위치가 달라서 생기는 현상이다.

05 ④
해설 프런트(Front)와 백(Back)을 수직축을 중심으로 좌우로 비트는 것을 스윙이라고 하고 수평축을 중심으로 앞뒤로 비트는 것을 틸트라고 한다.

06 ①
해설 크롭바디 APS-H 포맷은 크롭 배수 x1.3이고 APS-C 포맷은 크롭 배수 x1.6이다.

07 ①

해설 컨버터는 렌즈의 초점거리를 연장시켜주는 도구, 모터 드라이브는 수동 필름 카메라에서 자동으로 와인딩 해주는 도구, 배터리 그립은 배터리의 수명을 연장하는 도구이다.

2 | 렌즈

i. 구조와 원리

- 렌즈의 역할
  - o 빛을 받아들여 필름 또는 이미지센서에 상을 기록하는 역할을 한다.
  - o 조리개를 통해 빛의 양을 조절한다.
  - o 원하는 피사체가 선명하게 보이도록 초점을 조절한다.
- 렌즈의 구성
  - o 여러 개의 볼록 렌즈와 오목 렌즈, 비구면 렌즈와 저분산 렌즈 등으로 구성된다.
  - o 매(Elements)와 군(Groups)로 구성된다. 예시) 13군 18매

- 이미지 서클 : 렌즈가 선명하게 형성하는 둥근 초점면의 지름을 말한다.
- 렌즈 제2주점 : 평행하게 들어오는 광선이 렌즈를 통과한 후, 굴절되어 진행하는 연장선이 교차하는 지점을 말하며 렌즈 중심부에 위치한다.
- 초점거리(focal length) : 렌즈의 거리계를 무한대에 맞췄을 때 렌즈 제2주점부터 필름 또는 이미지센서까지의 직선거리를 말한다.

- 화각
  - o 렌즈의 제2주점에서 필름(이미지센서)면의 대각선을 포괄하는 각도이다.
  - o 촬영되는 피사체의 범위를 나타내는 각도이다.

ii. 초점거리에 따른 렌즈 분류

렌즈의 초점거리는 렌즈의 종류를 구분하는 기본적인 기준이 된다.

- **표준렌즈**
  - o 인간의 육안과 비슷한 시야각, 원근감 등을 표현하며 약 47°의 화각을 갖는다.
  - o 필름(이미지센서)의 대각선 길이와 비슷한 길이의 초점거리 사용한다.

필름 사이즈(포맷)	표준렌즈 초점거리
35mm (소형 풀프레임)	50mm
6 x 4.5 cm (중형)	75mm
6 x 6 cm (중형)	80mm
6 x 7 cm (중형)	90mm
6 x 9 cm (중형)	105mm
4 x 5 inch (대형)	150mm

- **광각렌즈(단초점 렌즈)**
  - o 표준렌즈보다 짧은 초점거리의 렌즈이다.
  - o 넓은 화각과 작은 화상으로 표현되며 약 60~80°의 화각을 갖는다.
  - o 원근감이 과장되고 피사계심도가 깊게 표현되며 왜곡이 증가한다.
  - o 넓은 장면을 한 장의 사진으로 촬영할 때 유리하며 풍경 사진, 인테리어 사진 등에 많이 활용된다.
- **망원렌즈(장초점 렌즈)**
  - o 표준렌즈보다 긴 초점거리의 렌즈이다.
  - o 좁은 화각과 큰 화상으로 표현되며 약 30°이하의 화각을 갖는다.
  - o 원근감이 압축되고 피사계심도가 얕게 표현되며 왜곡이 감소한다.
  - o 멀리 있는 피사체를 확대하여 촬영하거나 피사계심도가 얕은 사진을 촬영할 때 유리하며 인물사진, 스포츠 사진, 야생동물 사진, 천체사진 등에 많이 활용된다.
- **어안렌즈(피쉬아이 렌즈)**
  - o 매우 짧은 초점거리의 렌즈이다.
  - o 매우 넓은 화각과 작은 화상으로 표현되며 약 180° 이상의 화각을 갖는다.
  - o 원근감이 심하게 과장되고 피사계심도가 깊게 표현되며 과도한 왜곡이 발생한다.

o 원상어안과 대각선어안으로 나뉜다.

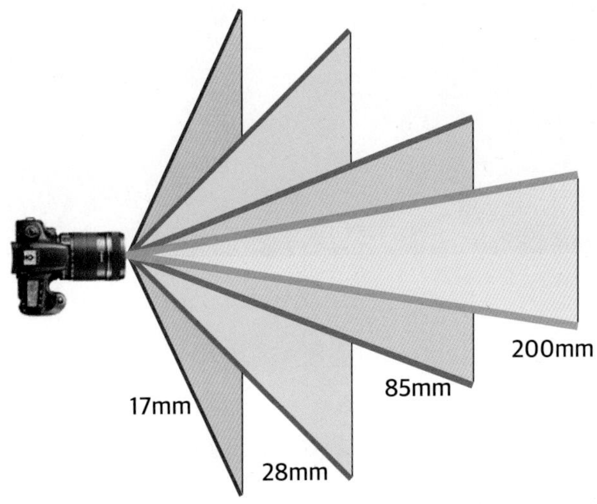

- **줌렌즈**
  - o 초점거리, 화각을 일정한 범위 안에서 변경할 수 있는 렌즈이다.
  - o 하나의 렌즈로 빠르고 자유롭게 다양한 화각으로 촬영이 가능하다.
  - o 초점거리에 따라 렌즈 밝기가 달라지는 경우가 있다.
  - o 단렌즈에 비해 화질이 떨어지고 상대적으로 무게가 무겁다.
- **단렌즈**
  - o 초점거리가 정해져 있어 변경 불가능한 렌즈이다.
  - o 화각이 제한적이다.
  - o 선예도가 우수하고 수차가 적다.
  - o 상대적으로 무게가 가볍다.

iii. 렌즈의 밝기

- 렌즈가 빛을 최대로 얼마만큼 받아들일 수 있는지 표기한 것이다.
- 렌즈의 밝기(F)는 초점거리를 유효구경으로 나눈 값으로 나타낸다.
  렌즈의 밝기(F)= 초점거리(f) / 유효구경(D)
  예시) 초점거리 50mm, 유효구경 25mm렌즈의 밝기는 → F2
  *유효구경 : 조리개 구경을 통과하는 렌즈 앞부분의 지름

- 고정조리개 렌즈는 줌렌즈에서 초점거리가 변해도 렌즈의 밝기가 변하지 않고 고정되는 렌즈이다.
  예시) CANON ZOOM LENS EF 24-70mm **1:2.8**
- 가변조리개 렌즈는 줌렌즈에서 초점거리가 변하면 렌즈의 밝기가 변하는 렌즈로
  보통 망원렌즈로 갈수록 밝기가 어두워진다.
  예시) CANON ZOOM LENS EF-S 18-55mm **1:3.5-5.6**

iv. 피사계심도(Depth of Field)

- 초점을 맞출 때 형성되는 임계초점면을 기준으로 앞뒤로 생기는 선명한 범위를 피사계심도라고 한다.
  *임계초점면 : 렌즈가 특정 거리의 피사체에 초점을 맞추었을 때 카메라의 센서나 필름에 피사체의 이미지가 선명하게 맺히는 가상의 평면
- 피사계심도가 얕으면 초점이 맞는 범위가 좁고 아웃포커스라고 부른다.
  피사계심도가 깊으면 초점이 맞는 범위가 넓고 팬포커스라고 부른다.
- 렌즈의 조리개, 초점거리, 피사체와의 촬영거리를 통해 피사계심도를 조절할 수 있다.
- 과초점거리
  - o 과초점거리는 특정 조리개 값과 초점 거리에 대해 최대한 넓은 피사계심도를 확보할 수 있는 거리이다.
  - o 이 거리에 초점을 맞추면 임계초점면에서부터 무한대에 이르는 범위가 모두 선명하게 보이게 된다.

피사계심도	조리개	초점거리	촬영거리
아웃포커스	개방	망원	가깝게
팬포커스	조임	광각	멀게

<아웃포커스>

<팬포커스>

v. 자동초점과 수동초점

- 자동초점(AF, Auto Focus)
  - o 렌즈의 자동초점 기능을 활성화하여 촬영하고자 하는 피사체에 자동으로 초점을 맞추는 방식이다.
  - o AF측거점 또는 AF존을 설정한 뒤 셔터 버튼을 절반만 누르는 반셔터로 작동한다.
  - o 촬영 대상에 적합한 AF모드를 선택하여 사용한다.

모드	설명	캐논	니콘
고정 초점	정지된 피사체에 초점 고정	Ons-Shot AF	AF-S
연속 초점	움직이는 피사체 추적	AI-Servo AF	AF-C
자동 전환	다종으로 고정/연속 초점 전환	AI-Focus AF	AF-A

- 수동초점(MF, Manual Focus)
  - o 렌즈의 초점링을 돌려 초점을 수동으로 맞추는 방식이다.
  - o 수동 필름 카메라에서 주로 사용되던 방식이다.
  - o 자동카메라에서는 자동초점으로 초점 검출이 안되는 경우, 섬세하게 초점을 맞출 경우 사용한다.

vi. 렌즈 해상력

- 렌즈의 해상력이란 렌즈가 얼마나 세밀한 디테일을 구별하여 기록할 수 있는지에 대한 성능을 말한다.
- 렌즈의 해상력이 높다는 것은 작은 부분까지 선명하게 표현할 수 있다는 것을 뜻한다.
- 1mm 당 식별 가능한 선(줄무늬 패턴)의 개수로 표기하며 lp/mm 단위를 사용한다.
  예시) 1mm 당 100개의 줄무늬를 구분→ 100 lp/mnn

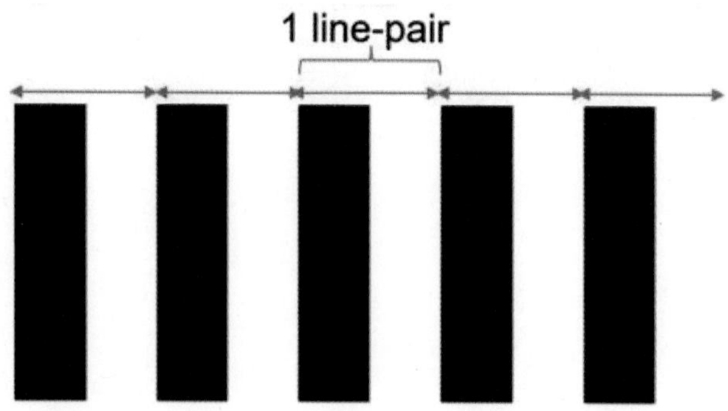

- MTF(Modulation Transfer Function) 차트
  - o MTF차트는 렌즈의 해상력을 시각적으로 나타내는 그래프이다.
  - o 가로축은 이미지 센서 중심에서의 거리를 나타내며 중앙에서 가장자리로 갈수록 성능이 어떻게 변화하는지 나타낸다.
  - o 세로축은 MTF값을 나타내며 1에 가까울수록 이미지가 더욱 선명하고 디테일 표현이 우수하다.

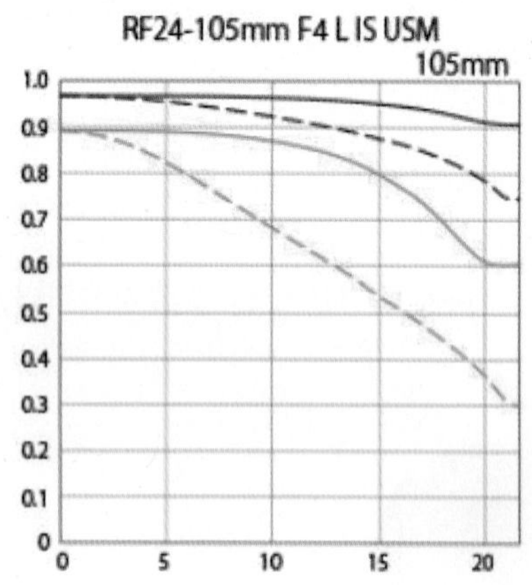

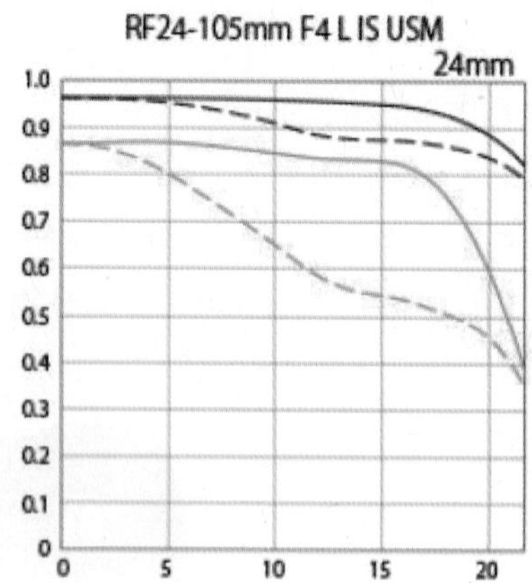

vii. 렌즈 수차

- 렌즈의 광학적 결함에 의해 선명한 상을 만들지 못하거나 왜곡 또는 색 퍼짐 등의 화상이 발생하는 현상이다.
- 구면수차, 비점수차, 왜곡수차, 상면만곡수차, 코마수차, 색수차 등이 있다.

- 구면수차(Spherical Aberration) : 렌즈 중심부와 주변부에 입사한 빛의 굴절 차이로 빛이 한곳에 모이지 않고 퍼지게 되는 수차로 특히 대구경 렌즈나 광각렌즈에서 발생하기 쉽다. 비구면 렌즈를 사용하여 보완한다.

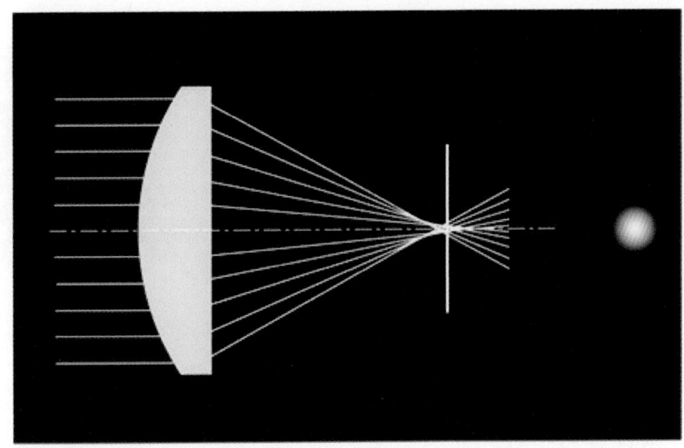

- 비점수차(Astigmatism) : 렌즈로 빛이 들어올 때 점의 형태가 점이 아닌 퍼진 형태의 타원이나 선으로 나타나는 수차이다.

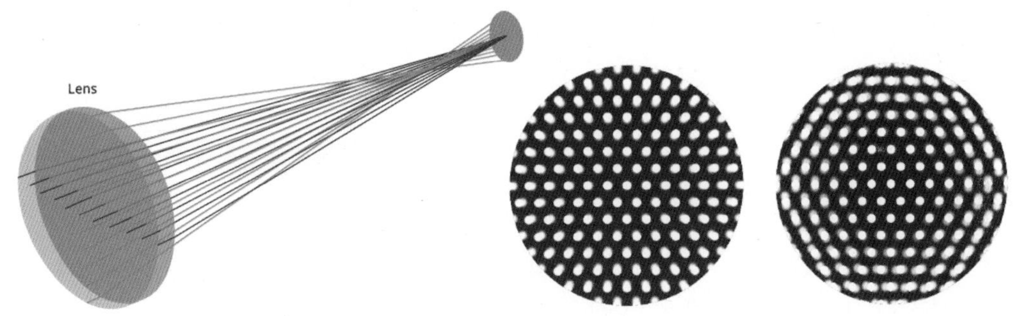

- 왜곡수차(Distortion Aberration) : 빛의 굴절 양이 일정하지 않아 피사체의 모양과 형태가 변형되어 보이는 수차로 광각 렌즈에서 주로 발생한다. 왜곡의 형태에 따라 배럴 왜곡(Barrel Distortion)과 핀 쿠션 왜곡(Pincushion Distortion)이 있다.

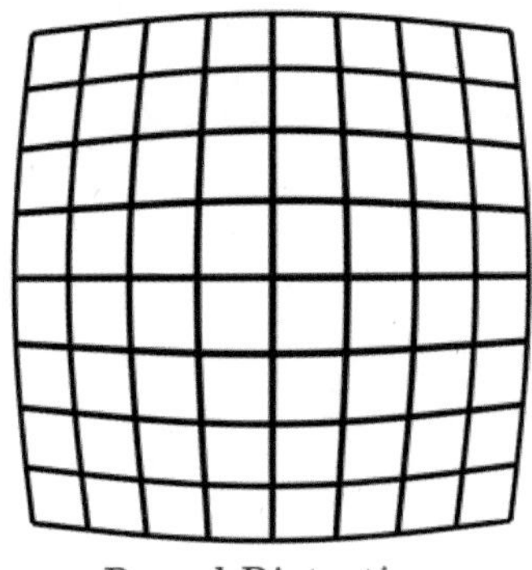
Barrel Distortion

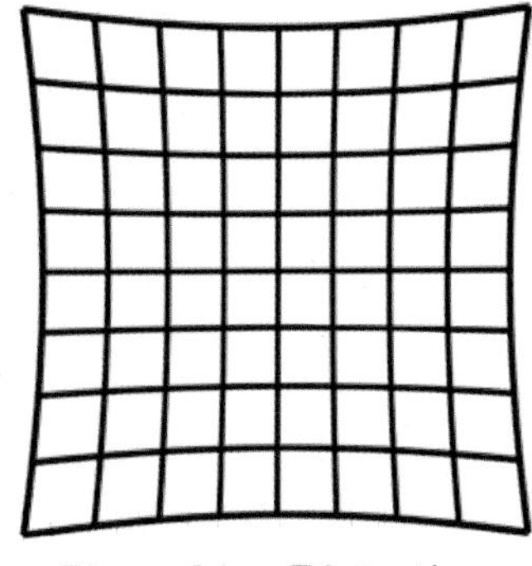
Pincushion Distortion

- 상면만곡수차(Field curvature aberration) : 서로 다른 방향에서 렌즈에 도달하는 빛이 평면이 아닌 곡면으로 초점이 맞아 발생하는 수차이다.

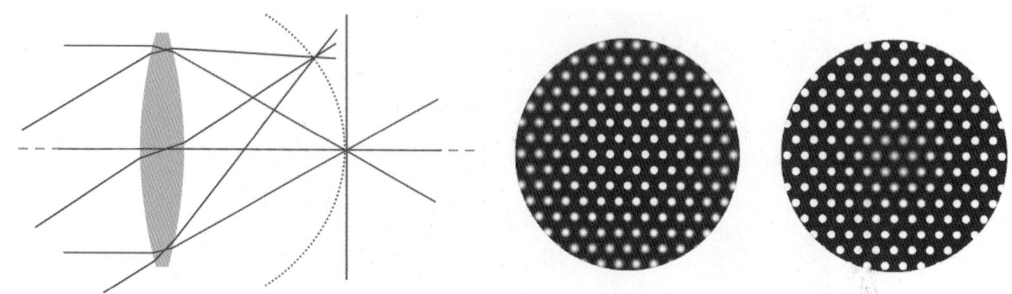

- 코마수차(Coma Aberration) : 광축에 빛이 비스듬히 입사되어(사광선) 빛이 연속적으로 겹친 원들로 보이는 현상으로 혜성의 꼬리 모양을 닮아서 코마수차로 불린다.

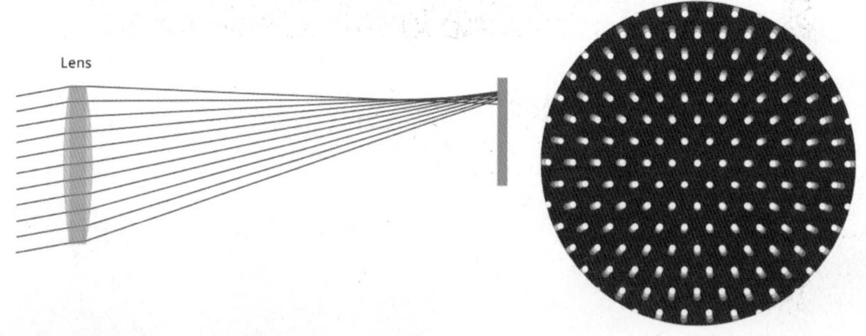

- 색수차(Chromatic Aberration) : 빛의 파장에 따라 굴절률이 달라 빛이 모이지 못하고 색이 퍼지는 현상이다. 저분산 렌즈(ED, UD, 아포크로매틱 Apochromatic 렌즈 등)를 사용하여 보완한다.

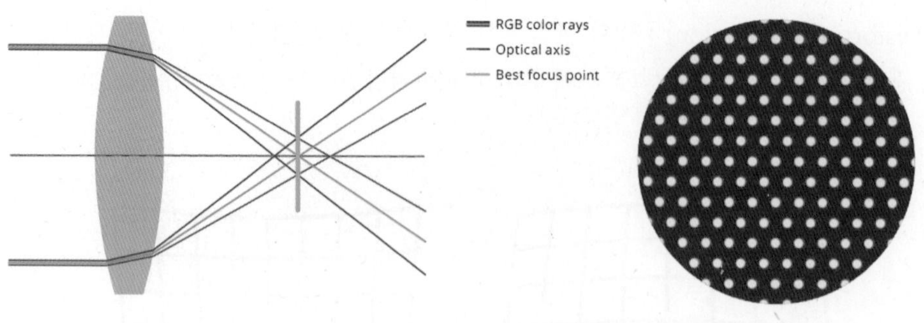

viii. 렌즈 코팅

- 렌즈 표면을 코팅처리하여 빛의 반사를 줄여준다. (렌즈 표면의 반사율 감소)

- 빛 반사로 인해 광량이 줄어드는 현상을 방지한다.

→

- 빛 반사로 인한 플레어와 고스트 현상을 방지한다.
  - o 플레어 : 렌즈 내부에 빛이 반사되거나 산란되어 연속적인 원형 또는 조리개 무늬 모양이 나타나는 현상

o 고스트 : 강한 광원이 있을 때 렌즈 내부 빛 반사로 인해 실제 피사체의 위치가 아닌 곳에 상이 맺혀지는 현상

ix. 특수렌즈

- 접사렌즈(Macro Lens, 매크로렌즈)
  - o 피사체에 매우 근접하여 촬영할 수 있도록 설계된 렌즈이다.
  - o 작은 피사체 (주얼리, 식물과 곤충 같은 자연물, 음식 등)를 촬영하는데 유용하게 활용된다.
- 시프트 렌즈 : TS(Tilt-Shift)렌즈, PC(Perspective Control)렌즈
  - o 대형 카메라의 무브먼트 기능을 중소형 카메라에서도 사용할 수 있도록 고안된 렌즈이다.
  - o 틸트, 시프트, 리볼빙 등의 무브먼트를 통해 왜곡 조정, 임계초점면 조정, 미니어처 효과 등을 할 수 있다.

- 연초점렌즈(Softfocus Lens, 소프트포커스렌즈)
  - o 의도적으로 수차가 생기도록 특수 설계하여 부드러운 느낌의 화상을 표현하기 위한 렌즈이다.
  - o 부드럽고 환상적인 분위기를 연출한다.

→

- 반사망원렌즈(Mirror Lens)
  - o 장초점 망원렌즈를 작게 설계한 렌즈이다.
  - o 렌즈 경통 앞 유리와 경통 뒤 오목거울의 집광성을 이용하여 초점거리를 늘려주는 원리이다.
  - o 상대적으로 작고 가볍지만 대체로 밝기가 어둡다.
  - o 렌즈 앞쪽 유리로 인해 도넛 모양의 보케가 생기는 특징이 있다.

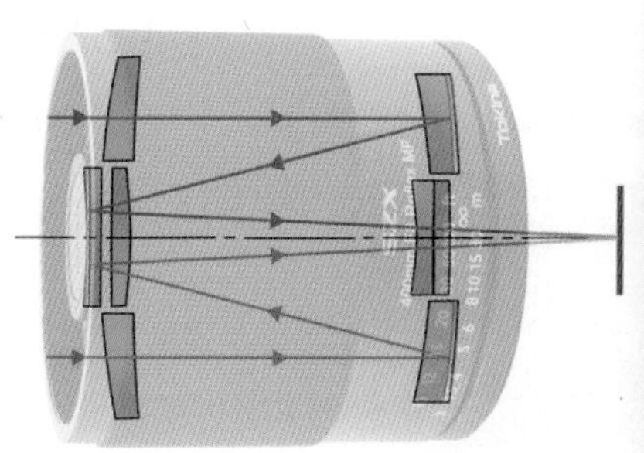

x. 렌즈 보조도구

- 렌즈 후드
  - o 렌즈 후드는 렌즈 화각 밖의 유해광선을 차단하는 렌즈 액세서리이다.
  - o 플레어와 고스트 현상을 방지한다.
  - o 렌즈의 화각에 유의하여 적절한 것을 사용해야 하며 렌즈 화각에 비해 너무 긴 후드를 사용하면 비네팅이 발생할 수 있다.

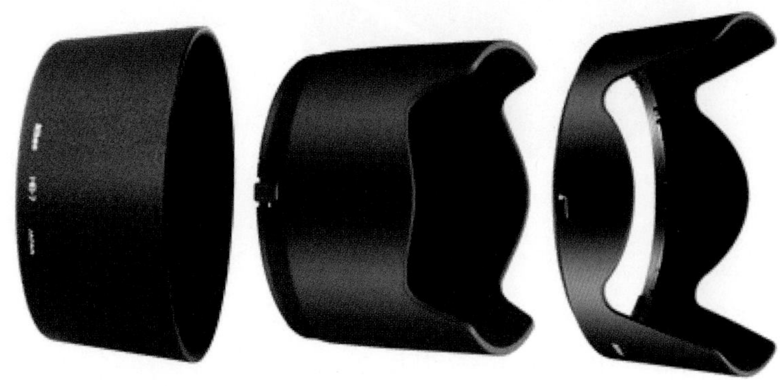

- 접사용구 : 피사체와 근접하여 촬영하도록 도와주는 렌즈 액세서리이다.
  - o 접사 링(중간 링, 익스텐션튜브) : 카메라 바디와 렌즈 사이에 장착

o 클로즈업 필터 : 렌즈 앞에 장착

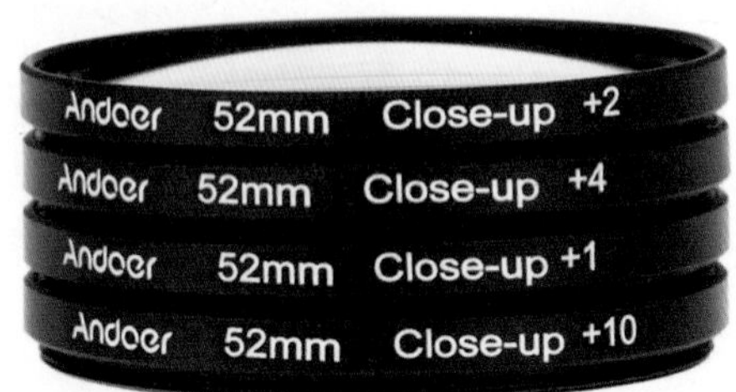

o 벨로우즈 : 카메라 바디와 렌즈 사이를 벨로우즈(주름막)으로 연결

- 컨버터(텔레컨버터, 익스텐더)
  - o 렌즈의 초점거리를 연장시켜주는 렌즈 액세서리이다.
  - o 렌즈의 밝기가 어두워지고 화질이 저하될 수 있다.
  - o 초점거리를 1.4배 늘려 주는 1.4X, 2배 늘려주는 2X 등이 있다.

핵심 문제 : 렌즈

01 이미지 서클(Image Circle)에 대한 설명으로 옳은 것은?

① 촬영 이미지의 내의 원형 모양의 피사체
② 초점이 선명하게 맺는 범위
③ 렌즈 초점거리에 따라 상이 기록되는 범위
④ 렌즈를 통해 형성되는 선명한 상의 원형

02 렌즈의 초점거리를 바르게 설명한 것은?

① 렌즈의 제1주점에서 초점면까지의 직선거리
② 렌즈의 제2주점에서 초점면까지의 직선거리
③ 초점이 맞는 피사체와의 최단거리
④ 초점이 맞는 피사체와의 최장거리

03 렌즈의 초점거리와 화각, 원근감의 관계로 옳은 것은?

① 초점거리가 짧을수록 화각은 넓어지고, 원근감은 축소된다.
② 초점거리가 길수록 화각이 좁아지고, 원근감이 과장된다.
③ 초점거리가 짧을수록 화각은 넓어지며, 원근감이 과장된다.
④ 초점거리가 길수록 화각이 좁아지고, 원근감이 축소된다.

04 심도를 얕게 하여 피사체의 배경을 흐리게 하는 데 가장 적합한 렌즈는?(단, 촬영 거리는 동일하다고 가정)

① 광각렌즈 ② 표준렌즈
③ 망원렌즈 ④ 어안렌즈

05 렌즈의 MF 모드에 대한 설명으로 옳지 않은 것은?

① 움직이지 않는 피사체를 촬영할 때 적합하다.
② 렌즈의 초점 링을 돌려 초점을 맞춘다.
③ 반셔터를 누르면 원하는 영역의 초점을 맞춰준다.
④ 주변 환경이 어두워 AF검출이 안될 때 사용한다.

06 렌즈 코팅의 장점으로 옳은 것은?

① 빛의 반사율 감소 ② 빛의 반사율 증대
③ 빛의 투과량 감소 ④ 빛의 흡수량 감소

07 광축과 평행하지 않은 빛이 렌즈를 통과할 때 발생하는 수차로, 혜성의 꼬리 모양과 흡사하다 하여 지어진 이름의 수차는?

① 색수차 ② 구면수차
③ 코마수차 ④ 비점수차

08 카메라 렌즈 중 의도적으로 수차가 생기도록 설계하여 상이 확산되어 얼굴 주름 같은 질감을 부드럽게 만들어 주는 특수렌즈는 무엇인가?

① 어안렌즈 ② TS렌즈
③ 소프트포커스렌즈 ④ 매크로 렌즈

09 피사체의 왜곡을 바로잡는 소형 카메라 렌즈로, 렌즈 경통의 전반부가 360도 회전하며 상하좌우 조절이 가능한 렌즈는?

① 줌렌즈 ② 반사렌즈
③ 어안 ④ TS렌즈

10 다음 중 접사기구가 아닌 것은?

① 클로즈업 필터 ② 중간 링
③ 컨버터 ④ 벨로스

정답 및 해설

01 ④
해설 이미지 서클(Image Circle)은 렌즈를 통해 형성되는 선명한 원형의 상을 말한다.

02 ②
해설 렌즈의 초점거리란 렌즈의 제2주점과 초점면까지의 직선거리를 말한다. 초점거리를 기준으로 렌즈를 광각, 표준, 망원으로 분류한다.

03 ④
해설 렌즈의 초점거리가 짧을수록 화각은 넓어지고 원근감은 과장된다. 반대로 렌즈의 초점거리가 길수록 화각은 좁아지고 원근감은 축소된다.

04 ③
해설 망원렌즈일수록 심도가 얕아져 배경이 흐려지고, 광각렌즈일수록 심도가 깊어져 배경이 선명해진다.

05 ③
해설 반셔터는 AF를 사용하여 자동으로 초점을 맞출 때 사용한다.

06 ①
해설 렌즈 코팅의 주 목적은 빛의 반사율을 감소시키고 빛 반사로 인한 플레어와 고스트 현상을 방지하기 위함이다.

07 ③
해설 코마수차라는 이름은 빛이 퍼지는 모양이 혜성의 꼬리 모양과 비슷하여 붙여진 이름이다.

08 ③

해설 소프트포커스 렌즈는 수차를 의도적으로 발생시켜 부드럽게 표현하는 렌즈이다.

09 ④

해설 TS렌즈는 Tilt-Shift렌즈로 대형 카메라에서 가능한 무브먼트 기능을 중소형 카메라에서도 가능하도록 설계한 렌즈이다. 렌즈 경동이 회전하여 왜곡을 조절하고 피사계심도를 자유롭게 조절 가능하다.

10 ③

해설 컨버터는 렌즈의 초점거리를 연장해 주는 기구이다.

3 | 필터

i. 흑백/컬러 겸용 필터

- **UV(Ultraviolet)필터**
  - o 자외선(380nm 이하의 파장) 차단 필터이며 렌즈 보호 목적으로 많이 사용된다.
- **MC(Multiple-Coated)필터**
  - o 다층막 코팅처리로 투과 광량을 증대시킨 필터이며 플레어와 고스트 이미지를 감소시킨다.
- **스카이라이트(Skylight)필터**
  - o 천공광 제거하며 헤이즈(Haze) 제거 효과도 있다. (천공광 : 푸른 하늘의 반사광이나 구름으로부터의 반사광, 투과광 따위가 섞여 있는 상태의 빛)
  - o 연한 핑크색(연한 마젠타) 색상을 띈다.

- **PL(Polarizing)필터**
  - o 특정한 방향으로 진동하는 빛만 통과시키고 나머지는 차단하는 필터이다.
  - o 유리나 수면 등의 비금속성 표면에 나타나는 반사광을 제거하며 카메라와 반사면이 30~40º일 때 효과적이다.
  - o 컬러사진에서 색의 농도를 진하게 하고 푸른 하늘을 어둡게 표현한다.

o 원형 편광필터(Circular Polarizing Filter, CPL) : 렌즈 앞에 회전할 수 있게 설계하여 사용자가 편광 각도를 조정하며 빛의 반사를 제어하는 평광필터이다.

o 직선 편광필터(Linear Polarizing Filter) : CPL보다 더 오래된 방식으로 DSLR카메라의 자동초점에 혼선을 줄 수 있어 현대 디지털카메라에서 잘 사용되지 않는다.

→

- **ND(Neutral Density)필터**
  - o 투과하는 빛의 광량을 감소시키는 필터로 색상에는 영향을 미치지 않다.
  - o 낮에 긴 셔터스피드로 장노출 사진을 찍을 경우나 밝은 장면에서 조리개 개방하여 심도를 얕게 찍을 경우 유용하게 사용할 수 있다.
  - o 광량이 감소되는 정도를 필터 계수로 표기한다.
    예시) ND 8 → 빛의 양 1/8 (3 Stop ↓)

ii. 흑백 전용 필터

같은 색상은 투과하고 보색은 흡수하는 원리로 작용한다.

- **Y(Yellow)필터**
  - o 구름의 디테일과 부드러움을 나타낼 때 효과적이다.

- **O(Orange)필터**
  - o 하늘이 짙은 회색으로 표현되어 구름과 분리되어 표현한다.

- **R(Red)필터**
  - o 강조용 필터 → 하늘을 가장 어둡게 표현하여 구름을 강조한다.
  - o 오렌지, 빨간색은 밝게 표현, 보색은 어둡게 표현한다.

- **YG(Yellow-Green)필터**

o 청색과 적색의 일부를 흡수하며 인물의 정색 묘사에 가장 효과적이다.

iii. 컬러 전용 필터

- **색온도 변환 필터**
  - o Color Conversion 필터로 색온도 차이가 큰 경우 사용한다.
  - o 블루(Blue)계/80계열 : 색온도 상승용
    활용 예시) 주광용 필름을 텅스텐 조명에서 사용하는 경우

  - o 엠버(Amber)계/85계열 : 색온도 하강용
    활용 예시) 텅스텐 필름을 주광 광원에서 사용하는 경우

- **색조 조정 필터(LB필터)**
  - o Light Balance 필터(LB필터)로 색온도 차이가 작은 경우 사용한다.
  - o 블루(Blue)계/82계열 : 색온도 상승용
    차가운 느낌(냉조) 첨가

  - o 엠버(Amber)계/81계열 : 색온도 하강용

따뜻한 느낌(온조) 첨가

- **색보정 필터(CC필터)**
    - o Color Compensating 필터로 Red, Green, Blue, Cyan, Magenta, Yellow 여섯 가지 색상의 필터를 이용해 보색을 흡수하여 감소시키는 원리로 색상을 보정하는 필터이다.
    - o 젤라틴 재질의 필터이며 색상별로 6~7개의 농도로 구성되고 총 36~42개 한 세트이다.
    - o 이름 표기 예시 : CC50B → CC(색보정용)필터로 농도 0.5의 파란색(B)의 필터

iv. 특수 필터

- **FL필터(Fluorescent)**
    - o 형광등 필터로 형광등 특유의 녹색을 제거한다.
    - o 데이라이트 필름용 : FL-D
      텅스텐 필름용 : FL-T/FL-B

- **크로스스크린 필터**
    - o 광원의 광선이 사방으로 퍼지게 하는 효과를 내는 필터이다.

o 필터에 따라 빛이 퍼지는 개수가 달라진다.

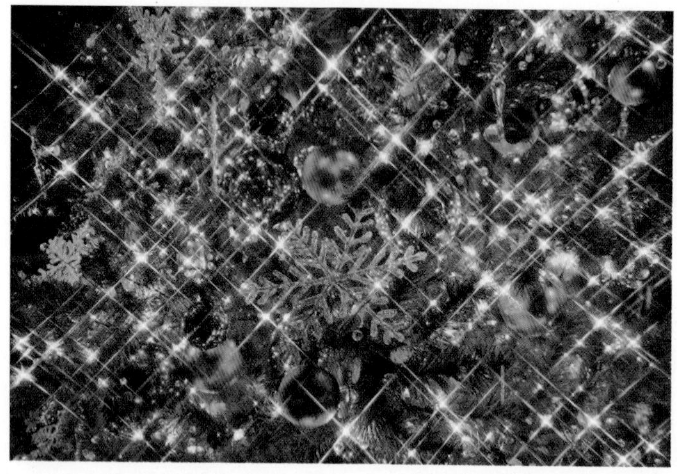

- **소프트톤 필터**

  o 연초점 효과를 내는 필터로 피사체를 부드럽게 표현하는 필터이다.

- **미라지 필터**

  o 하나의 주 피사체를 프리즘 면수에 따라 다중으로 분할하여 표현하는 필터로 한 화면에 같은 상을 여러 개 맺는다.

- **그라데이션 필터**

  o 한쪽 면 일부만 효과를 주는 필터로 대표적으로 하프ND 필터를 많이 사용한다.

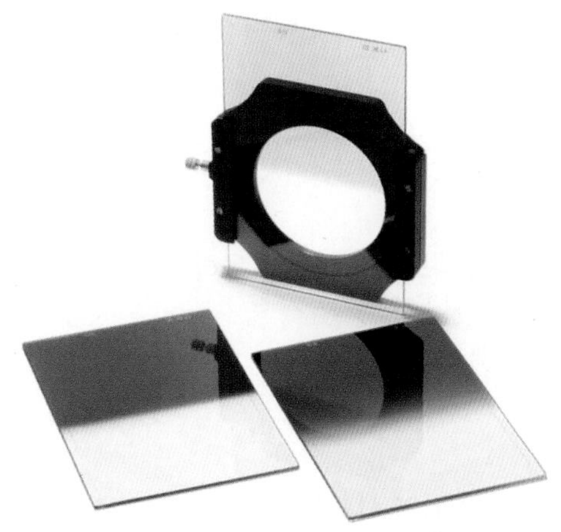

핵심 문제 : 필터

01 빛이 필터를 통과할 때 그 빛의 색이 필터와 동일한 색상이라면 어떻게 되는가?

① 반사된다.
② 굴절된다.
③ 흡수된다.
④ 투과된다.

02 다층막 코팅처리로 빛의 투과를 증가시키고 플레어와 고스트이미지 현상을 줄여주는 필터는 무엇인가?

① UV필터
② PL필터
③ MC필터
④ ND필터

03 ND필터의 활용으로 올바른 것은 것은?

① 흑백필름에서 콘트라스트를 강조할 때 사용하는 필터
② 컬러필름에서 색온도를 변환할 때 사용하는 필터
③ 낮에 장노출 촬영을 위해 광량을 감소시키는 필터
④ 사람 눈에 보이지 않는 자외선을 차단시키기 위한 필터

04 흑백 필름으로 사진을 찍을 때 Yellow필터로 맑은 하늘에 구름을 촬영한다면 어떤 효과를 얻을 수 있는가?

① 구름과 하늘이 모두 희게 나온다.
② 구름과 하늘이 모두 검게 나온다.
③ 구름은 검게, 하늘은 희게 나온다.
④ 구름은 희게, 하늘은 검게 나온다.

05 컬러필터에서 블루(Blue)색이나 앰버(Amber)색 필터의 주된 용도는 무엇인가?

① 자외선 차단용
② 블루라이트 제거용
③ 색온도 변환용
④ 노출 조절용

06 젤라틴 형태로 컬러 필름으로 촬영 시 색보정 필터로 사용하는 것은?

① CPL Filter
② FL Filter
③ ND Filter
④ CC Filter

07 형광등이 있는 실내에서 컬러필름으로 촬영 시 나타나는 녹색을 보정하기 위해 사용하는 필터는?

① FL필터
② 소프트 필터
③ LB 필터
④ 크로스 필터

정답 및 해설

01 ④
해설 필터와 동일한 색상의 빛은 필터를 통과한다.

02 ③
해설 MC 필터는 Multi-Coated Filter의 약자로, 여러 층의 코팅을 통해 빛의 반사를 최소화하고 투과율을 높이는 필터이다.

03 ③
해설 ND필터(Neutral Density Filter)는 중성 밀도 필터로, 렌즈에 들어오는 빛의 양을 줄여 필름이나 카메라 센서에 도달하는 광량을 감소시키는 역할을 한다.

04 ④
해설 흑백필름에서 Yellow필터를 사용하면 파란색 계열의 빛을 약간 흡수하여 하늘을 더 어둡게 표현하는 동시에, 구름의 밝기를 유지하여 대비를 높여주는 효과가 있다.

05 ③
해설 블루(Blue) 필터와 앰버(Amber) 필터는 색온도 변환 필터로, 블루 필터는 색온도 상승, 엠버 필터는 색온도를 하강시킨다.

06 ④
해설 CC필터는 색보정에 사용되는 필터로, 특정 색상의 빛을 보강하거나 줄임으로써 촬영 결과물의 색 균형을 조정한다.

07 ①
해설 FL필터(Fluorescent Filter)는 형광등 아래에서 촬영할 때 나타나는 녹색빛을 보정하기 위해 사용하는 필터로 FL-D(주광형), FL-B(텅스텐형) 등으로 구분된다.

4 | 사진장비 관리

• **촬영 장비 보관**

좋은 예	나쁜 예
실내	야외
서늘하고 통풍이 되는 곳	밀폐된 곳
그늘진 곳	햇볕 드는 직사광선
적절한 온도	높은 고온
낮은 습도	높은 습도

• **촬영 장비 취급 및 손질**

o 물리적인 자극이 적은 에어브러시나 부드러운 천을 이용해서 먼지 제거한다.

o 자극적인 약품으로 닦지 않는다.
예시) 아세톤 등

핵심 문제 : 사진장비 관리

01 카메라 보관방법으로 가장 알맞은 것은?

① 밀폐되고 온도가 높고 곳에 보관한다.
② 습도가 높은 곳에 보관한다.
③ 직사광선에 노출된 곳에 보관한다.
④ 통풍이 잘 되는 곳에 보관한다.

02 카메라의 취급과 보관으로 옳은 방법은?

① 렌즈에서 기본 필터를 반드시 제거하여 보관한다.
② 렌즈에 묻은 먼지는 물로 깨끗이 씻어낸다.
③ 손으로 셔터막을 만지지 않고 먼지를 에어브러시로 제거한다.
④ 카메라는 살균을 위해 높은 온도와 높은 습도에 보관한다.

03 카메라 손질방법 중 적합한 것은?

① 카메라 렌즈는 가능한 한 분해하지 않는 것이 좋다.
② 파인더와 반사경은 칫솔과 같은 도구로 닦아 준다.
③ 렌즈 표면에 묻은 지문은 신속한 제거를 위해 휴지로 닦아준다.
④ 렌즈 표면에 잘 지워지지 않는 얼룩은 아세톤으로 제거한다.

정답 및 해설

01 ④

해설 촬영 장비를 직사광선의 고온 다습한 곳에 보관하는 것은 바람직하지 않고 서늘하고 통풍이 잘 되는 곳에 보관해야 한다.

02 ③

해설 셔터막과 같이 민감한 부분을 무리하게 손으로 만지는 것은 바람직하지 않고 먼지가 있다면 에어브러시나 부드러운 천을 이용하여 제거한다.

03 ①

해설 렌즈를 분해하여 내부에 먼지가 들어가면 사진에 영향을 줄 수 있으므로 되도록이면 렌즈는 분해하지 않는 것이 좋다.

CHAPTER
05 사진조명

1 | 자연광 특성

시간에 따라 위치, 각도, 방향, 광량, 색온도 등이 달라진다.
주간에 주광으로 사용되며 보조광으로 활용도 가능하다.

2 | 인공광의 종류

- **지속 광**
  - 일정한 밝기를 유지하며 지속적으로 빛을 비추는 광원을 말한다.
  - 조리개, 셔터스피드를 조절하여 노출 조절이 가능하다.
  - 백열전구, 텅스텐, 할로겐, 백색전구, 청색전구, 형광등, LED 등이 있다.
- **순간광**
  - 설정한 광량의 빛을 매우 짧은 시간 동안 발광하는 광원을 말한다.
  - 조리개로 노출을 조절하고 셔터스피드는 플래시 노출에 영향을 주지 않는다.

	지속 광	순간광
장점	• 조명의 광량, 색온도 등 촬영 결과물을 미리 알 수 있다. • 화이트 밸런스와 광량을 맞추기 쉽다. • 사진, 영상 모두 촬영 가능하다. • 연속촬영이 용이하다.	• 광량이 세다. • 전력 효율이 좋다. • 인물 촬영 시 눈부심이 덜하다.
단점	• 광량이 상대적으로 약하다. • 전력소모, 발열이 심하다. • 인물 촬영 시 모델의 피로도가 심하다.	• 조명의 광량, 색온도 등 촬영 환경을 미리 알 수 없다. • 화이트 밸런스와 광량을 맞추기 어렵다. • 충전 시간이 필요하여 연속촬영이 어렵다.

o 전자플래시(스트로보)

- 약 5,500k의 색온도를 갖는 사진용 순간 광원이다.
- 플래시튜브에 주로 제논(Xenon) 가스를 사용한다.

o 대형 전자플래시

- 주로 사진 스튜디오에서 사용하는 광량이 높은 대형 조명을 말한다.
- 다양한 조명 도구를 사용하여 다양한 조명 연출이 가능하며 인물, 제품 촬영 등 여러 분야에서 활용한다.

o 소형 전자플래시

- 보통 카메라 핫슈에 장착하여 휴대성과 기동성이 뛰어나다.
- 취재, 행사, 인물 촬영 등에 사용된다.

■ 발광 모드

발광 모드	내용
M	사용자가 직접 수동으로 플래시 광량을 조절
E-TTL	카메라 렌즈를 통해 들어온 빛의 양을 측정하여 플래시가 자동으로 광량을 조절
멀티	한 번의 촬영에 여러 번의 플래시를 발광하여 연속적인 움직임을 포착
고속동조(HSS)	최대 고속 동조 속도보다 빠른 셔터 속도로 촬영할 수 있는 모드
선막동조 (Front Curtain Sync)	셔터가 열린 직후에 플래시 발광이 되는 방식
후막동조 (Rear Curtain Sync)	셔터가 닫히기 직전에 플래시 발광이 되는 방식

그림 1 후막동조

그림 2 선막동조

그림 3 멀티모드

• **조명 도구**

조명 앞에 장착하여 광면적을 조절하고 그림자의 경계와 사진의 전체적인 느낌을 다양하게 연출한다.

조명 도구	이름	특징
	소프트박스	다양한 모양(직사각, 정사각, 육각, 팔각 등)의 박스 형태로 확산 재질의 흰색 천을 덮어 부드러운 빛을 연출
	엄브렐라	우산처럼 펼쳐서 사용하는 형태로 일반적으로 내부에 빛을 비추어 빛을 넓게 확산시켜 부드러운 빛을 연출
	뷰티디쉬	소프트박스와 리플렉터 중간 정도의 빛의 확산시키는 특성이 있고 인물의 디테일을 살리면서도 피부 표현을 자연스럽게 할 수 있어 뷰티 촬영, 패션 촬영 등에서 자주 사용
	리플렉터	상대적으로 좁은 광면적을 만들어 그림자의 경계가 강한 빛을 연출

조명 도구	이름	특징
	**배경용 리플렉터**	배경에 조명을 비춰 배경을 밝히거나 그라데이션 생성
	**스누트**	원뿔 형태로 빛을 좁은 범위로 집중시켜 특정 부분만 비추는 도구
	**허니컴**	벌집 모양으로 리플렉터와 뷰티디쉬 앞에 장착하여 조명의 조사범위를 좁혀주는 도구
	**그리드**	주로 소프트박스 앞에 장착하는 그물 형태의 조명 도구로 허니컴과 비슷하게 조명의 조사범위를 좁혀주는 도구

조명 도구	이름	특징
	고보	광원의 조명을 일부 가려 피사체나 카메라로 들어오는 빛을 막아주는 장치

핵심 문제 : 인공광의 종류

01 전자 플래시 튜브에 주로 사용되는 가스는?

① 산소
② 수소
③ 제논
④ 헬륨

02 소형 전자 플래시(Electronic Flash Light)의 특징이 아닌 것은?

① 기동성과 휴대성이 좋다.
② 색온도 불일치로 데이라이트 타입 필름에는 적합하지 않다.
③ 발광 지속시간이 매우 짧아 흔들리지 않는 상을 얻는다.
④ 움직이는 피사체를 고정된 상으로 촬영할 때 적합하다.

03 전자플래시(electronic flash)의 특성으로 옳지 않은 것은?

① 1회용 인공 광원이므로 비경제적이며 환경친화적이지 않음
② 고속 순간 광원이므로 어두운 곳에서 순간적인 장면을 포착
③ 멀티 모드를 통해 연속 동작의 단계적 표현
④ 어두운 곳에서 주광원으로서 사용 가능

04 조명 도구 중 소프트박스에 대한 설명으로 옳은 것은?

① 날카로운 그림자를 만든다
② 빛을 집중적으로 모을 수 있다.
③ 강한 콘트라스트를 만들 수 있다.
④ 대표적인 확산 장치이다.

05 여러 개의 조명을 사용할 때 조명 간의 상호 간섭이나 카메라 렌즈로 직접 들어오는 빛을 막아 주기 위한 장치는 무엇인가?

① 리플렉터
② 뷰티디시
③ 소프트박스
④ 고보

정답 및 해설

01 ③
해설 제논(Xenon)은 고압 상태에서 전기 에너지를 방출하면 밝은 빛을 생성하는 성질을 가지고 있어, 플래시와 같은 순간적인 강한 빛을 내는 장치에 적합하다.

02 ②
해설 사진용 전자 플래시의 색온도는 약 5,500K로 설정되어 있어 데이라이트 필름에 사용하기에 적합하다.

03 ①
해설 전자 플래시는 재사용이 가능하며 효율적인 인공 광원이다.

04 ④
해설 소프트박스는 대표적인 조명 확산 장치로 부드러운 그림자를 생성하는 특성이 있다.

05 ④
해설 고보(Gobo)는 빛을 차단하거나 빛의 경로를 제한하는 데 사용하는 조명 도구이다.

3 | 조명의 광량

- 광량의 표시
  - o 와트(Watts, W)
    - 특정 양의 빛을 내는 데 필요한 에너지의 양을 나타내며 와트 수가 높을수록 광량과 소비 전력이 증가한다.
    - 주로 대형 조명에서 광량을 나타낼 때 사용하며 같은 단위로 '줄(Joule)'을 사용하기도 한다.
  - o 가이드 넘버(Guide Number, GN)
    - ■ 소형 전자 플래시의 광량을 표시하는 단위이다.

- 가이드 넘버는 조리개 수치를 촬영거리로 곱하여 구한다.
  GN = 조리개 수치(f) x 촬영거리(m) *ISO감도 100
  예시1) 가이드넘버가 32인 스트로보를 이용하여 4m 거리의 물체를 촬영할 때 적합한 조리개 → f8
  예시2) 가이드넘버 60인 스트로보를 이용하여 조리개 f8로 촬영 시 적절한 피사체의 거리 → 7.5m

- 광량 측정 및 조절
  - 지속광은 입사식 노출계 또는 반사식 노출계를 사용하여 광량을 측정한다.
  - 플래시 조명(순간광)은 입사식 노출계를 이용하여 피사체 방향에서 광원을 향하여 측정한다.

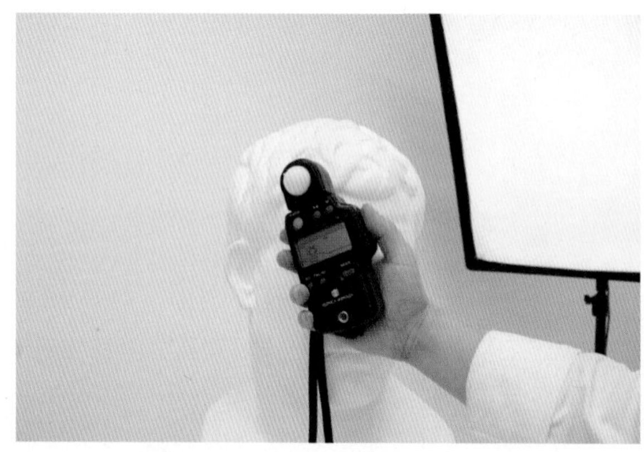

1. 노출계의 측정모드 설정 : 무선동조모드(NON CORD/FLASH)
2. 카메라 설정의 ISO감도 입력
3. 카메라 설정의 셔터스피드 입력
4. 플래시 광량 측정
5. 측정 결과값으로 나오는 f값을 카메라에 입력하여 촬영 또는 원하는 f값에 맞게 플래시 광량 조절

- 역제곱 법칙(Inverse Square Law)
  - 광원의 광량은 광원으로부터의 거리 제곱에 반비례하는 법칙을 말한다.

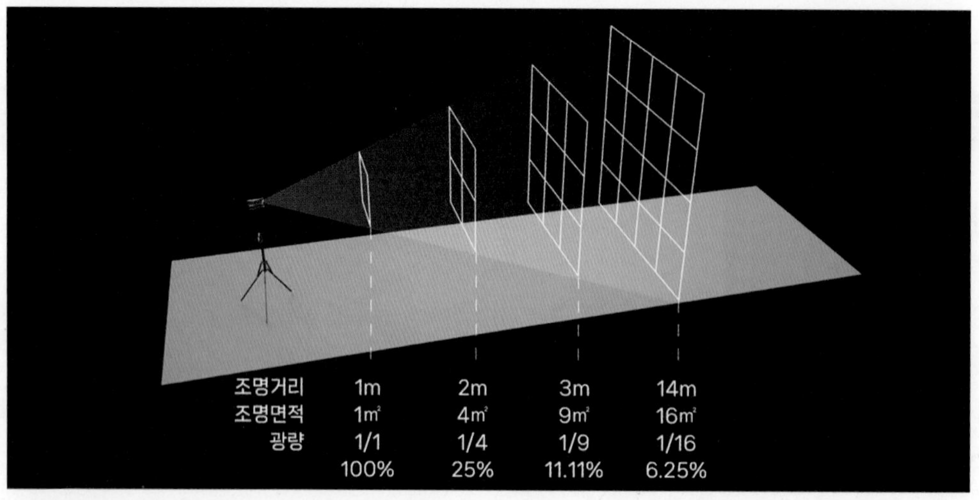

예시) 조명 거리가 1미터 일 때 광량이 100%일 때

조명 거리를 2미터로 더 멀게 하면 거리가 두배 멀어졌으니까 광량이 절반(50%)이 되는 것이 아니라 역제곱 법칙에 따라 거리의 제곱(2의 제곱인 4) 만큼 반비례하기 때문에 광량은 1/4(25%)로 감소한다.

- 주광 및 보조광(조명비)
  - o 주광 (Key Light))
    - ▪ 사진의 주된 광원으로 여러 조명 중 제일 광량이 밝은 광원을 말한다.
    - ▪ 빛의 방향과 그림자를 만들어 사진의 전체적인 느낌을 결정한다.
    - ▪ 주광의 높이, 각도, 광량에 따라 다양한 연출이 가능하다.
  - o 보조광(Fill Light)
    - ▪ 주광에 의해 생긴 그림자의 농도를 조절하는 광원이다.
    - ▪ 주광보다 광량이 강해지면 해당 광원이 주광이 된다.
    - ▪ 사진의 조명비를 결정한다.
  - o 조명비(Lighting Ratio)
    - ▪ 주광과 보조광의 광량 비율을 나타낸다.
    - ▪ 보조광의 광량이 강해질수록 조명비는 낮아지고 보조광의 광량이 약해질수록 조명비는 높아진다.
    - ▪ 조명비가 높아지면 콘트라스트가 강하고 조명비가 낮으면 콘트라스트는 약해진다.
    - ▪ 조명비가 1:2라는 것은 주광과 보조광의 광량이 두 배 차이 난다는 것을 의미하고 한 스톱 차이가 나게 된다.

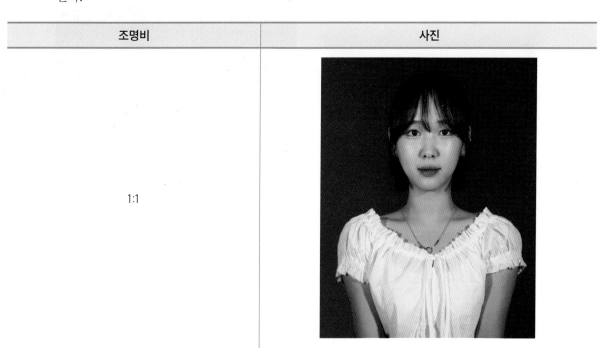

조명비	사진
1:1	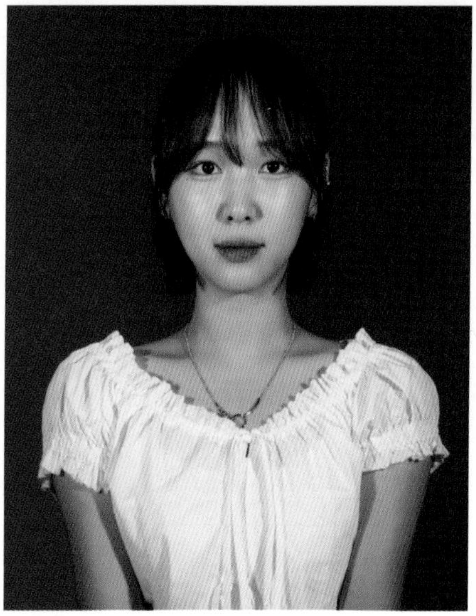

조명비	사진
4:1	
16:1	

핵심 문제 : 조명의 광량

01 가이드넘버(GN)가 64인 플래시에 조리개를 f8로 했을 때 적절한 노출이 될 수 있는 피사체의 거리는?(단, ISO는 100이다)

① 7m
② 8m
③ 10m
④ 20m

02 광원으로부터 피사체까지의 거리가 2배로 늘어났을 때 피사체에 대한 조명의 광량은 어떻게 되는가?

① 1/2로 줄어든다.
② 1/4로 줄어든다.
③ 1/8로 줄어든다.
④ 1/16로 줄어든다.

03 두 개 이상의 광원의 광량 차이를 말하며 인물 및 정물에 콘트라스트를 결정하는 것을 무엇이라 하는가?

① 주광
② 보조광
③ 조명비
④ 반사율

04 광량비(조명비)가 4:1일 때, 주광F11이면 보조광의 값은?

① F5.6
② F8
③ F11
④ F22

정답 및 해설

01 ②

해설 가이드넘버(GN)는 소형플래시의 광량을 나타내는 단위로, 광량에 따른 적합한 촬영 거리를 구하기 위해서 가이드넘버를 조리개 값으로 나눠줘야 한다.

02 ②

해설 광량은 거리의 제곱에 반비례하는 '역제곱 법칙'에 따라 거리가 2배 늘어날 경우, 빛의 세기는 1/4로 감소한다.

03 ③

해설 조명비는 두 개 이상의 광원(주광과 보조광) 간의 광량 차이를 나타내며, 이 차이가 인물 또는 정물에 대한 콘트라스트를 결정한다.

04 ③

해설 광량비(조명비)는 주광과 보조광의 차이를 나타내는 비율로, 광량비가 4:1이라는 것은 주광과 보조광의 밝기 차이가 4배 난다는 뜻으로 두 스톱 차이가 나게 된다. 즉 주광이 f11인 경우 보조광은 두 스톱 낮아진 f5.6이 된다.

4 | 조명의 색온도

- 자연광의 색온도
  - o 일출/일몰 : 1,000~2,500K
  - o 맑은 날 정오 : 5,500~6,000K
  - o 흐린 날 하늘 : 7,0000~8,000k
  - o 천공광 : 10,000~20,000k
- 인공광의 색온도
  - o 전자플래시, 청색전구 : 5,500~6,000k
  - o 백열전구, 텅스텐, 할로겐, 백색전구 : 3,000~4,000k
  - o 사진용 백색전구와 청색전구(지속광)

	백색전구	청색전구
색온도	3,000~4,000k	5,500~6,000k
소등 (Off)		
점등 (On)		

핵심 문제 : 조명의 광량

01 컬러필름은 색온도에 따라 각각 특유의 색상으로 기록되어 나타난다. 다음 중 가장 낮은 색온도를 나타내는 광원은 무엇인가?

① 백열전구나 촛불
② 맑은 날의 자연광
③ 흐린 날의 자연광
④ 사진용 인공조명

02 카메라의 색온도를 5,500K로 설정하고 실내 백열등 아래에서 촬영한다면 전체적인 사진의 분위기는 어떠한가?

① 푸른색 계열의 차가운 분위기의 사진이 촬영되었다.
② 백열등 특유의 녹색의 사진으로 촬영되었다.
③ 붉은색 계열의 따뜻한 분위기의 사진이 촬영되었다.
④ 컬러의 채도가 빠져 회색 계열 분위기의 사진이 촬영되었다.

03 주광용(daylight) 컬러필름으로 촬영할 때 다음 중 가장 적합하지 않은 조명은?

① 맑은 날 정오 태양광
② 전자플래시
③ 백열전구
④ 청색사진전구

04 청색사진용 전구의 색온도는?

① 5,500K
② 4,000K
③ 3,400K
④ 3,200K

05 색온도에 대한 설명이 옳은 것은?

① 촛불의 색온도는 대략 1,900K이다
② 맑은 날 정오의 태양광의 색온도는 대략 3,000K이다.
③ 맑은 날 천공광의 색온도는 5,500K이다.
④ 색온도가 7,000K 이상이면 붉은색으로 나타난다.

정답 및 해설

01 ①

해설 백열전구는 약 3,000~4,000K, 촛불은 약 1,500~2,000k의 색온도를 갖는다. 맑은 날의 태양광과 사진용 전구는 약 5,500k이며 흐린 날의 하늘은 약 7,000k이다.

02 ③

해설 백열등은 약 3,000~4,000k의 색온도를 갖는 조명이기 때문에 5,500k로 설정된 카메라로 촬영하면 붉은색 계열의 따뜻한 분위기로 촬영된다.

03 ③

해설 맑은 날의 정오 태양광, 전자플래시, 청색사진전구는 약 5,500k의 색온도이고 백열전구는 약 3,000~4,000k의 색온도이다.

04 ①

해설 사진용 청색전구의 색온도는 5,500k이다.

05 ①

해설 촛불의 색온도는 약 1,900k이다.

5 | 혼합광 운용

- 혼합광 특성
  - o 한 공간에 종류가 다른 두 가지 이상의 광원이 섞이면 색온도의 차이로 인해 색상이 다르게 표현된다.
  - o 광량이 상대적으로 강해질수록 해당 광원의 색온도의 영향이 커진다.
  - o 촬영자의 의도와 콘셉트에 따라 혼합광을 이용하여 원하는 분위기를 연출할 수 있다.
- 혼합광 조절
  - o 디지털카메라는 화이트밸런스를 조절하여 색온도를 조절한다.
  - o 필름 카메라로 촬영 시 필름의 타입(데이라이트, 텅스텐 등)을 바꾸거나 색온도 변환 필터로 색온도 조절한다.
  - o 조명의 광량을 조절하여 색온도를 조절한다.
  - o 편집 프로그램을 활용한 후보정을 통해 색온도를 조절한다.
- 자연광과 인공광의 혼합비
  - o 자연광의 비율과 인공광의 비율이 비슷하다면 사진에서 중요한 부분을 기준으로 광원을 조절한다.
  - o 지속광은 조리개와 셔터스피드로 조절이 가능하다.
  - o 순간광은 셔터스피드의 영향을 받지 않고 조리개로 조절한다.
  - o 순간광의 영향을 받지 않는 뒷배경의 노출을 셔터스피드로 조절한다.

핵심 문제 : 혼합광 운용

01 조명의 혼합광에 대한 설명으로 옳지 않은 것은?

① 혼합광에서 광량이 높은 조명이 전체 사진의 색온도를 지배한다.
② 혼합광은 인공광과 자연광을 섞은 조명이라 할 수 있다.
③ 혼합광원에서 셔터스피드를 통해 배경의 밝기를 조절한다.
④ 혼합광원에서 태양광이 무조건 주광원이 된다.

02 다음 중 혼합광에 대한 설명이 아닌 것은?

① 빛의 가색법을 이용하여 다른 색온도의 빛을 혼합해 원하는 분위기를 만들 수 있다.
② 화이트밸런스 기능을 이용하거나 컬러필터를 사용하면, 특정 색온도의 광원으로 공간을 비추고 있어도 피사체의 정확한 색을 재현할 수 있다.
③ 한 공간에 두 가지 이상의 광원이 섞여 있을 경우, 색온도 차이에 따라 색이 다르게 표현된다.
④ 텅스텐 필름(3,200~3,400k)을 이용하면 혼합광의 색을 정확하게 표현할 수 있다.

03 자연광과 인공광의 비율이 비슷한 상황에서 화이트밸런스를 잡는 방법으로 가장 적절한 것은?

① 인공광의 색온도를 기준으로 화이트밸런스를 맞춘다.
② 자연광의 색온도를 기준으로 화이트밸런스를 맞춘다.
③ 시각적으로 중요한 비중을 차지하는 영역에 기준을 잡고 광원을 조절한다.
④ 카메라의 화이트밸런스 모드를 백열등으로 설정하여 촬영한다.

정답 및 해설

01 ④
해설 인공광의 광량이 태양광의 광량보다 더 강할 경우 인공광이 주광원이 되어 색온도와 조명 효과를 지배할 수 있다.

02 ④
해설 텅스텐 필름은 보통 3,200K 정도의 색온도를 갖기 때문에 혼합광에서 두 개 이상의 광원이 섞일 때 색을 정확하게 표현하는 데는 제한이 있을 수 있다.

03 ③
해설 자연광과 인공광의 비율이 비슷할 경우 시각적으로 중요한 비중을 차지하는 영역을 기준으로 광원을 조절한다.

6 | 조명 연출

• 조명 방향(순광/사광/측광/역광)

채광법	빛의 방향	사진	효과
순광	정면		카메라에 가까운 정면으로부터 조명 입체감이 거의 표현되지 않고 피사체를 평면적으로 표현
사광	45º		피사체 옆 45°각도에서 비추는 조명 자연스러운 입체감 표현
측광	측면		피사체 옆면에서 비추는 조명 피사체의 형태나 질감 강조

채광법	빛의 방향	사진	효과
역광	뒤		피사체 뒤에서 비추는 조명 피사체 정면은 어둡고 가장자리 윤곽에 하얀 라인을 만들어 배경과 명확히 구분되고 형태가 강조

- 직사광/바운스(적목현상)

채광법	빛의 방향	사진	효과
직사광			직접적으로 피사체를 향하여 발광 윤곽이 뚜렷하고 짙은 그림자를 생성 강한 하이라이트를 만들 때 효과적
바운스 (확산광)	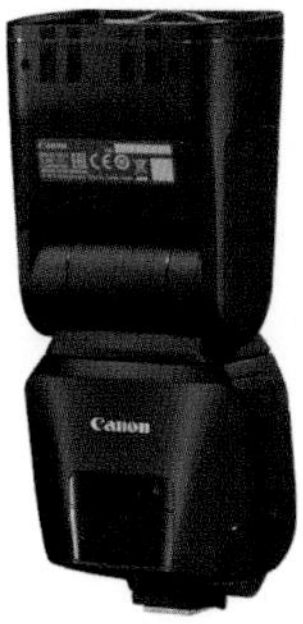		천장이나 벽에 조명을 발광하여 직사광보다 부드럽고 고른 조명을 하는 간접조명법 직사광보다 부드러운 윤곽선을 형성

- 적목현상(Red Eye)
  - o 적목현상은 플래시를 사용하여 촬영 시 눈 내부의 혈액이 망막으로부터 반사되어 눈동자가 빨갛게 나오는 현상이다.
  - o 카메라에서 플래시를 위치를 멀리 조정하거나 방향을 조절하여 방지할 수 있다. 또한 촬영 전 밝은 빛을 보게 하여 동공을 축소 시켜 방지할 수 있다.

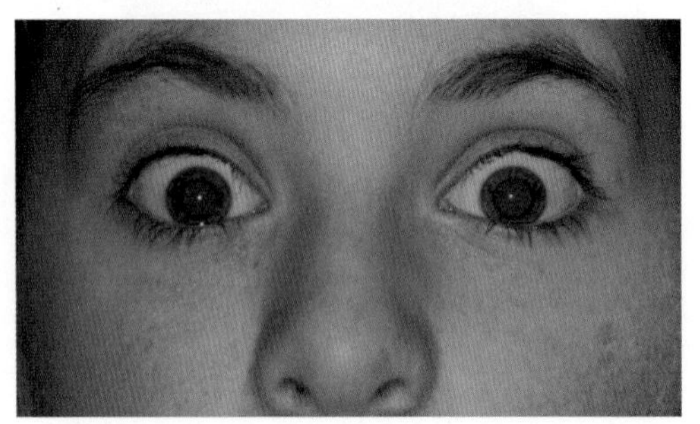

- 인물 조명법
  - o 파라마운트/루프/렘브란트/스플릿

인물 조명법	사진	설명
파라마운트 Paramount Lighting (버터플라이)		조명을 인물 얼굴 정면 위쪽에 배치하여 약 45도 내려다보는 위치에서 조명 코와 턱 밑에 그림자가 생기고 그 모양이 나비 모양 같다 하여 버터플라이 조명이라고도 함 얼굴 윤곽이 강조되며 권위적이고 중후한 분위기 연출
루프 Loop Lighting		코에서 나오는 그림자가 입꼬리를 향하는 루프(고리)를 형성 과하지 않은 입체감 표현으로 많이 사용되는 인물 조명법

인물 조명법	사진	설명
렘브란트 Rembrandt Lighting		측면 45도에서 비추는 조명법으로 조명 반대쪽 인물의 눈 밑에 역삼각형의 하이라이트 형성 화가 렘브란트 작품에서 자주 볼 수 있는 조명스타일을 따온 기법 인물의 강한 입체감과 깊이감을 표현
스플릿 Split Lighting		인물의 측면에 조명을 배치 얼굴을 절반 나누어 한쪽은 밝게, 다른 한쪽은 어둡게 보이도록 하여 강렬한 대비를 나타냄 드라마틱한 연출에 효과적

o 브로드 라이팅 / 숏 라이팅

인물 조명법	사진	설명
브로드 라이팅 Broad Lighting		인물이 얼굴을 약간 한쪽으로 돌리고 있을 때 카메라와 가까운 인물 쪽으로 얼굴의 넓은 면을 비추는 조명 방법 밝고 부드러운 분위기 연출

인물 조명법	사진	설명
숏 라이팅 Short Lighting	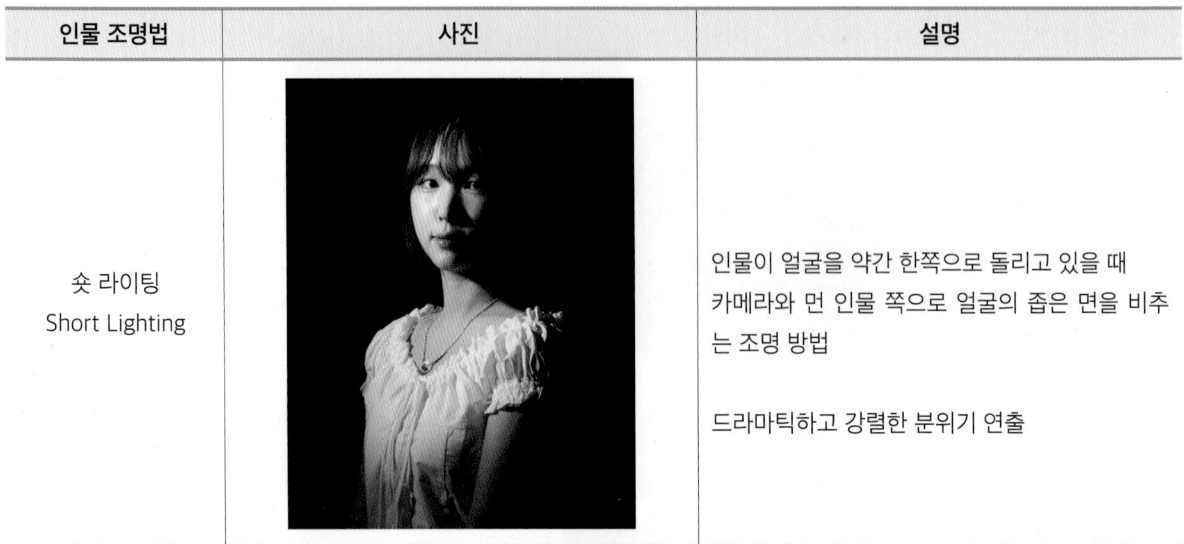	인물이 얼굴을 약간 한쪽으로 돌리고 있을 때 카메라와 먼 인물 쪽으로 얼굴의 좁은 면을 비추는 조명 방법 드라마틱하고 강렬한 분위기 연출

핵심 문제 : 조명 연출

01 인공조명을 사용하여 촬영할 때 피사체를 평면적으로 나타낼 수 있는 조명 방향은?

① 정면　② 45° 측면
③ 90° 측면　④ 45° 위

02 입체 광원을 얻기 위한 가장 적합한 기본 채광 방향은?

① 45° 위에서　② 90° 위에서
③ 정면에서　④ 45° 아래에서

03 스트로보 촬영 시 피사체에 고르고 부드러운 조명을 하고자 할 때 천장이나 벽을 향하게 하여 촬영하는 방법은?

① 브로드 라이트　② 바운스 라이트
③ 파라마운트 라이트　④ 다이렉트 라이트

04 적목현상을 방지하는 방법으로 옳지 않은 것은?

① 모델의 시선을 조명이 아닌 다른 곳을 향하게 한다.
② 카메라의 기능 중 적목 감소 기능을 이용한다.
③ 플래시와 카메라의 거리를 멀리해서 찍는다.
④ 플래시의 광량을 약 한 스톱 더 강하게 하여 촬영한다.

05 조명을 이용하여 인물 촬영할 때 주로 사용하는 조명 기법이 아닌 것은?

① 쇼트 라이팅
② 브로드 라이팅
③ 하드 라이팅
④ 버터플라이 라이팅

정답 및 해설

01 ①
해설 피사체 정면으로 조명하면 피사체를 평면적으로 나타낼 수 있다.

02 ①
해설 45° 위에서 빛을 비추면 피사체의 입체감을 잘 살릴 수 있다. 이 방향은 자연광에서 흔히 나타나는 조명 각도이며, 피사체의 다양한 부분에 빛과 그림자가 자연스럽게 형성되어 입체적인 효과를 강조한다.

03 ②
해설 피사체에 고르고 부드러운 조명을 하고자 할 때 피사체에 직접 조명하지 않고 천장이나 벽을 향하게 하여 촬영하는 방법을 '바운스 촬영'이라고 한다.

04 ④
해설 광량을 더욱 강하게 하면 오히려 눈에 더 많은 반사를 유도할 수 있기에 적합하지 않다.

05 ③
해설 하드라이트는 그림자의 경계가 선명하고 뚜렷한 형태를 말하는 것으로 인물 조명 기법이라고 할 수 없다.

7 | 조명 동조

- 조명 동조(Synchronization) : 순간광과 같은 전자 플래시의 발광을 카메라 셔터 개방과 일치시키는 것을 말한다.
- 동조 방법(유선동조/무선동조)
  - 유선 동조: 카메라와 플래시를 코드 케이블(유선)로 직접 연결하여 동조한다.

- o 무선 동조
  - ▪ 무선 동조기를 사용하여 무선으로 동조한다.
  - ▪ 송신부(발신부, Transmitter), 수신부(Receiver)로 구성되며 송신부를 카메라에 부착하고 수신부를 조명에 부착한 뒤 채널을 일치시켜 사용한다.

- 슬레이브 : 다른 플래시에서 나오는 섬광을 감지하여 동시에 발광하는 플래시 동기화 발광 장치이다.

- 플래시 접점 : 카메라와 외장 플래시 사이에 신호를 전달하는 전기적 접촉점을 말하며 카메라가 외부 플래시와 동기화하여 플래시 발광을 제어하는 역할을 한다.
  - o X 접점 : 카메라에 붙은 스트로보용 접점으로 셔터가 완전히 열림과 동시에 전류가 흘러 작동, 현대 카메라에서 주로 사용한다.
  - o FP 접점 : 포컬플레인셔터식 카메라에서 사용되는 플래시 접점으로 빠른 셔터속도 플래시가 지속 발광을 하여 고른 조명을 할 수 있게 해준다.
  - o F 접점 : 셔터가 열려있는 동안 플래시가 지속적으로 발광 되도록 고안된 접점이다.
  - o M접점 : 플래시가 발광하는 시점에 셔터가 열리도록 하여, 전구가 완전히 밝게 발광할 수 있도록 고안된 접점으로 고전적인 필름 카메라에서 주로 사용되었다.

핵심 문제 : 조명 동조

01 조명 촬영에서 동조(synchronization)에 대한 설명으로 옳은 것은?

① 플래시가 발광하는 시점부터 꺼질 때까지의 시간을 말한다.
② 전자플래시의 발광을 셔터 개방과 일치 시키는 것을 말한다.
③ 카메라의 셔터가 열리기 시작하여 닫힐 때까지 시간을 말한다.
④ 플래시가 발광하는 시간부터 셔터가 닫히는 시간 까지를 말한다.

02 무선동조기에 대한 설명으로 적절한 것은?

① 일반적으로 발신부와 수신부로 구성된다.
② 발신부를 Receiver라고 한다.
③ 수신부를 Transmitter라고 한다.
④ 송신부와 수신부는 채널이 일치하지 않아도 근거리에 있으면 자동으로 연결이 된다.

03 조명 구성 요소 중 슬레이브(Slave)에 해당하는 것은?

① 조명에 부착하는 벌집 모양의 도구로 조명의 조사범위를 좁혀주는 장치
② 카메라의 셔터 신호를 받아 플래시를 발광 시키는 장치
③ 조명과 조명 도구를 연결하는 연결 부위
④ 다른 플래시에서 나오는 섬광을 감지하여 동시에 발광하는 플래시 장치

04 다음 중 X접점의 신호가 활성화되는 시점은?

① 카메라의 반셔터를 눌렀을 때
② 셔터가 열리기 직전에
③ 포컬플레인셔터의 후막이 완전히 내려왔을 때
④ 셔터가 완전히 열렸을 때

05 싱크로 장치의 전기 접점 중 포컬플레인셔터 전용으로 사용되는 것은?

① X접점
② M접점
③ F접점
④ FP접점

정답 및 해설

01 ②

해설 동조는 카메라의 셔터와 플래시 발광이 정확히 일치하도록 하는 것을 말한다.

02 ①

해설 무선동조기는 기본적으로 카메라에 부착하는 발신부(송신부, Transmitter)와 조명에 부착하는 수신부(Receiver)로 구성되며 발신부와 수신부의 채널이 반드시 일치해야 사용 가능하다.

03 ④

해설 슬레이브는 다른 플래시의 발광을 감지하여 이를 트리거로 하여 자동으로 발광하는 기능을 가진 장치이다. 이를 통해 여러 플래시를 동시에 동조하여 사용할 수 있다.

04 ④

해설 X접점은 셔터가 완전히 열렸을 때 전류가 흘러 작동하는 플래시 싱크로 접점이다.

05 ④

해설 FP 접점은 포컬플레인셔터를 사용하는 카메라에서 플래시와 동기화하기 위해 사용한다.

CHAPTER 06

디지털 이미지프로세싱

1 | 디지털 기초 개념

- **픽셀과 해상도**
  - 픽셀
    - 디지털 이미지(비트맵 이미지)를 구현하는 최소 단위의 점을 말한다.
    - 픽셀은 비트심도 정보를 포함하여 정교한 밝기와 색상을 표현한다.
    - 픽셀로 구성된 이미지를 비트맵 이미지라고 한다.
  - 해상도
    - 디지털 이미지 또는 디스플레이의 픽셀의 수 또는 픽셀 밀도를 나타낸 것이다.
    - 픽셀·도트 수가 많은 고해상도는 같은 크기의 화면에서 더 많은 정보를 표시하기 때문에 구성 요소가 작게 나타나고 픽셀·도트 수가 적은 저해상도는 같은 크기의 화면에서 더 적은 정보를 표시하기 때문에 구성 요소가 크게 나타난다.
    - PPI(Pixels Per Inch) : 1인치 당 몇 개의 픽셀로 구성되는지를 나타낸다.
      → 모니터 등의 디스플레이 장치
    - DPI(Dots Per Inch) : 1인치 당 몇 개의 잉크점으로 구성되는지 나타낸다.
      → 잉크젯 프린터 등의 출력 장치
    - 해상도를 통한 출력 사이즈 계산 : 픽셀 수 / 해상도
      예시) 가로 3,000px x 세로 2,400px의 이미지를 300dpi로 출력할 경우
      → 가로 3,000÷300 = 10inch / 세로 2,400÷300 = 8inch
- **비트심도**
  - 픽셀이 얼마나 다양한 밝기와 색상을 표현할 수 있는지 나타낸다.
  - 비트(bit) : 디지털에서 정보의 양을 표시하는 최소 단위를 말한다.
  - 1비트는 2가지 값(흑/백)을 가지고 8비트는 256가지 값을 갖는다.
  - JPG 컬러사진인 경우 Red, Green, Blue 색상 채널 당 8비트 정보를 갖기에 각 채널마다 256가지 표현 → 256 x 256 x 256 = 16,777,216가지 색상을 표현 가능하다.

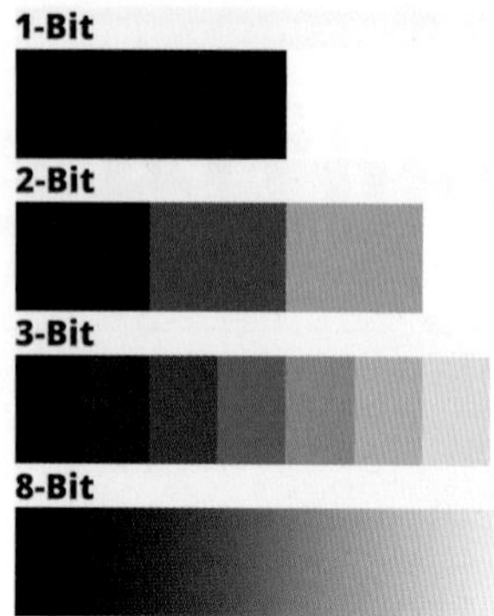

- **컬러 모드**
  - o RGB 컬러 모드 : 빛의 3원색인 Red, Green, Blue 세 개의 채널을 이용하여 가색혼합 방식으로 컬러 표현하며 빛을 이용하는 장치에서 사용한다.

  - o CMYK 컬러 모드 : Cyan, Magenta, Yellow, Black를 이용한 감산혼합 방식으로 컬러 표현하며 인쇄시스템에 사용한다.

o Lab컬러 모드 : 인간이 눈으로 지각할 수 있는 모든 색을 포함한 장치 독립적 색체계이며 L, a, b채널로 이미지를 구성한다.

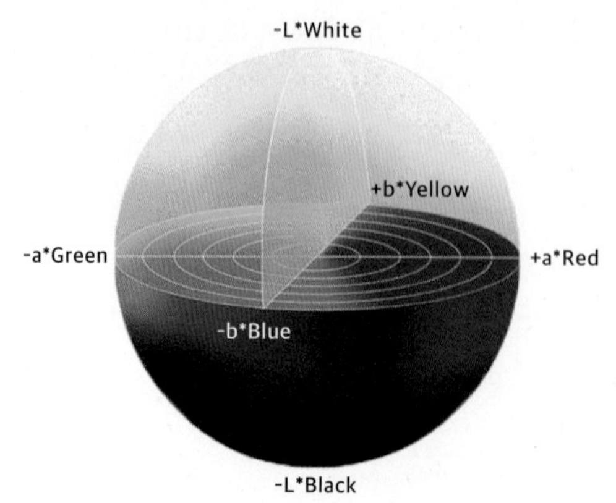

- o 그레이스케일 : 흑백 및 회색 음영으로만 이미지를 표현하는 방식이다.

- **파일 포맷**
  - o RAW
    - RAW파일은 디지털카메라의 이미지센서가 받아들인 빛의 정보를 가공하지 않은 순수한 상태의 데이터 파일이다.
    - 컨버팅 과정을 통해 노출, 색온도, 콘트라스트, 채도, 색수차 및 비네팅 보정 등을 할 수 있다.
    - '날 것'이라는 뜻의 이름으로 '디지털 네거티브(Digital Negative)'라고도 한다.
  - o JPEG(JPG)
    - 디지털카메라 촬영 이미지로 주로 사용되는 이미지 형식으로 압축 효율이 좋아 업계 표준 형식으로 사용 된다.
    - 손실압축파일로 수정할 때마다 이미지 품질이 저하된다.
    - 24비트 색상 지원으로 세밀한 색상 표현이 가능하다.
  - o TIFF
    - 무손실압축/비압축 방식으로 원본 그대로의 품질을 유지한다.
    - 파일 용량이 매우 크다.
    - 대부분 디지털카메라 촬영 이미지로 지원하지 않고 일부 카메라에서만 지원한다.
  - o GIF
    - 이미지와 애니메이션을 저장할 수 있는 파일 형식이다.
    - 무손실압축파일로 256가지 컬러 표현이 가능하다.
  - o PNG
    - 알파 채널을 지원하여 투명도 설정이 가능하다.
    - 무손실압축파일로 압축 시 이미지 데이터가 손실되지 않는다.
    - 24비트 색상 지원으로 세밀한 색상 표현이 가능하다.
  - o PSD
    - 어도비 포토샵에서 기본적으로 사용되는 파일 형식이다.
    - 포토샵 작업 후 작업 내용의 레이어를 저장할 수 있다.
    - 디지털카메라에서 지원하는 파일 형식이 아니고 이미지 파일이 아니어서 호환성이 떨어진다.
  - o DNG
    - Digital Negative의 약자로 어도비사의 RAW파일 형식이다.

- **디지털 이미지 생성**
  - o 이미지센서

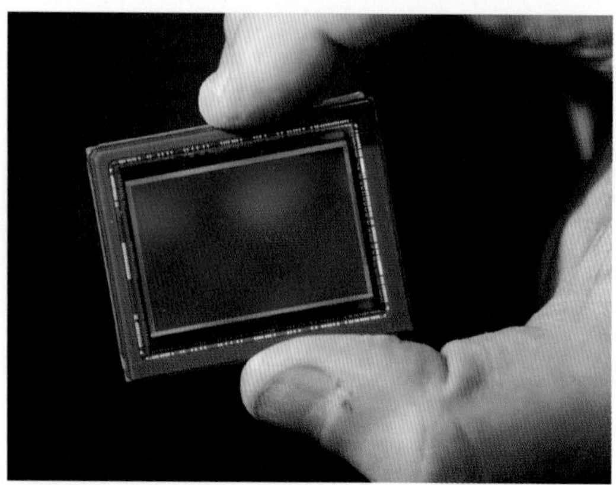

- 이미지센서는 디지털카메라에서 빛을 전기신호로 바꾸어 이미지를 형성시켜주는 장치를 말한다.
- 기본적으로 컬러는 인식하지 않고 밝기 정보만 인식한다.
- CMOS, CCD, 포베온X3 등이 있다.

	CMOS	CCD
장점	• 가격 저렴 • 대량생산 유리 • 낮은 소비전력 • 상대적으로 빠른 속도	• 고화질/저노이즈 • 화소 간 균일성 유지
단점	• 고화질 구현이 상대적으로 떨어짐	• 높은 소비전력 • 비싼 가격 • 느린 처리 속도

- 적외선 필터(IR Cut Filter): 이미지센서가 감지할 수 있는 적외선을 차단하는 이미지센서 적외선 필터이다.
- 로우패스 필터(Low-Pass Filter) : 고주파를 차단하고 저주파만 통과시키는 이미지센서의 필터로, 모아레 현상을 방지하고 엘리어싱(계단현상)을 방지하는 필터이다.

o 필터어레이 : 이미지 센서의 픽셀이 특정 색상의 빛을 감지하게 하여 컬러 데이터를 입력하는 컬러 필터를 말한다.

- 베이어 필터(모자이크 필터) : 하나의 픽셀이 빨강(R), 초록(G), 파랑(B) 중 하나의 색상을 감지하고 나머지 색상은 주변의 픽셀의 색상 채널 데이터를 바탕으로 유추하는 방식이다(보간법, 인터폴레이션).

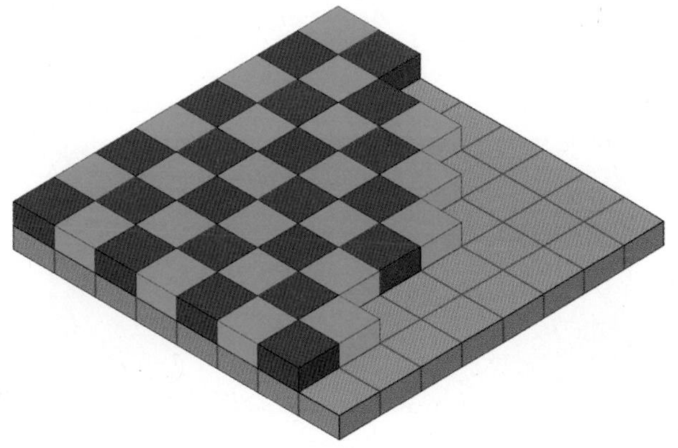

- 레이어 방식 : 하나의 픽셀이 빨강(R), 초록(G), 파랑(B)의 각 층을 두어 모든 색상을 감지한다.

- **화이트밸런스와 픽쳐스타일**
  - o 화이트밸런스(White Balance, WB)
    - 디지털카메라에서 사진의 색온도를 조정하여 이미지의 색상이 자연스럽고 정확하게 보이도록 하는 기능이다.
    - 자동 설정(Auto White Balance, AWB), 사전 설정(Preset White Balance), 사용자 설정(Custom White Balance), 켈빈 조절(Kelvin) 등이 있다.
      - 자동 설정(AWB) : 촬영하는 장면의 색온도를 카메라가 자동으로 설정한다.
      - 사전 설정(Preset White Balance) : 특정 조명 조건에 카메라에 미리 맞춰진 색온도로 촬영한다. 주광, 흐림, 그늘, 텅스텐, 형광등, 플래시 등의 설정이 있다.
      - 사용자 설정(Custom White Balance) : '커스텀 화이트밸런스'라고도 부르며 그레이카드나 화이트카드를 이용해 촬영자가 수동으로 화이트밸런스를 설정하는 방식이다.
      - 켈빈 조절 : 직접 색온도 값(켈빈)을 조절하여 수동으로 색온도를 설정하는 방식이다.
  - o 픽쳐스타일
    - 디지털카메라의 파라미터(Parameter)를 조절하여 사진의 느낌과 분위기를 연출하는 기능이다.
    - 카메라 사전 설정으로 표준, 풍경, 인물, 흑백모드 등이 있다.
    - 파라미터(변수)의 종류
      - 샤프니스 : 가장자리와 질감의 선명도 조절하며 노이즈에 영향
      - 콘트라스트 : 밝은 명부와 어두운 암부의 밝기 대비를 조절
      - 채도: 색의 맑고 탁한 정도를 조절
      - 컬러 톤 : 색의 계열 조정

- **디지털 이미지 표시**
  - o 히스토그램(Histogram)
    - 디지털 사진의 밝기 분포를 시각적으로 나타낸 그래프이다.
    - 가로축은 밝기 값으로 오른쪽이 밝은 영역 왼쪽이 어두운 영역을 나타낸다.
    - 세로축은 픽셀의 수로 높은 피크는 해당 밝기 값이 이미지에서 많이 차지함을 의미한다.

- 전체 밝기(밝기 히스토그램) 뿐 아니라 빨강(R), 초록(G), 파랑(B) 색상의 밝기 분포(컬러 히스토그램)를 개별적 파악 가능하다.

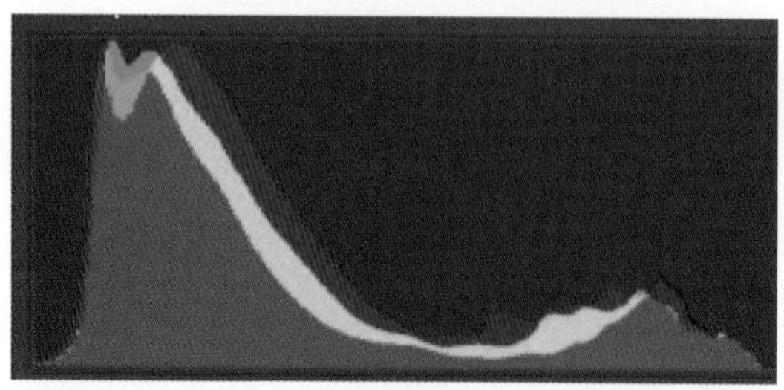

o 메타데이터

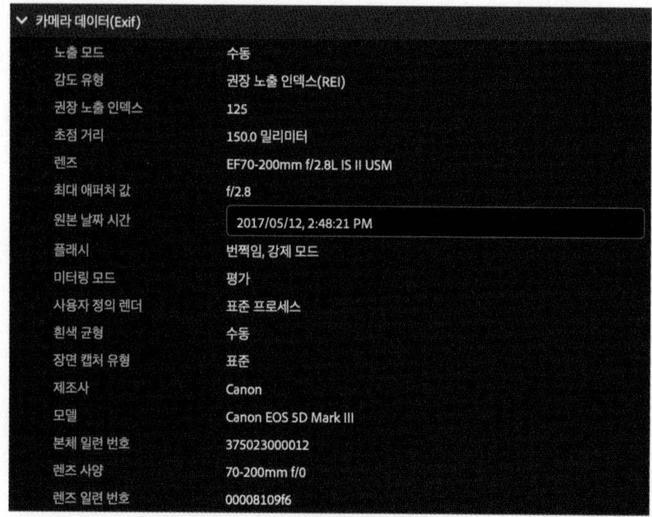

- 디지털카메라로 촬영할 때 이미지와 함께 기록되는 이미지에 대한 정보를 나타낸다.
- 촬영 날짜, 촬영시간, 화소 수, 조리개, 셔터속도, 감도, 화이트밸런스, 렌즈 초점거리, 저작권, 연락 정보 등의 정보를 포함한다.
- 파일명과 사이즈, 포맷 등을 포함하며 나중에 추가 및 수정이 가능하다.

· **다이나믹 레인지(Dynamic Range)**

o 카메라의 이미지센서가 빛을 받아들여 표현할 수 있는 가장 어두운 영역에서 밝은 영역의 범위를 말한다.

o 다이내믹 레인지가 넓은 카메라일수록 고대비 장면에서 많은 디테일을 기록하고 풍부한 계조 표현을 할 수 있다.

o 다이내믹 레인지가 좁은 카메라는 고대비 장면에서 명부와 암부의 질감을 표현하지 못하여 콘트라스트가 강하게 표현된다.

o HDR(High Dynamic Range) : 다이나믹 레인지를 확장해 주기 위한 기법으로 고대비 장면을 여러 단계의 노출로 촬영하여(노출 브라케팅) 노출을 합성하는 방법이다. 이를 통해 한 장의 사진으로 밝은 명부와 어두운 암부의 디테일을 모두 표현할 수 있다.(넓은 다이나믹 레인지)

핵심 문제 : 디지털 기초 개념

01 디지털 이미지를 구성하는 최소 단위의 '점'을 나타내는 명칭은?

① 해상도 ② 콘트라스트
③ 다이나믹 레인지 ④ 픽셀

02 비트맵 이미지에 대한 설명으로 옳지 않은 것은?

① 확대하면 픽셀이 나타나며 모자이크처럼 구성되어 있다.
② 비트심도 정보를 가진 픽셀로 구성된 디지털 이미지이다.
③ 벡터 방식으로 선과 도형을 수학적 함수로 정의하여 구성된다.
④ 이미지의 해상도를 표시할 때 주로 PPI 단위를 사용한다

03 해상도의 설명으로 옳은 것을 고르시오.

① 이미지 파일 해상도는 DPI를 사용한다.
② 모니터의 해상도가 높을수록 모니터 스크린 구성 요소는 확대된다.
③ 프린터 해상도는 PPI를 사용한다.
④ 해상도는 픽셀 수를 나타내기도 하고 픽셀 밀도를 나타내기도 한다.

04 8비트의 색상심도에서 색상 채널당 표시할 수 있는 색상 수는?

① 128단계 ② 256단계
③ 512단계 ④ 1,024단계

05 컬러모드에 대한 설명으로 옳은 것은?

① 컬러이미지는 일반적으로 RGB, CMYK, Lab컬러모드를 사용한다.
② 일반적인 디지털카메라에서는 CMYK 컬러모드를 사용한다.
③ RGB 컬러모드는 레드, 그린, 블랙으로 구성된다.
④ Lab 색상모델은 블랙과 화이트 색상으로 이루어진 흑백모델이다.

06 RAW 파일에 대한 설명으로 옳은 것은?

① RAW파일은 색수차 보정은 할 수 없어 렌즈 선택에 신중해야 한다.
② RAW파일은 범용적으로 사용되는 이미지 파일이어서 호환성이 좋다.
③ RAW파일은 이미지센서가 받아들인 빛의 정보를 가공하지 않고 그대로 저장하는 형식이다.
④ RAW파일은 노출 관용도가 좁아 촬영 시 더욱 신경을 써야 한다.

07 어도비 포토샵에서 기본적으로 사용되는 파일 형식으로, 포토샵에서 작업한 레이어가 함께 저장되어 편리하지만 호환성의 제약이 있는 파일 형식은?

① TIFF ② PNG
③ PSD ④ JPG

08 커스텀 화이트밸런스(사용자 설정)에 대한 설명으로 옳은 것은?

① 주로 야외 촬영에 활용되며, 다양한 조명 조건에서도 자동으로 색을 조정해 초보자들이 쉽게 사용할 수 있다.
② 조명의 변화가 없는 환경에서 일정한 색 표현을 위해 설정하며, 주로 고정된 조명이 사용되는 실내 촬영에 적합하다.
③ 주광용 조명에서만 색 정확도가 높아지는 한계가 있어 디지털 사진에서는 잘 사용되지 않는다.
④ 색온도 값을 수동으로 설정하여 촬영자가 원하는 색감을 조정할 수 있으며, 조명 환경이 자주 변하는 상황에서 유용하다.

09 디지털 사진의 느낌과 분위기를 조절할 수 있는 변수 중 질감의 표현 정도를 결정하는 변수로서 노이즈에 영향을 주는 요소는?

① 채도(Saturation)
② 컬러 톤(Color tone)
③ 콘트라스트(Contrast)
④ 선예도(Sharpness)

10 주로 디지털 이미지의 밝기를 표시하는 방식으로 가로축은 밝기의 정도, 세로축은 각 밝기에 해당하는 픽셀 수를 기록하는 그래프는?

① 다이나믹 레인지
② 커브
③ 히스토그램
④ 브라이트니스

11 디지털카메라로 촬영할 때 이미지와 함께 기록되는 정보로 촬영 날짜를 포함하여 화소 수, 노출 값 등의 정보를 무엇이라고 하는가?

① 메타데이터
② ICC프로파일
③ 캘리브레이션
④ HDR

12 다이내믹 레인지(Dynamic Range)에 관한 설명으로 옳지 않은 것은?

① 사진에서 밝은 부분과 어두운 부분의 세부 정보를 얼마나 폭넓게 표현할 수 있는지를 나타내는 개념이다.
② 이미지에서 가장 어두운 영역부터 가장 밝은 영역까지 표현 가능한 밝기의 범위를 의미한다.
③ 디지털카메라의 이미지 센서의 크기가 작은 크롭바디가 다이내믹 레인지 측면에서 유리하다.
④ 다이내믹 레인지가 넓은 카메라는 고대비 장면에서도 밝은 영역과 어두운 영역의 세부 정보를 더 잘 기록할 수 있다.

13 극단적인 노출 차이가 발생되는 장면을 촬영할 때 노출을 여러 단계로 촬영하여 한 장으로 합쳐 모든 밝기 범위를 표현할 수 있도록 만들어 주는 기능은?

① Layer 병합
② Photomerge 병합
③ Auto-align 병합
④ HDR 병합

정답 및 해설

01 ④

해설 픽셀(Pixel)은 디지털 이미지(비트맵)를 구성하는 가장 작은 단위로, '화소'라고도 한다.

02 ③

해설 비트맵 이미지는 비트심도 정보를 가진 픽셀로 구성된 이미지를 말하며 확대하면 정사각의 픽셀들이 모자이크처럼 구성된 것을 볼 수 있다. 비트맵 이미지의 해상도를 PPI를 사용한다. 선과 도형을 수학적 함수로 정의하여 구성된 이미지는 벡터 이미지라고 한다.

03 ④

해설 해상도는 이미지 파일에서의 픽셀 수나 모니터(PPI) 프린터(DPI) 등에서의 픽셀 밀도로 나타낼 수 있다. 모니터의 해상도가 높아질수록 구성 요소들의 크기는 작아진다.

04 ②

해설 8bit 이미지는 색상 채널당 256단계를 표현한다.

05 ①

해설 컬러 이미지는 각기 다른 용도와 환경에서 RGB, CMYK, Lab 컬러모드가 사용된다. 디지털카메라를 비롯한 디지털 화면(모니터)에서 RGB 색 모델이 사용되고 인쇄물에는 CMYK 색 모델이 사용된다.

06 ③

해설 RAW파일은 카메라 이미지 센서가 받아들인 빛의 정보를 가공하지 않고 바로 저장한 데이터 형식의 파일로, 관용도가 넓어 더욱 유연한 후처리가 가능하고 후처리 과정에서 색수차 제거를 비롯한 다양한 편집이 가능하다. 다만 범용적인 이미지 형식의 파일이 아니기 때문에 컨버팅을 해야 하며 범용성 측면에서 제한적이다.

07 ③

해설 어도비 포토샵 기본 파일 형식으로 레이어를 저장할 수 있다는 특징을 가진 것은 PSD(Photoshop Document)파일이다.

08 ②

해설 커스텀 화이트 밸런스는 촬영자가 그레이카드와 같은 도구를 이용하여 촬영하는 장면의 색온도에 맞게 수동으로 설정해주는 방식이다. 주로 색온도가 고정된 조명 환경에서 사용한다.

09 ④

해설 픽쳐스타일 파라미터에 대한 내용으로 질감의 표현 정도를 결정하고 노이즈에 영향을 주는 요소는 선예도(Sharpness)이다.

10 ③

해설 히스토그램은 디지털 이미지의 밝기를 표시하는 그래프로, 가로축은 밝기의 정도, 세로축은 각 밝기에 해당하는 픽셀 수를 나타낸다.

11 ①

해설 메타데이터란 디지털카메라로 촬영할 때 이미지와 함께 기록되는 정보이며 촬영 날짜를 포함하여 화소 수, 노출 값, 카메라와 렌즈, 저작권 등의 정보를 기록한다.

12 ③

해설 다이나믹 레인지란 이미지에서 가장 어두운 영역부터 가장 밝은 영역까지 표현 가능한 밝기의 범위를 의미하며 크롭바디보다 이미지센서가 더 큰 풀프레임 바디가 더욱 풍부한 다이나믹 레인지를 표현한다.

13 ④

해설 촬영하고자 하는 장면의 노출 차이가 너무 나는 경우 한 장의 사진에 모든 밝기 범위를 기록할 수 없다. 이럴 때 노출을 여러 단계로 촬영(브라케팅) 한 후 한 장으로 합쳐 모든 밝기 범위를 표현할 수 있도록 만들어 주는 기능이 HDR이다.

2 | 디지털암실 운용 및 후반작업

- **RAW파일 컨버팅과 컨버팅 프로그램**
  - o RAW파일 컨버팅
    - ▪ 디지털카메라에서 RAW파일로 촬영 후 진행하는 후처리 과정이다.
    - ▪ Adobe Camera Raw(ACR), Adobe Lightroom, Capture One 등의 프로그램을 사용한다.
    - ▪ 컨버팅 과정에서 노출, 색온도, 콘트라스트, 채도, 노이즈 제거, 샤프니스 등을 수정할 수 있다.
  - o Adobe Camera Raw
    - ▪ Adobe에서 제공하는 대표적인 RAW파일 컨버팅 프로그램이다.
    - ▪ 워크플로우 옵션(Workflow Option)에서 색공간, 비트심도, 사이즈, 해상도 등을 설정한다.
    - ▪ 밝기 조정 Light
      - Exposure(노출) : 사진 이미지의 전체적인 밝기 조정
      - Contrast(대비) : 사진 이미지의 명암대비를 조절
      - Highlights(하이라이트) : 사진 이미지의 밝은 영역을 조절
      - Shadows(음영) : 사진 이미지의 어두운 영역을 조절
      - Whites(화이트) : 사진 이미지의 가장 밝은 영역을 조절
      - Blacks(블랙) : 사진 이미지의 가장 어두운 영역을 조절

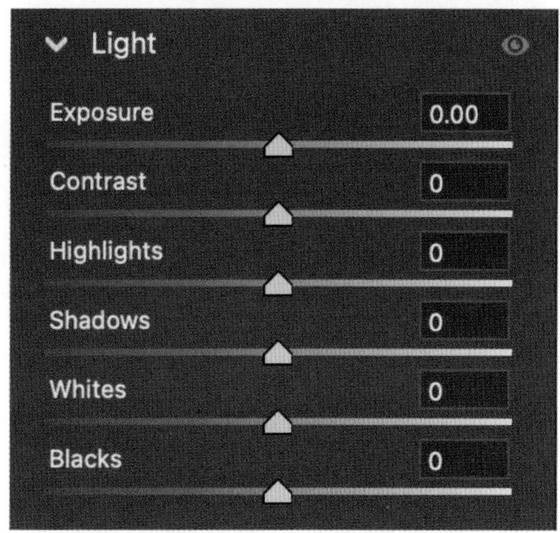

    - ▪ 색상 조정 Color
      - Temperature(온도) : 색온도 조절 (파란색 ↔ 노란색)
      - Tint(색조) : 색조 조절(초록 ↔ 마젠타)
      - Vibrance(생동감) : 상대적으로 채도가 낮은 색상의 채도를 조절하며 인물 피부 톤을 과도하게 과장되지 않고 자연스럽게 채도 조절할 때 유용하게 사용
      - Saturation(채도) : 전체적인 채도를 조절

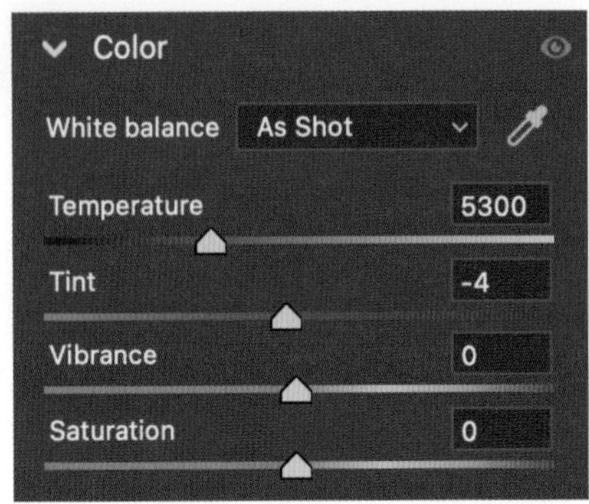

- **포토샵을 이용한 이미지 편집**
  - o 밝기 조정
    - ▪ Levels (레벨) : 히스토그램을 보면서 암부, 중간, 명부 슬라이더를 좌우로 조정하여 밝기를 조정한다.

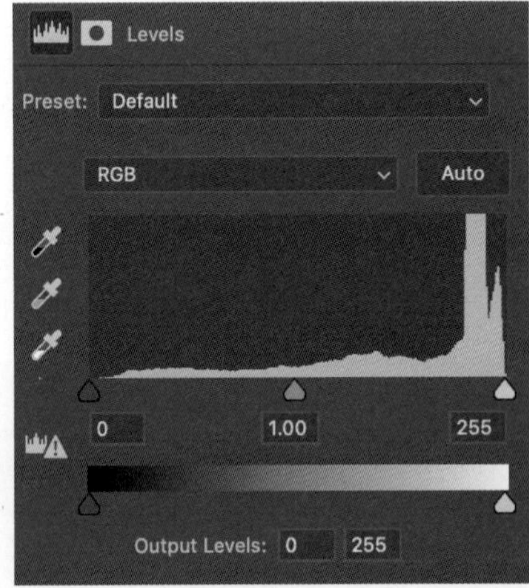

- ▪ Curves (곡선): 대각선 그래프를 곡선의 형태로 조정하며 밝기를 조정하며 위로 올리며 밝게, 아래로 내리면 어둡게 조정한다.

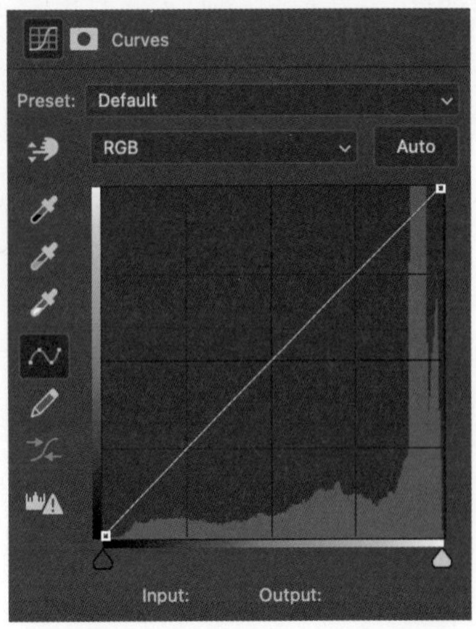

o 컬러 조정

- Color Balance(색상 균형) : 빛의 삼원색과 염료의 삼원색의 색상 비율을 조절하여 색상을 조절한다. 빨강(Red) ↔ 시안(Cyan)/ 초록(Green) ↔ 마젠타(Magenta) / 파랑(Blue) ↔ 노랑(Yellow)

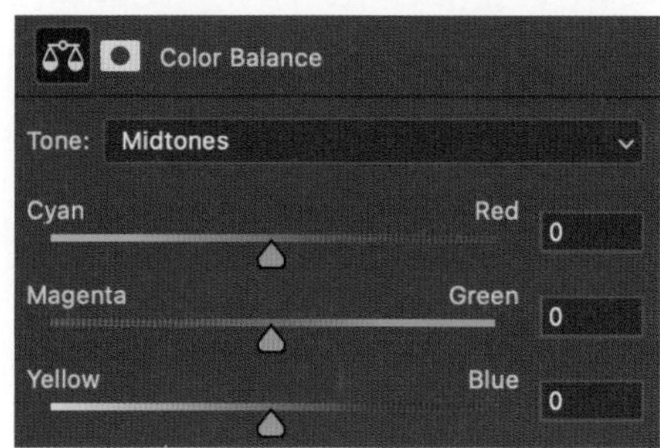

- Hue/Saturation(색조/채도): 빛의 삼속성인 색상, 명도, 채도를 조절하여 색을 조정한다.

o 도구(Tool)

- Crop 자르기
- Stamp 복제 도장
- Healing Brush 복구 브러시

o 필터효과

- Unsharp Mask 선명도 마스크
- Gaussian Blur 가우시안 흐림

o 선택하기

- Marquee Tool 선택 윤곽 도구
- Lasso Tool 올가미 도구
- Quick Selection Tool 빠른 선택 도구
- Magic Wand Tool 자동 선택 도구
- Pen Tool 펜 도구

핵심 문제 : 디지털암실 운용 및 후반작업

01 디지털카메라에서 RAW형식으로 촬영한 후 진행되는 후처리 과정을 포함한 변환 과정을 의미하는 것은?

① RAW 파일 프로세싱
② RAW 파일 최적화
③ RAW 파일 매니지먼트
④ RAW 파일 컨버팅

02 ACR(Adobe Camera Raw) 프로그램에서 Light의 농도를 조절하는 항목에 대한 설명으로 옳지 않은 것은?

① Exposure - 사진 이미지 전체의 밝기를 조절
② Shadows - 사진 이미지의 어두운 영역을 조절
③ Highlights - 사진 이미지의 중간 농도를 조절
④ White - 사진 이미지의 가장 밝은 영역을 조절

03 포토샵에서 히스토그램을 보면서 암부, 중간 농도, 명부 각각의 슬라이더를 좌우로 움직여 밝기를 조절할 수 있는 기능은?

① 레벨
② 커브
③ 컬러 밸런스
④ 휴/새추레이션

04 포토샵에서 Curves 기능에 대한 설명으로 틀린 것은?

① 각 채널마다 곡선 그래프를 개별적으로 조절할 수 있다.
② 실행 직후 나타나는 대각선은 이미지가 보정되기 전의 모습을 나타낸다.
③ 커브의 좌측은 암부, 우측은 명부를 조절한다.
④ 원본 대각선 그래프에서 곡선을 아래로 내리면 밝기가 밝아진다.

05 포토샵에서 비슷한 밝기와 색상의 영역을 한 번의 클릭으로 쉽게 선택할 수 있는 툴은?

① 매직완드 툴
② 펜 툴
③ 라쏘 툴
④ 마퀴 툴

정답 및 해설

01 ④

해설 RAW파일 컨버팅은 디지털카메라에서 촬영한 RAW파일을 후처리하는 과정으로 노출, 화이트밸런스, 색조/채도 등 다양한 수정을 해줄 수 있다.

02 ③

해설 ACR(Adobe Camera Raw) 프로그램에서 Highlights는 사진 이미지의 밝은 명부의 농도를 조절한다.

03 ①

해설 포토샵에서 레벨(Levels)은 암부, 중간, 명부 슬라이더를 좌우로 조정하여 밝기를 조정한다.

04 ④

해설 포토샵에서 커브(Curves)의 대각선을 위로 올리면 밝기가 밝아지고 아래로 내리면 밝기가 어두워진다.

05 ①

해설 포토샵에서 매직완드 툴은 한 번의 클릭으로 비슷한 밝기와 컬러 영역을 한 번에 선택하는 도구이다.

3 | 디지털 입출력

- 디지털 입력 장치
  - 아날로그-디지털 변환(ADC)을 통해 디지털 형태의 데이터를 입력하는 장치를 말한다.
  - 디지털카메라, 스캐너, 키보드, 마우스, 마이크 등이 있다.
- 디지털 출력 장치
  - 디지털-아날로그 변환(DAC)을 통해 디지털 형식으로 처리된 데이터를 외부 장치로 출력하는 장치를 말한다.
  - 모니터, 프린터, 스피커 등이 있다.
  - 모니터
    - LCD, LED, CRT, PDP 등
    - 모니터의 크기, 해상도, 재생률, 색영역, 명암비, 응답속도 등의 특성이 있다.
  - 프린터
    - 잉크젯 프린터
      - 카트리지에 담긴 컬러 염료들을 종이에 미세하게 분사하여 이미지를 출력하는 방식의 프린터이다.
      - 색상 재현 능력이 뛰어나고 다양한 용지에 출력 가능하며 CMS에 용이하다는 장점이 있다.
      - 잉크 가격이 비싼 편이며 노즐 막힘 현상이 발생하는 문제로 인해 지속적인 관리가 필요하다는 단점이 있다.

- 은염 레이저 프린터(디지털 실버프린트, C-print)
  - 인화지에 RGB레이저광을 감광하여 화학적으로 현상하는 프린터이다.
  - 프린트 속도가 빠르고 단가가 상대적으로 저렴하여 대량 작업 시 유리하다는 장점이 있다.
  - 프린트 결과가 일정하지 않고 지속적인 약품관리가 필요하다는 단점이 있다.

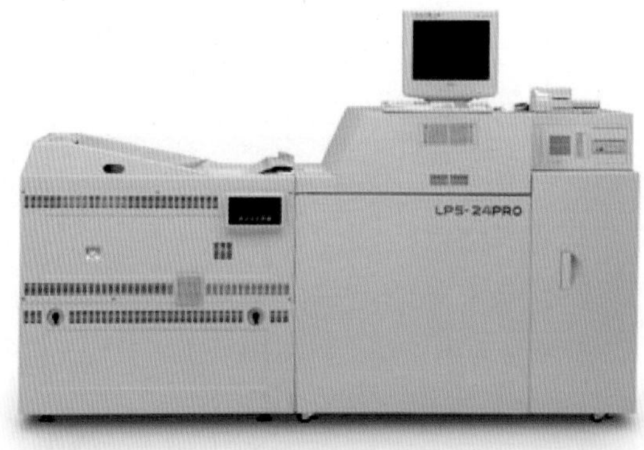

- 염료 승화형 프린터
  - 사이언(C), 마젠타(M), 노랑(Y)로 구성된 염료 토너를 가열 승화시켜 용지에 전사하는 출력 방식의 프린터이다.
  - 출력이 간편하여 홈 프린팅으로 주로 사용한다.
  - 용지의 종류가 제한적이고 소모품이 비싸다는 단점이 있다.

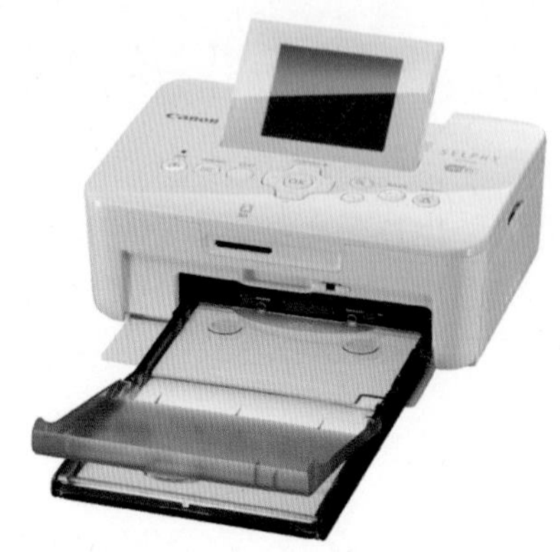

- 레이저 프린터
  - 열과 압력을 이용하여 토너 입자를 종이에 흡착시켜 이미지를 형성하는 프린터이다.
  - 프린터 가격은 비싸지만 프린트 속도가 빠르고 운영비용이 적게 발생한다.
  - 색상 표현의 한계로 사진 출력에는 부적합하다.

핵심 문제 : 디지털암실 입출력

01 디지털 출력장치가 아닌 것은?

① LCD 모니터　② CRT 모니터
③ 평판 스캐너　④ 잉크젯 프린터

02 모니터에 대한 설명으로 옳지 않은 것은?

① 모니터의 크기는 화면의 대각선 길이로 나타내며 Inch 단위로 표기한다.
② LCD, LED, CRT 모니터 등이 있다.
③ 모니터의 색 조정을 하기 위해 반드시 캘리브레이션 기기가 필요하다.
④ 모니터의 성능에는 밝기, 명암비, 해상도 등이 있다.

03 RGB레이저광을 사진 인화지에 감광하여 화학적 처리 과정으로 사진을 출력하는 프린터는?

① 잉크젯 프린터　② 염화 승화 프린터
③ 레이저 프린터　④ 디지털 실버 프린터

정답 및 해설

01 ③
해설 평판 스캐너는 출력장치가 아니라 입력장치이다.

02 ③
해설 모니터의 색 조정을 위해 반드시 캘리브레이션 기기가 필요한 것은 아니다. 모니터의 OSD(On-Screen Display)옵션을 조절하여 모니터의 밝기, 대비, 색상 등을 조절할 수 있다.

03 ④
해설 디지털 실버 프린터는 인화지에 RGB레이저광을 감광하여 화학적으로 현상하는 프린터이다. 프린트 속도가 빠르고 단가가 상대적으로 저렴하여 대량 작업 시 유리하다는 장점이 있지만 프린트 결과가 일정하지 않고 지속적인 약품 관리가 필요하다는 단점도 있다.

4 | 컬러매니지먼트시스템(CMS)

- CMS(Color Management System)
  - o 디지털카메라, 모니터, 프린터 등 디지털 입출력 장비가 가지고 있는 고유 색상 영역으로 인해 발생하는 장치 간의 색의 차이를 최소화하고, 일관되게 유지·관리하는 시스템이다.
  - o CMS의 장점
    - ▪ 쉽고 정확한 색상 교정을 한다.
    - ▪ 다양한 매체의 컬러를 일관 되게 유지 ·관리한다.
    - ▪ 예측이 가능한 컬러를 재현하며 이 과정에서 시간, 비용, 노력이 절감된다.

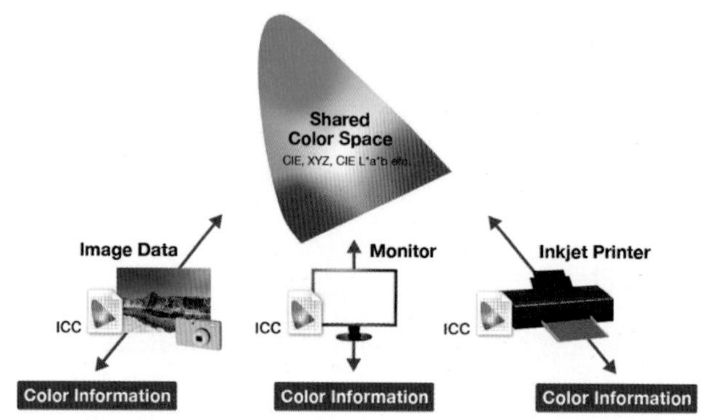

- ICC프로파일
  - o 특정 색재현 장치의 색상 표현 방법을 정의한 데이터 파일로, 컬러 매니지먼트 시스템(CMS)을 적용하여 다양한 디바이스에서 색상이 일관되게 보이도록 돕는 표준화된 파일을 말한다.
  - o 범용 프로파일 : 모든 장치에서 호환이 되도록 표준화된 프로파일이다.
    예시) sRGB, Adobe RGB, CMYK 등
  - o 일반 프로파일 : 특정 장치의 제조사에서 제공하는 프로파일이다.
    모니터 ICC프로파일 - 예시) Dell U2723QE Color Profile
    프린터 및 용지 ICC 프로파일 - 예시) SC-P800 Series Epson Premium Glossy
  - o 제작 프로파일 : 특정 색재현 장치를 측색 장비를 이용해 직접 생성한 프로파일이다.
    예시) 모니터 캘리브레이션을 통해 생성한 모니터 프로파일
- 모니터 캘리브레이션(Calibration)
  - o CMS를 모니터에 적용하기 위한 단계로 측색 장비(Calibrator)를 이용하여 모니터 컬러 특성을 측정하고 모니터의 모니터의 화이트밸런스, 밝기, 콘트라스트 등을 조절하는 과정을 말한다.
  - o 측정 후 모니터 프로파일 생성한다.

- 색공간 Color Space
  - o 디지털 장비의 색재현 범위를 정의한 체계적 모델을 말한다.
  - o RGB 색공간 : Red, Green, Blue 세 가지 기본색의 조합으로 색을 표현하는 색공간이다. sRGB, AdobeRGB, ProPhoto RGB, P3등이 있다.

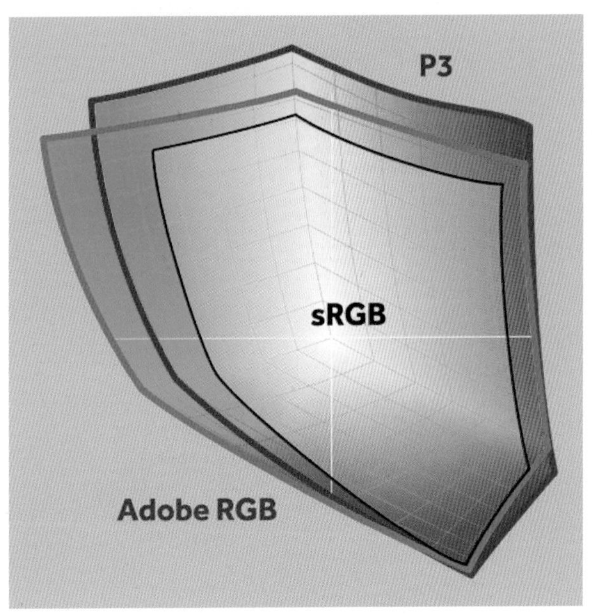

  - o Lab 색공간
    - ▪ 인간의 시각 모델을 기반으로 한 색공간이다.
    - ▪ 장치독립적 색공간으로 색재현 특성이 다른 장비 간의 색공간을 이어주는 역할(PCS, Profile Connection Space)을 한다.
    - ▪ L: 밝기(Lightness) / a: 녹색과 적색(Green-Red) 축/ b: 파랑과 노랑(Blue-Yellow) 축

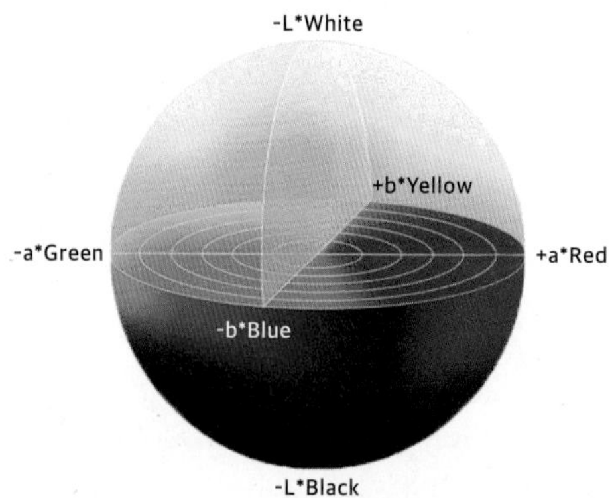

- 색역 맵핑(Color Gamut Mapping): 색역이 다른 두 색공간 간에 색을 변환하는 과정이다.
  예시1) AdobeRGB의 색공간 이미지(Source Gamut)→ P3 색공간의 모니터 출력(Destination Gamut)

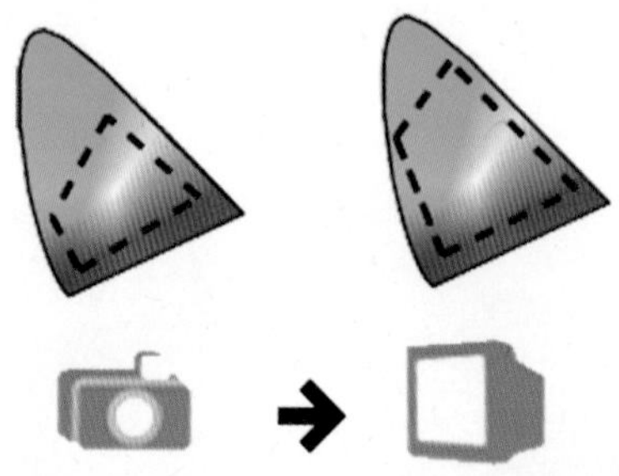

예시 2) P3색공간에서 작업한 이미지(Source Gamut) → 엡손 SC-P800프린터와 엡손 프리미엄 광택지로 출력(Destination Gamut)

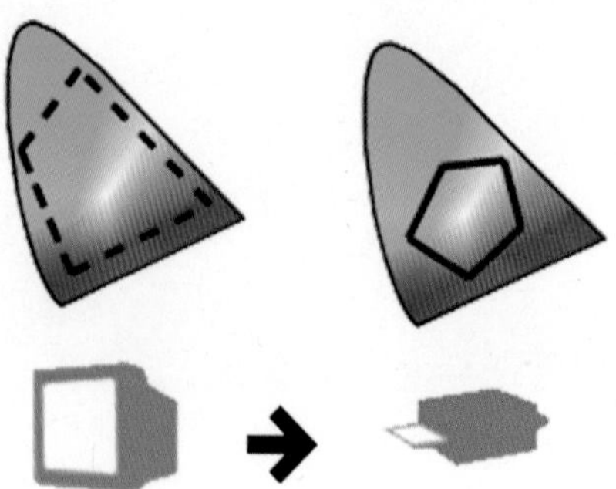

- 렌더링 의도(Rendering Intent)
  - o 색역 맵핑을 수행하는 방식을 결정하는 색상 처리 옵션이다.
  - o 가시범위(Perceptual), 상대색도계(Relative Colorimetric), 절대색도계(Absolute Colorimetric), 채도(Saturation) 네 가지 종류가 있다.

핵심 문제 : 컬러매니지먼트시스템(CMS)

01 디지털 입력, 출력 등 디지털 장비 간 발생하는 색상 차이를 최소화하여 디지털 이미지를 일관되게 볼 수 있도록 관리 및 유지하는 것은?

① ICC ② ISO
③ CMS ④ CMY

02 CMS의 장점이라고 할 수 없는 것은?

① 색상을 정확하고 원활하게 조정할 수 있도록 돕는다.
② 다양한 출력 장치 간의 색상 일관성을 유지할 수 있다.
③ 색상 출력 장치의 하드웨어 성능을 향상시킨다.
④ 원하는 색상을 예측하고 재현한다.

03 디지털 컬러 장치의 색상 특성을 정의하고, 색상 관리를 위한 표준 파일 형식으로 사용되는 데이터 파일은 무엇인가?

① Lab profile ② CMS profile
③ RGB profile ④ ICC profile

04 다음 중 프로파일 종류로 옳지 않은 것은?

① sRGB ② Adobe RGB
③ Prophoto RGB ④ CMS RGB

05 CMS를 모니터에 적용하는 단계로, 사용하는 모니터의 밝기, 콘트라스트, 화이트 밸런 스 등 컬러 특성을 측정하고 조절하는 과정을 무엇이라 하는가?

① 존시스템 ② 컬러매니지먼트시스템
③ 캘리브레이션 ④ 모니터 튜닝

06 장치에 관계없이 색상이 일관되게 표현되는, 인간의 시각에 기반한 색상 모델로 색상과 밝기를 정의하는 색상 체계는 무엇인가?

① Lab ② RGB
③ CMYK ④ Grayscale

정답 및 해설

01 ③

해설 CMS(Color Management System)는 디지털 입력과 출력 장치 간 발생하는 색상 차이를 최소화하고, 디지털 이미지를 장치 간 일관되게 재현할 수 있도록 관리 및 유지하는 시스템이다.

02 ③

해설 CMS는 하드웨어의 성능을 직접적으로 향상시키는 역할을 하지 않는다.

03 ④

해설 ICC Profile은 국제 색상 컨소시엄(International Color Consortium)이 정한 표준화된 색상 프로파일이다. 디지털 장비 간의 색상 일관성을 유지하기 위해 사용되며, 각 장비의 색상 특성을 기술한 데이터 파일로 구성된다.

04 ④

해설 RGB프로파일로는 sRGB, Adobe RGB, ProPhoto RGB, DCI-P3 등이 있다.

05 ③

해설 캘리브레이션(Calibration)은 모니터의 색상 특성(밝기, 콘트라스트, 화이트 밸런스 등)을 정확하게 측정하고 조정하는 과정이다.

06 ①

해설 Lab 색상 모델은 인간의 시각을 기반으로 색상과 밝기를 정의하는 색상 체계이다. Lab는 장치 비의존형(device-independent) 색상 모델로, 특정 디스플레이 장치나 출력 장치에 관계없이 색상을 일관되게 표현할 수 있도록 설계되었다.

CHAPTER 07 아날로그 사진

1 | 필름과 감광유제

• 필름의 구조(흑백필름)

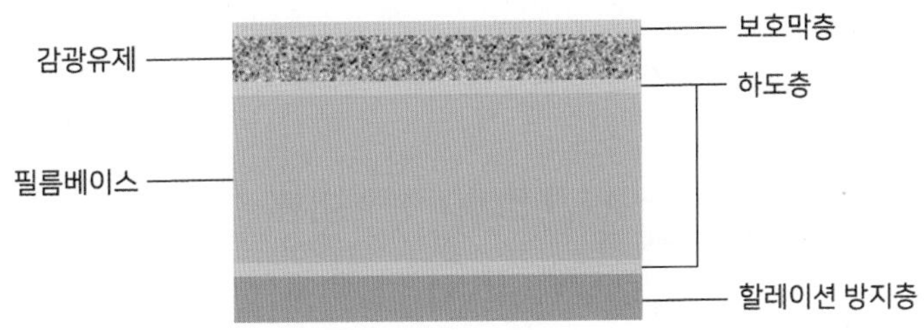

• 감광유제와 할로겐화은
  - ㅇ 감광유제 : 할로겐화은과 젤라틴의 혼합물로 필름과 인화지에 도포되어 빛에 반응하여 상을 기록한다.
  - ㅇ 할로겐화은 : 할로겐 원소와 은(Ag)과 결합한 화합물로, 빛에 민감하게 반응하는 성질이 있어 필름과 인화지의 감광유제에 사용되는 주요 성분이다.
    - ▪ 할로겐화은의 종류 : 감광유제에 사용되는 할로겐화은에는 브로민화은(AgBr), 염화은(AgCl), 아이오딘화은(AgI)이 있으며 브로민화은(AgBr), 염화은(AgCl), 아이오딘화은(AgI) 순으로 감도가 높다.
    - ▪ 할로겐화은의 조합과 쓰임

조합	특징	쓰임
AgBr+AgI	고감도, 색재현 우수	고감도 필름, 컬러 필름
AgBr+AgCl	높은 해상도	저감도 필름, 인화지
AgBr+AgI+AgCl	고감도와 높은 해상도, 색재현 우수	고감도 필름, 컬러필름

  - ▪ 젤라틴 : 동물의 콜라겐에서 추출한 물질로 감광유제에서 할로겐화은을 안정적으로 분산 및 유지시키는 매질 역할을 하며 투명성이 있어 빛을 효과적으로 흡수할 수 있게 한다.
  - ▪ 비은염 감광재로 : 은염을 사용하지 않는 감광재료로, 디아조늄염과 중크롬산염이 있다.

- 감광유제의 성질
  - 감광도
    - 감광유제가 빛에 대하여 어느 정도 민감하게 반응하는 가의 정도/속도를 나타내며 필름의 감도에 따라 노출뿐 아니라 필름의 여러 특성이 정해진다.
    - 필름의 감광도에 따라 저감도 필름과 고감도 필름으로 나눌 수 있다.
    - 감광도의 단위 : ISO, ASA, DIN

특성	저감도	고감도
입상성	미립자	조립자
해상력	높은 해상력	낮은 해상력
콘트라스트	강함(경조)	약함(연조)
해상력	높음	낮음

  - 입상성
    - 감광유제의 할로겐화은 입자가 얼마나 가늘고 고르게 분산되어 있는지를 나타내는 특성이다.
    - 미립자 : 할로겐화은 입자크기가 작고 고르게 분포되어 상을 선명하고 세밀하게 기록한다.

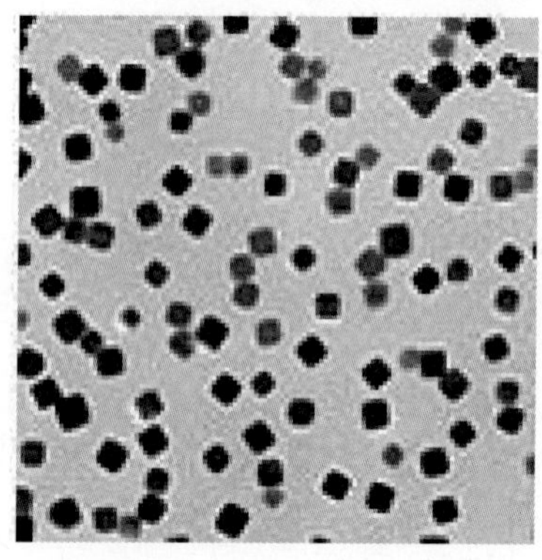

    - 조립자 : 할로겐화은 입자크기가 크고 불규칙하게 분포되어 상을 거칠게 기록한다.

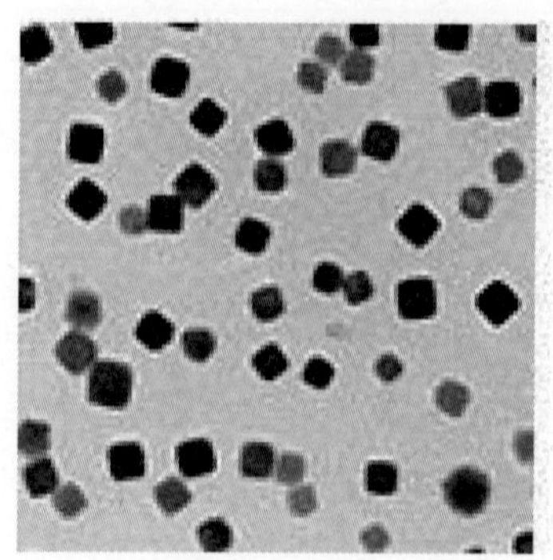

- 입상성은 여러 요인에 영향을 받으며 고감도 필름일수록, 현상 시간이 증가할수록, 현상 온도가 높아질수록, 교반을 많이 할수록 조립자가 된다.
- 미립자일수록 해상력이 높고 조립자일수록 해상력이 낮다.

o 콘트라스트
- 사진의 밝고 어두운 부분의 명암 대비를 나타내는 특성이다.
- 명암대비가 강하면 콘트라스트가 강한 '경조'이고 명암대비가 약하면 콘트라스트가 약한 '연조'이다.

특성	경조	연조
감광도	저감도	고감도
현상시간	길다	짧다
현상온도	높다	낮다

o 관용도
- 감광유제의 재현 가능한 노출 범위(노출의 과부족 오차)를 포용할 수 있는 범위를 말한다.
- 관용도가 넓을수록 적정 노출 범위를 벗어나더라도 명부와 암부의 세부 묘사가 가능하다.
- 관용도가 좁을 경우 세부 묘사 범위가 좁아 노출이 과부족 되면 명부와 암부의 세부 묘사가 불가하다.
- 인화지보다 필름의 관용도가 넓다.
  필름 > 인화지
- 흑백 네거티브 필름이 관용도가 넓고 컬러 네거티브, 컬러 리버설 필름 순이다.
  흑백 네거티브 필름 > 컬러 네거티브 필름 > 컬러 리버설 필름(슬라이드 필름)

o 해상력
- 필름이 어느 정도의 미세한 디테일까지 표현하는지를 나타내는 기록 능력을 말한다.
- 필름 1mm 폭 안에 기록할 수 있는 선으로 표시한다.
- 저감도와 미립자일수록 해상력이 높고, 고감도와 조립자일수록 해상력이 낮다.

o 감색성
- 필름이나 인화지의 감광재료가 빛의 파장에(색)에 대해 반응하는 특성이다.
- 감색성으로 청감성(Blue Sensitive), 정색성(Orthochromatic), 전정색성(Panchromatic)이 있다.
- 청감성(Blue Sensitive) : 청색 빛에만 반응하며 녹색과 적색 빛에 반응하지 않는다. 대표적으로 레귤러형 필름이 있다.
- 정색성(Orthochromatic) : 청색과 녹색 빛에 반응하며 적색 빛에 반응하지 않는다. 대표적으로 흑백 다계조인화지가 있다.
- 전전색성(Panchromatic) : 가시광선 전체(청, 녹, 적색)에 반응하며 대표적으로 일반 필름, 컬러 필름 등이 있다.

• 필름의 종류

o 음영과 색에 따른 분류
- 흑백/컬러 필름

- 흑백 필름 : 색을 표현하지 않고 밝고 어두운 명암으로만 기록되는 필름이다.

- 컬러 필름 : 빛의 색상을 기록하여 풀 컬러 이미지를 생성하며 네거티브 필름과 리버설(슬라이드)필름으로 구분한다.

o 네거티브 필름(Negative Film), 리버설 필름(Reversal Film)

- 네거티브 필름(Negative Film) : 음영과 색상이 반전된 음화를 기록하여 인화를 통해 양화를 만드는 필름이다. 색의 부정 흡수를 방지하기 위하여 오렌지 마스킹(Orange Masking)이 되어있는 것이 특징이다.
- 리버설 필름(Reversal Film) : 슬라이드 필름(Slide Film)이라고도 하며 양화를 기록하여 슬라이드 쇼(프레젠테이션)을 목적으로 하는 필름이다. 상대적으로 관용도가 좁다.

o 컬러 발색 유형에 따른 분류

- 내형 발색/ 외형 발색
  - 내형 발색
    - o 필름 유제층에 발색제(Coupler) 첨가된 방식의 리버설 필름이다.
    - o 현상처리가 간단하여 대부분의 컬러 리버설 필름에서 사용한다.
    - o E-6현상법을 이용하여 현상한다.

- 외형 발색
  - o 발색제(Coupler)가 필름이 아닌 현상액 속에 첨가시켜 놓은 방식의 리버설 필름이다.
  - o 색의 재현성이 우수하지만 복잡한 현상 처리 과정을 거친다.
  - o K-14 현상법 이용하여 현상한다.

o 촬영 광원에 따른 분류

- ▪ 데이라이트 필름 / 텅스텐 필름
  - 데이라이트 필름 : 색온도 5,500k에 맞춰진 주광용 필름, 텅스텐 조명에서 촬영 시 노란색으로 표현된다.
  - 텅스텐 필름 : 색온도 3,200~3,400k에 맞춰진 필름, 주광에서 촬영 시 푸른색으로 표현된다.

o 형태에 따른 분류

- ▪ 롤 필름/시트 필름
  - 롤 필름(Roll Film)
    - o 필름이 롤 형태로 감겨 있는 필름이다.
    - o 연속 촬영이 가능하다는 특징이 있고 주로 소형, 중형 필름에 사용된다.
    - o 소형 롤 필름은 페트로네(Patrone)라는 금속 차광 통에 감겨 있으며 페트로네의 DX코드로 필름의 정보를 알 수 있다.

  - 시트 필름(Sheet Film)
    - o 낱장 형태의 필름으로 필름 홀더에 장착하여 사용한다.
    - o 연속 촬영이 불가능하지만 높은 해상도와 고화질의 사진을 얻는다.
    - o 4x5inch 이상의 대형 필름에 사용된다.
    - o 필름 가장자리에 U자 또는 V자 모양으로 파인 노치코드를 통해 감광유제면, 필름 종류 등을 알 수 있다.

o 크기에 따른 분류

- 소형 필름 : 필름 너비가 35mm인 필름으로 24x36mm의 프레임 사이즈를 갖는다. 라이카판 또는 135형 필름으로 불리기도 한다.
- 중형 필름 : 필름 너비가 120mm인 필름으로 120필름과 220필름이 있다. 120와 220필름의 폭은 120mm로 같지만 220필름이 120필름에 비해 두 배 더 많은 프레임을 촬영할 수 있다. 프레임 사이즈는 6x4.5cm 6x6cm 6x7cm 6x9cm 6x12cm 등이 있다.
- 대형 필름 : 대형 카메라에서 사용하는 시트 필름으로 4x5inch가 대표적이며 5x7inch, 8x10inch 등이 있다. 필름 사이즈가 커서 해상도가 좋으며 세부 묘사가 뛰어나다.

o 기타 필름

- 적외선 필름 : 눈에 보이지 않는 적외선에 반응하는 필름으로 녹색 잎은 밝게 청색 하늘은 어둡게 표현되는 특징이 있다.
- 폴라로이드 필름 : 즉석 사진을 촬영할 수 있는 인스턴트 필름으로 촬영 후 몇 분 이내 인화된 사진을 즉시 얻을 수 있다.

핵심 문제 : 필름과 감광유제

01 다음 중 은(Ag)과 결합하여 유제가 될 수 없는 물질은 무엇인가?

① 염소(Cl) ② 아이오딘(I)
③ 브로민(Br) ④ 질소(N)

02 은염 감광재료 중 감도가 가장 높아 빛에 빠르게 반응하는 것은?

① AgCl ② AgBr
③ AgI ④ AgF

03 빛에 대한 감광재료의 반응 민감도를 나타내는 용어는 무엇인가?

① 명시도 ② 감광도
③ 관용도 ④ 감색도

04 해상력이 가장 좋을 것을 예상되는 감광유제의 감광도는 무엇인가?

① ISO 800 ② ISO 400
③ ISO 200 ④ ISO 100

05 필름의 입상성에 대한 설명으로 올바르지 않은 것은?

① 할로겐화은의 크기가 크면 조립자, 작으면 미립자라고 부른다.
② 저감도는 미립자고, 고감도는 조립자이다.
③ 할로겐화은의 크기가 큰지 작은지를 의미한다.
④ 저감도는 경조이고, 고감도는 연조이다.

06 다음 중 감광유제의 관용도가 가장 넓은 사진재료는?

① 흑백 네거티브 필름
② 컬러 슬라이드 필름
③ 흑백 인화지
④ 컬러 인화지

07 가시광선 모든 색상 파장에 반응하는 감광유제의 특성은?

① 레귤러
② 정색성
③ 오소크로매틱
④ 전정색성

08 텅스텐 필름의 색온도에 관한 설명으로 틀린 것은?

① 주광에서 촬영하면 사진이 파란색으로 나온다.
② 주광에서 촬영할 때는 색온도 보정 필터를 장착해야 한다.
③ 백색 사진전구 또는 텅스텐 조명에서 촬영할 때 적합하다.
④ 색온도는 5500~6500K이다

09 다음 감광유제에 대한 설명으로 옳지 않은 것은?

① 네거티브 필름 - 촬영 후 현상된 필름이 음화로 나오는 필름을 말하며 음영과 색상이 반전되어 있고 주로 인화용으로 사용한다.
② 포지티브 필름 - 촬영 후 현상된 필름이 양화로 나오는 필름으로 음영과 색상이 눈에 보이는 그대로 기록된다.
③ 적외선 필름 - 사람 눈에 보이지 않는 적외선에 반응하는 필름이다.
④ 흑백필름 - 관용도를 넓히기 위해 하나의 단일 유제층을 도포한다.

정답 및 해설

01 ④

해설 은(Ag)과 결합하여 사진용 감광유제가 될 수 있는 원소로는 염소(Cl), 아이오딘(I), 브로민(Br)이 있다.

02 ②

해설 사진재료로 사용되는 할로겐화은 중 감도가 높아 빛에 가장 빠르게 반응하는 것은 브로민화은(AgBr)이다.

03 ②

해설 감광도는 감광재료가 빛에 얼마나 민감하게 반응하는지를 나타내는 것으로 주로 ISO단위로 표기한다.

04 ④

해설 해상력이란 필름이 어느 정도의 미세한 디테일까지 표현하는지를 나타내는 기록 능력을 나타내며 감광도가 낮을수록 해상력은 좋다.

05 ④

해설 연조와 경조는 콘트라스트(명암대비)에 대한 것이다.

06 ①

해설 관용도는 감광유제의 재현 가능한 노출 범위(노출의 과부족 오차)를 포용할 수 있는 범위를 말하며 인화지보다 필름의 관용도가 넓고 필름 중에서 흑백 네거티브 필름의 관용도가 가장 넓다.

07 ④

해설 감광유제의 감색성에 대한 설명으로 전전색성(Panchromatic)은 가시광선 전체 파장에 반응한다.

08 ④

해설 텅스텐 필름의 색온도는 약 3200K~3400K이다.

09 ④

해설 흑백필름의 유제에는 관용도를 넓혀주기 위해 고감도 유제층과 저감도 유제층이 중층도포 되어있다.

2 | 흑백필름 현상

- 흑백 필름

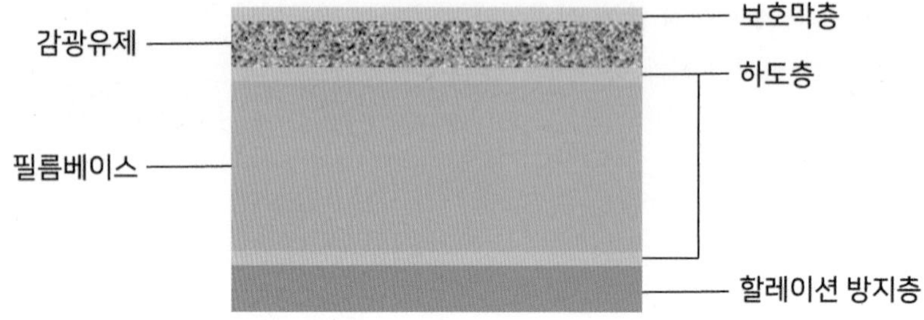

o 보호막층 : 필름 유제면을 보호하는 층이다.

o 감광유제 : 빛에 반응하는 할로겐화은과 젤라틴이 도포되어 있는 층으로 관용도를 넓히기 위해 고감도 유

제층과 저감도 유제층이 이중도포 되어있다.

- o 하도층 : 필름베이스와 유제층, 할레이션 방지층의 접착을 위한 층이다.
- o 필름 베이스 : 유제층을 도포하는 지지체로 셀룰로이드, 폴리에스터 수지, 트라이아세테이트를 사용한다.
- o 할레이션 방지층 : 할레이션을 막기 위해 필름 베이스 뒤쪽에 어두운 젤라틴 색소를 도포한다.
  - ▪ 할레이션(Halation)과 이레이디에이션 (Irradiation)
    - • 할레이션 : 강한 빛이 필름으로 입사했을 때 빛이 필름 베이스를 뚫고 필름 밑바닥에 반사가 일어나 의도하지 않은 할로겐화은이 감광되는 현상이다.

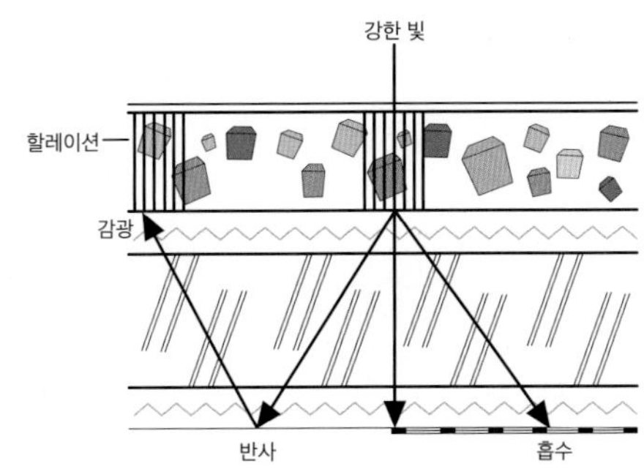

- • 이레이디에이션 : 필름 감광유제의 은입자에 빛이 난반사되어 인접한 은입자들을 감광시키는 현상이다.

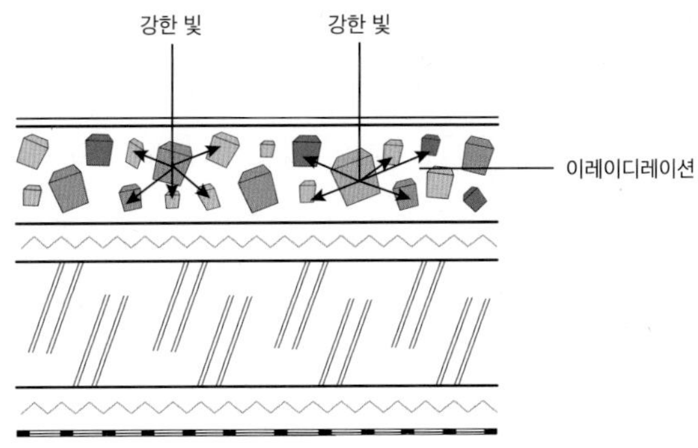

- • 현상 과정
  - o **흑백 필름의 현상 과정 : 현상-정지-정착-수세-건조**
  - o 현상(Developing)
    - ▪ 필름에 기록된 잠상을 눈에 보이는 가시상으로 바꿔주는 과정으로 할로겐화은을 금속은으로 환원하게 된다.
    - ▪ 현상에 영향을 주는 요인으로 현상액의 온도(표준온도 20도), 현상 시간, 교반이 있다.
      *교반 : 필름 주변에 꾸준히 신선한 용액을 공급하여 약품이 유제면에 골고루 반응하도록 현상 탱크나 감광재료를 흔들어 주는 것
    - ▪ 잠상퇴행 : 필름이나 인화지에 노출(노광) 후에 현상하지 않고 오랫동안 방치하면 기록된 잠상이 서서히 소실되는 현상이다.

- o 정지(Stop Bath)
  - ▪ 필름에 남아 있는 현상액의 알칼리를 중화시켜 현상을 정지시키는 과정이다.
- o 정착(Fixing)
  - ▪ 노출되지 않은 할로겐화은을 용해·제거하는 과정으로, 정착까지 완료된 필름은 빛 아래에서 볼 수 있다.
  - ▪ 과도하게 장시간 정착을 하면 흑화 된 화상이 감력될 수 있다.
  - ▪ 정착액에 대한 할로겐화은의 반응 속도는 AgCl, AgBr, AgI 순이다.
  - ▪ 정착 속도에 영향을 미치는 요인은 유제의 성질, 정착 온도, 정착액의 감력 작용, 정착액의 피로도가 있다.
- o 수세(Washing)
  - ▪ 필름에 남아있는 정착액(하이포)를 제거하는 과정으로 변색을 방지하고 장기적인 보존을 위한 작업이다.

- 증감법과 감감법
  - o 증감법(증감 현상)
    - ▪ 필름의 고유 감도보다 인위적으로 높은 감도로 설정하여 촬영 후 현상에서 농도를 조절하는 방법이다.
      예시 : ISO 400필름으로 ISO1600의 노출 값으로 촬영 후 현상 시간을 증가
    - ▪ 충분한 피사계심도와 빠른 셔터스피드를 위한 방법으로 활용된다.
    - ▪ 어두운 환경에서 원하는 노출의 사진을 얻을 수 있지만 섀도 부분의 디테일 손실되고 콘트라스트 증가(경조)되며 입자가 거칠어지는 특징이 있다.
  - o 감감법(감감현상)
    - ▪ 촬영 시 노출이 과다한 경우 현상시간을 단축하여 농도와 콘트라스트를 감소시키는 방법이다.
    - ▪ 예시 : ISO 1600필름으로 ISO400의 노출 값으로 촬영 후 현상 시간을 조절
- 보력과 감력
  - o 보력
    - ▪ 노출 또는 현상 부족으로 현상 결과물의 농도가 너무 엷거나 콘트라스트가 약할 때 농도와 콘트라스트를 증가시켜주는 처리 방식이다.
  - o 감력
    - ▪ 노출 또는 현상 과다로 현상 결과물의 농도가 너무 진하거나 콘트라스트가 강할 때 농도와 콘트라스트를 감소시켜주는 처리 방식이다.
- 현상 약품
  - o 현상액
    - ▪ 액성 : 알칼리성
    - ▪ 대표 제품 : Kodak D-76
    - ▪ 현상액의 구성 : 현상주약 + 보항제 + 현상촉진제 + 현상억제제 + 경막제
      - 현상주약
        - o 메톨, 하이드로퀴논, 페니돈, 파이로, 아미돌, 글라이신 등이 있으며 주로 메톨과 하이드로퀴논, 페니돈 세 가지가 혼합되어 사용된다.

o 메톨(Metol) : 급성 현상주약으로 연조화상을 만들며 하이드로퀴논과 병용하여 MQ현상액으로 사용된다.
o 하이드로퀴논(Hydroquinone) : 완성 현상주약으로 경조화상을 만든다.
o 페니돈(Phenidon) : 증감현상액으로 주로 사용되며 하이드로퀴논과 병용하여 PQ현상액으로 사용된다.

- 현상촉진제 : 현상액의 화학 반응 속도를 높여 현상 과정이 빠르게 진행되도록 돕는다. 탄산나트륨, 수산화나트륨, 붕사, 메타붕산나트륨 등이 사용된다.
- 보항제 : 산화되는 것을 방지하는 산화방지제로 현상액의 유효기간을 연장하고 불필요한 화학반응을 억제한다. 아황산나트륨이 사용된다.
- 현상억제제 : 포그 방지제로 미노출된 은염이 현상되지 않도록 억제하여 현상의 균일성을 유지한다. 브로민화칼륨(취화칼륨), 아이오딘화칼륨, 벤조트이리아졸, 멜캅토라졸 등이 사용된다.
- 경막제 : 유제를 강화시키고 내구성을 높인다. 포름알데히드, 아세트알데히드, 글리옥살 등이 사용된다.

▪ MQ현상액 : 메톨과 하이드로퀴논을 주성분으로 하는 현상액으로 톤이 좋고 사용하기 쉬워 널리 사용된다.
▪ PQ현상액 : 페니돈과 하이드로퀴논을 주성분으로 하는 현상액으로 피로도가 적어 많은 양을 처리할 수 있다. 현상시간을 연장해도 입자가 커지거나 콘트라스트가 강해지지 않고 증감 능력이 뛰어나다.

o 정지액
▪ 액성 : 산성(빙초산)
▪ 필름 유제에 묻어있는 현상액의 알칼리를 중화시켜 정착액의 피로도를 낮춰 수명을 연장시킨다.
▪ 대표 제품 : Kodak Indicator Stop Bath

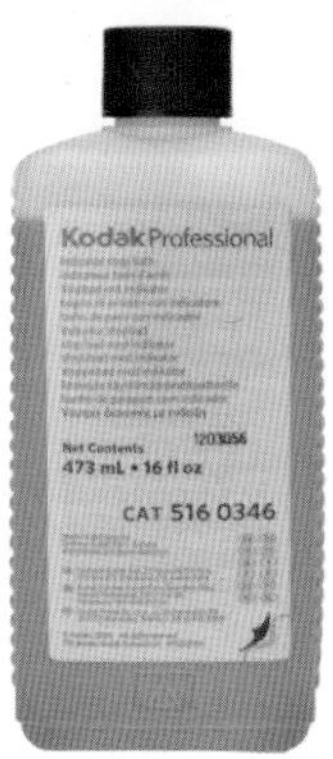

o 정착액
▪ 액성 : 산성
▪ 미노광된 할로겐화은을 용해하여 제거한다.
▪ 대표 제품 : Ilford Rapid Fixer
▪ 정착액의 구성 : 정착주약 + 보황제 +산제 +완충제 +경막제

▪ 정착주약 : 티오황산나트륨, 티오황산암모늄 등

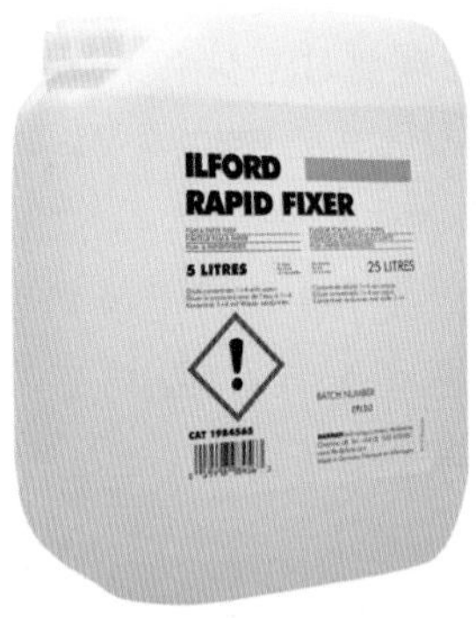

o 수세촉진제

▪ 필름이나 인화지에 남아있는 정착액의 하이포를 제거하여 수세 시간을 단축시키고 물 낭비를 방지하는 약품이다.

▪ 정착 완료 후 / 수세 전 처리

▪ 대표 제품 : Kodak Hypo Clearing Agent

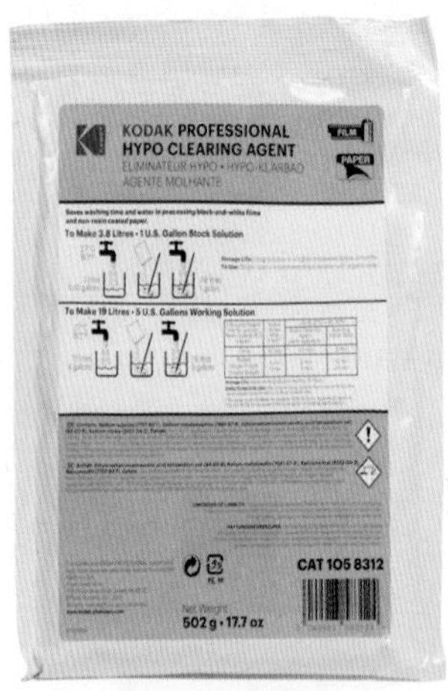

o 수적방지제

▪ 필름 건조 시 물방울의 응집력을 와해 시켜 물 얼룩을 방지한다.

▪ 수세 완료 후 / 건조 전 처리

▪ 대표 제품: Kodak Photo-Flo 200

o 약품 취급과 안전

▪ 사진 약품 보관

- 사용할 약품 양에 알맞은 크기의 용기를 사용한다.
  - 뚜껑이 있는 밀폐된 용기에 보관하며 그늘지고 서늘한 곳에 보관한다.
  - 현상액에 정지액, 정착액이 들어가지 않도록 주의한다.
  - 약품 보존이 뛰어난 갈색병을 사용한다.

- 사진 약품 폐액 처리
  - 약품의 액성(알칼리성, 산성)을 중화 시켜서 배출한다.
  - 폐액 중 유해 성분을 제거한다.
  - 수세조를 통해 유출되지 않도록 유의하며 폐수처리 전문 업체에 의뢰하여 폐기한다.

핵심 문제 : 흑백필름 현상

01 흑백 현상 과정의 순서로 올바른 것은?

① 정착 - 현상 - 정지 - 수세 - 건조
② 정지 - 정착 - 현상 - 건조 - 수세
③ 정지 - 현상 - 정착 - 건조 - 수세
④ 현상 - 정지 - 정착 - 수세 - 건조

02 다음 현상 과정 중 농도와 콘트라스트에 미치는 영향이 가장 적은 것은?

① 현상 온도
② 현상 시간
③ 수세 시간
④ 교반

03 약품이 감광재료의 표면에 균일하게 반응하도록 하기 위해 현상 필름이 담긴 현상탱크를 흔들어 주는 것을 무엇이라고 하는가?

① 현상
② 정지
③ 정착
④ 교반

04 필름으로 촬영 후 바로 현상하지 않고 오랫동안 방치하면 기록된 잠상이 서서히 소실되어, 농도와 콘트라스트의 저하를 가져오는 현상을 무엇이라고 하는가?

① 잠상현상
② 잠상퇴행
③ 잠상손실
④ 잠상흡수

05 고유 감도보다 높게 설정해서 촬영한 후 현상에서 조절하는 방법을 무엇이라고 하는가? (예-ISO100 필름을 카메라 ISO 400으로 설정 후 촬영)

① 증감법
② 감감법
③ 보력법
④ 감력법

06 흑백 필름의 후처리 과정 중, 현상 부족이나 노출 부족으로 농도가 옅고 콘트라스트가 낮은 네거티브의 콘트라스트를 높이기 위해 처리해 주는 과정을 무엇이라 하는가?

① 감력 ② 보력
③ 증감 ④ 감감

07 다음 중 현상주약에 해당하는 두 가지 물질로 나열된 것은?

① 메톨, 커플러 ② 하이드로퀴논, 아세트산
③ 메톨, 염산 ④ 페니돈, 하이드로퀴논

08 중간 정지액으로 주로 사용되는 약품은 무엇인가?

① 염산 ② 빙초산
③ 황산 ④ 구연산

09 포토 플로(Photo-Flo)를 사용하는 시점으로 가장 적절한 것은?

① 촬영 후, 현상 전 ② 현상 후, 정지 전
③ 정지 후, 정착 전 ④ 수세 후, 건조 전

10 다음 중 암실 작업 시 반드시 지켜야 할 사항으로 옳지 않은 것은?

① 사용한 약품은 폐액 처리를 해야 한다.
② 작업 후에는 항상 손을 씻어야 한다.
③ 알칼리성 약품은 산성으로 액성을 변환시켜 처리한다.
④ 암실 작업 중에는 정기적으로 환기해야 한다.

정답 및 해설

01 ④

해설 흑백 현상 과정의 순서는 [현상-정지-정착-수세-건조]이다.

02 ③

해설 현상 과정 중 농도와 콘트라스트에 영향을 미치는 요소는 현상 온도, 현상 시간, 교반이다. 수세 시간은 농도와 콘트라스트에 영향을 미치지 않는다.

03 ④

해설 현상 과정 중 약품이 감광재료의 표면에 균일하게 반응하도록 하기 위해 현상 필름이 담긴 현상탱크를 흔들어 주는 것을 교반이라고 한다.

04 ②

해설 필름으로 촬영 후 바로 현상하지 않고 오랜 시간 방치하면 기록된 잠상이 서서히 소실되는데 이를 잠상퇴행이라고 한다.

05 ①

해설 고유 감도보다 높게 설정해서 촬영한 후 현상에서 조절하는 방법을 증감법이라고 한다. 사용하는 필름의 감도보다 노출이 어두운 상황일 때 사용한다.

06 ②

해설 보력은 노출 또는 현상 부족으로 현상 결과물의 농도가 너무 엷거나 콘트라스트가 약할 때 농도와 콘트라스트를 증가시켜주는 처리를 말한다.

07 ④

해설 현상주약에는 메톨, 하이드로퀴논, 페니돈, 파이로, 아미돌, 글라이신 등이 있다.

08 ②

해설 중간 정지액으로 사용되는 화학 약품은 빙초산이다. 현상액의 반응을 중지시키는 역할을 한다.

09 ④

해설 포토 폴로(Photo-Flo)는 수세 후 물방울이 뭉쳐 건조 시 물 자국이 남는 현상을 방지한다. 그러므로 수세 후, 건조 전에 처리해야 한다.

10 ③

해설 암실에서 사용하는 약품들을 알칼리성이나 산성을 띄고 있기 때문에 사용한 약품을 폐액 처리할 때 중성으로 변환시켜 처리해야 한다.

3 | 컬러필름 현상

- **컬러필름의 구조(네거티브 필름)**

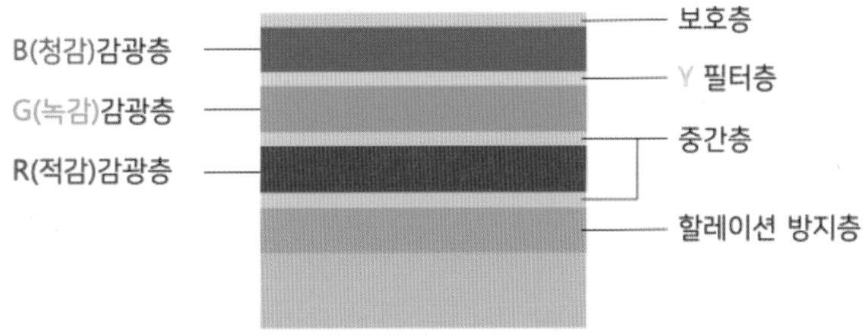

- **컬러 네거티브 필름 현상**
  - o C-41현상법 : 발색현상→표백→제1수세→정착→제2수세→안정→건조
    - 발색현상 : 빛과 반응한 유제층에 금속은 화상과 색소 화상을 생성시키는 과정이다.
    - 표백 : 컬러사진에서 필요한 색소 화상만 남기기 위하여 은을 할로겐화은으로 산화시키는 과정이다.
    - 안정 : 필름의 염료를 보호하고 화학적 잔여물을 제거하여 장기 보존성과 색상 안정성을 유지하는 최종 처리 과정이다.

- 발색 과정
  [필름 감광층 → 필름현상 → 인화]
  Blue → Yellow → Blue
  Green → Magenta → Green
  Red → Cyan → Red

- **컬러 리버설 필름 현상**
  - o 내형 발색 E-6현상법 : 제1현상→수세→반전욕 →발색현상 →표백→정착→수세→ 안정→건조
    - 제1현상 : 노출된 할로겐화은을 환원하여 흑백 네거티브 이미지를 형성하는 단계이다.
    - 반전욕 : 제1현상에서 환원되지 않은 할로겐화은에 빛 또는 화학물질을 사용하여 포지티브상의 발색현상이 가능하도록 하는 처리 과정이다.
  - o 외형 발색 K-14현상법

핵심 문제 : 컬러필름 현상

01 컬러 네거티브 필름의 현상 과정으로 옳은 것은?

① 발색현상 - 정착 - 제1수세 - 표백 - 제2수세 - 안정 - 건조
② 발색현상 - 표백 - 제1수세 - 정착 - 제2수세 - 안정 - 건조
③ 발색현상 - 표백 - 정착- 제1수세 - 제2수세 - 건조 - 안정
④ 발색현상 - 정착 - 제1수세 - 제2수세 - 표백 - 안정 - 건조

02 컬러사진에서 은을 할로겐화은으로 산화시켜 색소 화상만을 남기는 처리 과정은 무엇인가?

① 표백　② 정착
③ 발색　④ 현상

03 컬러 네거티브 필름에서 청색(Blue) 감광층이 현상 처리 후 발색하는 색은 무엇인가?

① 녹색(Green)　② 황색(Yellow)
③ 자홍색(Magenta)　④ 적색(Red)

04 컬러 리버설 필름의 현상처리 과정으로 옳은 것은?

① 제1현상 - 수세 - 반전욕 - 발색현상 - 표백 - 정착 - 수세 - 안정 - 건조
② 제1현상 - 수세 - 발색현상 - 반전욕 - 표백 - 정착 - 수세 - 안정 - 건조
③ 제1현상 - 반전욕 -수세- 발색현상 - 정착 - 표백 - 안정 - 수세 - 건조
④ 제1현상 - 수세 - 정착 - 발색현상 - 표백 - 반전욕 - 수세 - 안정 - 건조

정답 및 해설

01 ②

해설 컬러 네거티브 필름 현상법인 C-41현상법의 과정은 [발색현상→표백→제1수세→정착→제2수세→안정→건조]이다.

02 ①

해설 컬러사진에서 은을 할로겐화은으로 산화시켜 색소 화상만을 남기는 처리 과정은 표백 과정이다.

03 ②

해설 컬러 네거티브 필름에서 청색(Blue) 감광층은 현상 처리 후 황색(Yellow)으로 발색된다. 적색(Red) 감광층은 청록(Cyan), 녹색(Green) 감광층은 자홍색(Magenta)으로 발색된다.

04 ①

해설 컬러 리버설 필름의 현상 과정은 [제1현상→수세→반전욕 →발색현상 →표백→정착→수세→ 안정→건조]이다.

4 | 인화

- 밀착인화와 확대인화
  - o 밀착인화(Contact Print) : 촬영한 필름의 모든 컷을 인화지에 밀착시켜 한 장의 인화지에 모두 인화하는 것을 말한다.

  - o 확대인화(Enlargement Print) : 선별한 이미지를 암실 확대기를 이용하여 원하는 크기로 확대하여 인화한다.
- 확대기

필름 사진을 인화하기 위해 필름 이미지를 확대하여 인화지에 감광하는 사진 장비로 램프(할로겐 또는 텅스

텐), 필름 홀더(캐리어), 렌즈, 필터 홀더, 헤드, 초점조절장치, 타이머 등으로 구성된다.

o 확대기 종류

- 집광식 : 전구의 빛을 콘덴서로 모아주는 방식의 확대기로 콘덴서로 모아진 강한 빛을 발광하므로 노광 시간이 짧고 콘트라스트가 강하며 필름의 입자와 흠이 잘 나타난다는 특징이 있다.
- 산광식 : 전구의 빛을 오팔 글라스(Opal Glass)로 확산시켜 주는 확대기로 고르게 분산된 빛을 부드럽게 발광하므로 필름의 입자와 흠이 잘 나타나지 않고 노광 시간이 길고 콘트라스트가 약하다는 특징이 있다.
- 집산광식 : 확대기 내부에 콘덴서와 오팔글라스를 모두 사용하는 구조로 집광식과 산광식의 장점을 결합한 확대기이다. 집광식의 선명도를 어느 정도 유지하면서 산광식의 부드러움을 유지하고, 산광식에 비해 노광 시간이 짧고 집광식에 비해 화조가 부드럽다는 특징이 있다.

o 확대기 렌즈

- 표준렌즈를 사용하며 조리개를 통해 빛의 양 조절 가능

필름 크기	35mm(24x36mm)	6x4.5cm	6x6 cm	6x7 cm	6x9 cm	4x5inch
확대기 렌즈	50mm	75mm	80mm	90mm	105mm	150mm

o 확대기 필터 : 확대기의 필터 홀더에 장착하여 사진의 콘트라스트와 컬러 등을 조절하는 필터이다.

- 다계조 필터(Multi-Grade Filter)

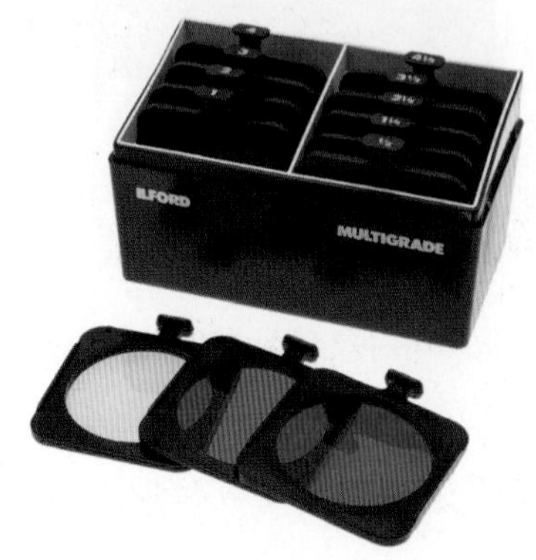

      - 흑백 인화 작업에서 다계조 인화지를 사용하는 경우 콘트라스트를 조절하는 필터로 젤라틴 재질로 되어있다.
      - 등급이 높아질수록 콘트라스트가 강해지며 마젠타 색을 띠고 등급이 낮아질수록 콘트라스트가 약해지며 노랑색을 띤다.
    - 다이크로익 필터(Dichroic Filter)
      - 컬러 확대기에서 색조절을 위해 쓰이는 필터로 Cyan, Magenta, Yellow로 구성된다.

- 인화지
  - 호수지와 무호지
    - 호수지 : 1호부터 5호까지 호수가 정해져 있는 인화지로, 호수에 따라 콘트라스트가 달라진다.

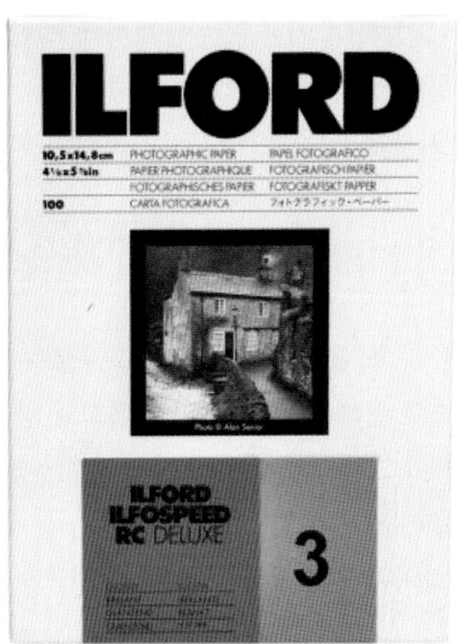

    - 무호지 : 다계조 인화지, 멀티그레이드 인화지라고도 부르며 호수가 정해져있지 않고 다계조 필터를 이용하여 콘트라스트를 조절하는 인화지이다.

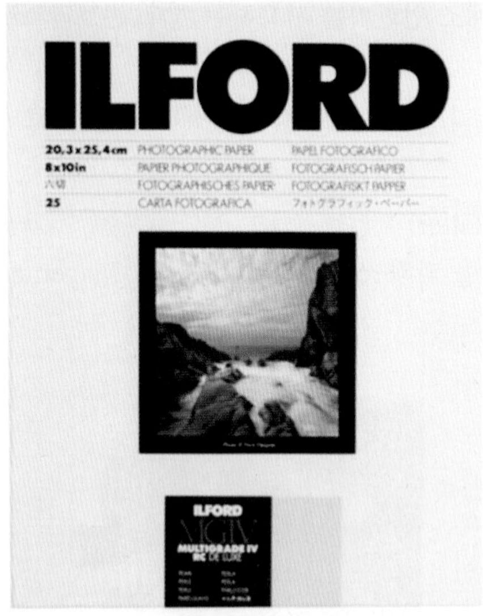

- o RC인화지와 FB인화지
  - ▪ RC(Resin-Coated)인화지 : 용지 표면이 폴리에틸렌 수지로 코팅이 된 인화지로 약품 침투가 빨라 인화 시간이 짧지만 계조 표현에 한계가 있고 보존성이 떨어져 연습용으로 많이 사용된다.
  - ▪ FB(Fiver-Based)인화지 : 천연 섬유로 만들어진 인화지로 계조 표현과 보존성이 뛰어나 작품용으로 많이 사용되는 인화지이다. 약품 침투가 느려 인화 과정이 오래 걸리고 비용이 더 비싼 단점이 있다.

- 인화 기법
  - o 버닝 : 인화 과정에서 인화지의 일부만 노광을 더 주어 특정 부분을 어둡게 하는 기법이다.
  - o 닷징 : 인화 과정에서 노광 중 일부만 가려 특정 부분을 밝혀주는 기법이다.
  - o 레티큘레이션 : 고온에서 필름을 현상하여 저온으로 급격하게 정착하는 경우 부드럽게 부풀어 있던 유제면이 수축되면서 주름 모양의 요철을 생기게 하는 표현 방법이다.
  - o 릴리프포토 : 흰 선과 검은 선이 피사체의 윤곽에 나타나 조각의 부조를 보는 것과 같은 효과를 나타내는 특수기법이다.
  - o 포토그램 : 카메라를 이용하지 않고 투명체, 반투명체, 불투명체의 물체를 인화지 위에 올려놓고 실루엣과 그림자만 나타내는 기법이다.
  - o 몽타주 : 두 장 이상의 사진을 결합하여 새로운 한 장의 작품으로 제작하는 방법이다.
  - o 솔라리제이션 : 화상의 반전 작용으로 인해 한 장의 화면에 음화와 양화가 동시에 표현되는 인화 기법이다.
  - o 디포메이션 : 확대 인화 시 이젤 마스크를 기울여서 노광하여 화상의 형태를 왜곡되고 찌그러진 형태로 표현한다.
  - o 스포팅 : 인화할 때 생긴 먼지 자국이나 얼룩 등을 수정하는 것으로 사진용 리터칭 염료나 물감 등을 사용한다.

핵심 문제 : 인화

01 다음 중 콘택트 프린트를 의미하는 것을 적절한 것은?

① 흑백인화 ② 확대인화
③ 조합인화 ④ 밀착인화

02 확대기의 종류 중 오팔 글라스를 통해 확산된 부드럽고 균일한 빛으로 필름을 비춰 확대 이미지를 형성하는 방식은 무엇인가?

① 집광식 ② 산광식
③ 집산광식 ④ 수평식

03 인화 과정에서 필터를 사용하여 빛의 파장을 조절함으로써 명암 대비(콘트라스트)를 자유롭게 조정할 수 있는 인화지는 무엇인가?

① 필터 인화지 ② 광택 인화지
③ 무광택 인화지 ④ 가변 콘트라스트 인화지

04 RC인화지가 FB인화지에 비해 수세와 건조시간이 짧은 이유는 무엇인가?

① 유제 보호층이 있기 때문에 ② 바리타층이 있기 때문에
③ 할레이션 방지층이 있기 때문에 ④ 폴리에틸렌수지층이 있기 때문에

05 고온에서 현상한 필름을 저온으로 급격히 정착시키면 필름 표면에 주름 모양의 요철이 생기는데 이런 기법을 무엇이라 하는가?

① 레티큘레이션 ② 솔라리제이션
③ 릴리프포토 ④ 포토그램

정답 및 해설

01 ④
해설 콘택트 프린트(Contact Print)는 필름 원본과 동일한 크기로 인화하는 방식으로, 필름을 인화지에 직접 밀착하여 감광시킨 후 인화하는 밀착인화를 말한다.

02 ②
해설 산광식 확대기는 오팔 글라스를 통해 빛을 확산시켜 부드럽고 고른 조명을 하는 확대기이다.

03 ④
해설 가변 콘트라스트 인화지(다계조 인화지)는 다계조 필터를 이용하여 콘트라스트를 바꿔주는 인화지이다.

04 ④

해설 RC인화지는 폴리에틸렌 수지층이 있어 물이 섬유에 스며드는 것을 방지해 수세가 빠르다. 또한 물이 코팅된 표면에 쉽게 증발하여 건조 시간이 짧다.

05 ①

해설 레티큘레이션(Reticulation)은 필름을 고온에서 현상한 후, 저온으로 급격히 정착시키는 과정에서 발생하는 현상이다. 이때 필름의 표면이 수축되면서 주름 모양의 요철이 생기는데, 이 효과는 의도적으로 필름의 질감을 강조하려는 경우 사용되며, 독특한 텍스처와 시각적 효과를 제공한다.

5 | 존시스템과 특성곡선

- 존 시스템 (Zone system)
  - o 흑백사진에서 노출과 현상을 체계적으로 작업하기 위해 미국 사진가 안셀 아담스(Ansel Adams)와 프레드 아처(Fred Archer)가 고안한 체계이다.
  - o 사진의 명암을 존0부터 존X까지 총 11가지의 존으로 나누어 계조를 체계적으로 관리한다.
  - o 존0 : 완전 검정 / 존 V : 중간 회색(18%의 반사율) / 존X: 완전한 흰색

- 특성곡선
  - o 감광재료에서 작용하는 노출(노광)량과 사진 농도의 관계를 나타낸 그래프이다.
  - o 가로축은 노출량, 세로축은 농도를 나타낸다.
  - o 허터(Hurter)와 드리필드(Driffield)가 고안하여 H-D 곡선이라고도 부른다.

o 특성곡선을 통해 감광재료의 감도, 콘트라스트, 계조, 관용도, Fog, 최고 농도 등을 알 수 있다.

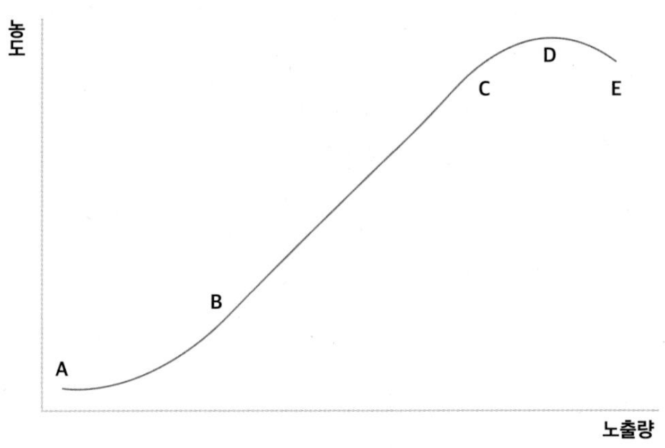

A : D-Min, Base+Fog농도 - 필름의 최저 농도 지점이며 노출되지 않은 상태이지만 제조 과정에서 불가피하게 발생되는 자연스러운 농도가 나타난다.

A-B : 발(Toe)부분 - 감광유제가 빛을 받기 시작하면서 점차 농도가 증가하기 시작하는 부분이며 저농도부(노출부족)을 나타낸다.

B-C : 직선(Straight)부분 - 빛의 증가에 따라 농도가 비례적으로 증가하는 구간으로 중간 계조영역을 나타내며 기울기(Gamma)를 통해 콘트라스트를 알 수 있다.

C-D : 어깨(Shoulder)부분 - 빛을 받더라도 농도의 증가가 둔화되는 부분으로 고농도부(노출과다)을 나타낸다.

D : D-Max - 필름의 최고 농도점으로 빛을 받아도 더 이상 농도가 증가하지 않는 계조상 한계 부분이다.

D-E : 반전(Solarization) 부분 - 최고 농도점을 이후로 빛을 받으면 오히려 농도가 줄어들어 일부 반전이 생기는 부분이다.

핵심 문제 : 존시스템과 특성곡선

01 Zone System의 설명 중 옳지 않은 것은?

① 0부터 10까지 11단계의 Zone으로 구성된다.

② Zone System은 색재현을 일관성 있게 관리하기 위한 과정이다.

③ Zone V은 반사율 18%의 중성 회색을 나타낸다.

④ Zone 0은 완전 검정을 나타낸다.

02 특성곡선에 대한 설명으로 옳지 않은 것은?

① 곡선 하단부는 섀도우 부분을 나타내고 은의 농도가 가장 낮은 부분으로 노광 부족부분에 해당된다.
② 직선 부분은 노광량에 비례해서 농도가 증가하는 부분으로, 기울기를 통해 콘트라스트를 알 수 있다.
③ 허터(Hurter)와 드리필드(Driffield)가 고안하여 H-D 곡선이라고도 부른다.
④ 곡선의 상부는 하이라이트 부분은 나타내며 노광량이 증가하면 농도의 증가가 더 빨라지는 노광 과다 구간이다.

03 다음 특성 곡선에서 솔라리제이션(Solarization) 부분에 해당되는 구간은?

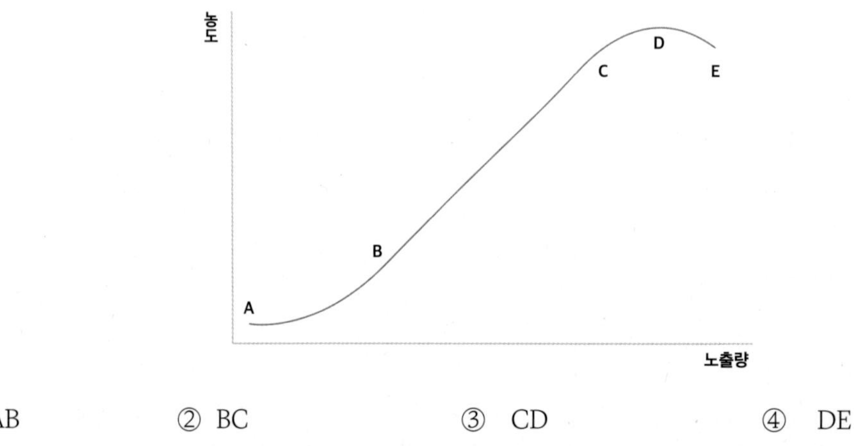

① AB ② BC ③ CD ④ DE

04 다음 특성곡선 중 콘트라스트가 가장 높은 것은 무엇인가?

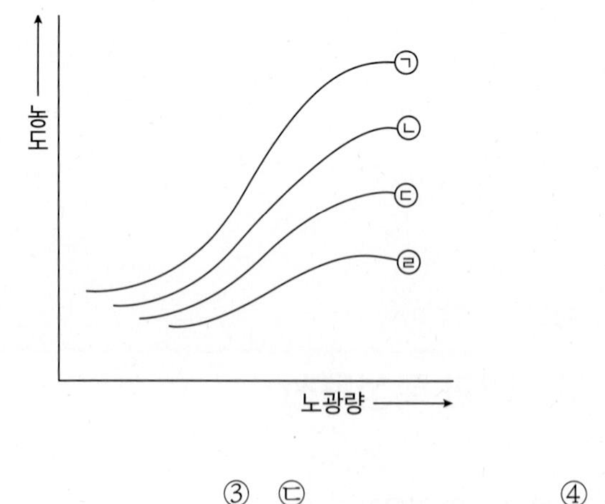

① ㉠ ② ㉡ ③ ㉢ ④ ㉣

정답 및 해설

01 ②

해설 Zone System이란 흑백사진에서 노출과 현상을 체계적으로 작업하기 위한 과정으로 색재현과는 거리가 멀다.

02 ④

해설 특성 곡선의 상부는 하이라이트 부분은 나타내며 노광량이 증가해도 농도의 증가가 둔화되는 구간이다. 농도가 더 빨라진다는 설명은 틀린 설명이다.

03 ④

해설 반전(Solarization) 부분 특성곡선에서 최고 농도점을 이후로 빛을 받으면 오히려 농도가 줄어들어 일부 반전이 생기는 부분으로 E-D구간에 해당한다.

04 ①

해설 특성곡선의 직선부 기울기를 통해서 콘트라스트를 알 수 있다. 기울기가 가파를수록 콘트라스트가 강하다는 것이고 기울기가 완만할수록 콘트라스트가 약하다는 것이다.

CHAPTER 08

사진제작계획과 촬영

1 | 정보검색

- 저작권법 : 창작자의 권리를 보호하고 창작물이 공정하게 활용될 수 있도록 규정한 법이다.
  - o 저작권의 종류
    - ▪ 저작재산권 : 경제적 이익과 관련된 권리이며 복제, 배포, 공중송신, 전시, 대여 등이 포함된다.
    - ▪ 저작인격권 : 창작자의 명예와 관련된 권리이며 저작물의 공표, 성명 표시, 동일성 유지권, 출처표시권 등이 포함된다.
    - ▪ 저작권 보호 기간 : 창작자가 사망 후 70년, 공동 저작물인 경우 마지막 사망한 창작자 기준으로 70년, 법인 혹은 단체인 경우 공표한 후 70년 동안 보호된다.
  - o 예외와 제한
    - ▪ 비영리 목적의 교육, 연구, 비평, 보도 등을 위해 일부 사용은 허용한다.
    - ▪ 정부 및 공공기관이 제작한 저작물은 특정 조건하에 자유롭게 이용 가능하다.
  - o 저작권 침해
    - ▪ 저작물을 무단 복제, 배포, 상업적 이용하면 저작권 침해이다.
    - ▪ 침해 시 민사 및 형사책임이 따를 수 있으며 손해배상 또는 형사 처벌이 이루어질 수 있다.

핵심 문제 : 정보검색

01 다음 중 저작권법에 대한 설명으로 옳지 않은 것은 무엇인가?

① 저작권법은 창작자의 권리를 보호하고 창작물이 공정하게 활용될 수 있도록 규정한 법이다.
② 저작재산권은 경제적 이익과 관련된 권리로 복제, 배포, 공중송신, 전시 등이 포함된다.
③ 저작권 보호 기간은 창작자가 사망한 후 70년 동안 보호되며, 공동 저작물의 경우 마지막 사망한 창작자를 기준으로 보호 기간이 결정된다.
④ 정부 및 공공기관이 제작한 저작물은 저작권 보호를 받지 않으며 자유롭게 이용할 수 있다.

정답 및 해설

01 ④

해설 정부 및 공공기관이 제작한 저작물은 저작권 보호를 받을 수 있으며, 특정 조건 하에서만 자유롭게 이용할 수 있다.

2 | 촬영 기법 및 장르

- 촬영 기법
  - 패닝 (Panning) : 저속 셔터속도로 촬영 시간 동안 움직이는 피사체를 좌우로 따라 함께 움직이며 촬영하는 촬영 기법으로 피사체가 빠르게 움직이는 듯한 효과를 연출 (저속 셔터 + 렌즈의 이동)
  - 주밍 (Zooming): 저속 셔터속도로 촬영 시간 동안 렌즈의 초점거리(화각)을 변화하며 촬영하는 촬영 기법으로 화면 중심부로 집중되는 효과를 연출 (저속 셔터 + 렌즈 화각의 변화)
  - 브라케팅(Bracketing) : 노출 측정이 어렵거나 측정치가 정확하지 않을 때 노출을 달리하여 여러 단계로 촬영
  - 인물 프레이밍
    - 클로즈업 샷 (Close-up shot) : 얼굴 또는 특정 부분을 화면에 가득 채워 강조
    - 바스트 샷 (Bust shot): 얼굴에서 가슴까지 화면에 나오도록 촬영
    - 웨이스트 샷 (Waist shot): 얼굴에서 허리까지 상반신이 나오도록 촬영
    - 니 샷 (Knee shot) : 얼굴에서 무릎까지 나오도록 촬영
    - 풀 샷 (Full shot) : 얼굴부터 다리까지 전신이 나오도록 촬영
- 사진의 장르
  - 순수예술사진 : 작가의 생각과 사상을 사진의 매체를 통해 의미를 부여하여 표현
  - 상업사진 : 고객의 의뢰를 받아 이미지를 제작하여 제공하는 사진으로 패션, 제품 사진 등이 이에 해당
  - 다큐멘터리 사진 : 일상의 사건이나 이야기를 작가 주관적인 시각으로 기록하여 표현
  - 포토저널리즘 : 현실에서 일어나는 사건들을 언론을 통해 보도하는 사진

핵심 문제 : 촬영 기법 및 장르

01 다음 중 표준렌즈를 사용하여 패닝 기법으로 움직이는 물체를 촬영할 때 가장 적합한 셔터 속도와 카메라 설정은 무엇인가

① 카메라 고정, 1/500초　　② 카메라 고정, 1/30초
③ 카메라 회전, 1/500초　　④ 카메라 회전, 1/30초

02 노출이 정확하지 않을 때 여러 단계로 노출을 조정하여 촬영하는 기법은 무엇인가?

① 브라케팅 ② 트리밍
③ 스포팅 ④ 필터링

03 얼굴에서 허리까지의 상반신을 촬영하여 인물의 표정이나 분위기를 강조하는 샷은 무엇인가?

① 풀샷 ② 바스트샷
③ 웨이스트샷 ④ 니샷

04 일상의 사건이나 이야기를 작가 주관적인 시각으로 기록하여 표현하는 사진을 무엇이라고 하는가?

① 순수 사진 ② 커머셜 사진
③ 저널리즘 사진 ④ 다큐멘터리 사진

정답 및 해설

01 ④

해설 패닝 기법은 카메라를 움직이며 움직이는 물체를 촬영하는 기법이다. 이때 촬영 대상은 상대적으로 선명하게 보이고 배경은 흐릿하게 보이도록 표현하여 빠른 운동감을 표현할 수 있다. 1/30초와 같은 느린 셔터 속도를 사용하면 배경이 흐릿하게 표현되고, 카메라 회전을 통해 물체와 함께 움직이는 효과를 얻을 수 있다.

02 ①

해설 노출 측정이 어려운 상황에서 여러 단계로 노출을 과다 또는 부족시켜 여러 장의 사진을 찍는 기법이다. 이렇게 여러 장의 사진을 촬영하여 가장 적합한 노출을 선택할 수 있다.

03 ③

해설 얼굴에서 허리까지의 상반신을 촬영하여 인물의 표정이나 분위기를 강조하는 인물 프레이밍 방법은 웨이스트 샷이라고 한다.

04 ④

해설 다큐멘터리 사진은 일상의 사건이나 이야기를 작가의 주관적인 시각으로 기록하여 표현하는 사진이다. 다큐멘터리 사진은 주로 사회적, 역사적 사건이나 상황을 사실적으로 담고 있지만, 작가의 개인적인 해석과 감정도 포함될 수 있다.

PART 02

사진기능사 필기 실전연습문제

CHAPTER 01

실전 연습 문제 1회

01 뷰카메라의 무브먼트 중 프런트(Front)와 백(Back)을 수직축을 중심으로 좌우로 비트는 것을 무엇이라 하는가?

① 틸트(Tilt) ② 라이즈(Rise)
③ 폴(Fall) ④ 스윙(Swing)

02 카메라의 색온도를 5,500K로 설정하고 실내 백열등 아래에서 촬영한다면 전체적인 사진의 분위기는 어떠한가?

① 푸른색 계열의 차가운 분위기의 사진이 촬영되었다.
② 백열등 특유의 녹색의 사진으로 촬영되었다.
③ 붉은색 계열의 따뜻한 분위기의 사진이 촬영되었다.
④ 컬러의 채도가 빠져 회색 계열 분위기의 사진이 촬영되었다.

03 측광모드에 대한 설명으로 옳지 않은 것은?

① 평가 측광 - 화면을 중앙과 주변부로 분할하여 중앙부만 측광한다.
② 중앙중점 부분 측광 - 화면 중앙을 기준으로 약 60%를 측광한다.
③ 부분 측광 - 화면 중앙을 기준으로 약 20%를 측광한다.
④ 스폿 측광 - 화면 중앙을 기준으로 약 8%를 측광한다.

04 헬리오그래피(Heliography)에 대한 설명으로 옳지 않은 내용을 고르시오.

① 양화로 기록하였다.
② 프랑스의 니엡스가 발명한 사진술이다.
③ 감광도가 빨라 즉시 사진을 얻을 수 있었다.
④ '태양의 그림'이라는 뜻의 사진술이다.

05 먼셀 표색계와 관련한 내용으로 옳지 않은 것은?

① 먼셀은 미국의 색채학자이자 화가이다.
② 뉴턴의 색을 보고 색체계를 정리하였다.
③ 빨강, 노랑, 파랑의 3가지 색상을 기준으로 한다.
④ 색상, 채도, 명도의 기호를 H, C, V로 표기한다.

06 가시광선이 프리즘을 통과할 때 빛의 성질에 대한 설명으로 옳은 것은?

① 굴절되지 않는다.
② 모든 파장의 빛이 일정하게 굴절한다.
③ 장파장의 빛이 가장 많이 굴절된다.
④ 단파장의 빛이 가장 많이 굴절된다.

07 컬러 네거티브 필름에서 청색(Blue) 감광층이 현상 처리 후 발색하는 색은 무엇인가?

① 녹색(Green) ② 황색(Yellow)
③ 자홍색(Magenta) ④ 적색(Red)

08 모니터에 대한 설명으로 옳지 않은 것은?

① 모니터의 크기는 화면의 대각선 길이로 나타내며 Inch 단위로 표기한다.
② LCD, LED, CRT 모니터 등이 있다.
③ 모니터의 색 조정을 하기 위해 반드시 캘리브레이션 기기가 필요하다.
④ 모니터의 성능에는 밝기, 명암비, 해상도 등이 있다.

09 심도를 얕게 하여 피사체의 배경을 흐리게 하는 데 가장 적합한 렌즈는?(단, 촬영 거리는 동일하다고 가정)

① 광각렌즈 ② 표준렌즈
③ 망원렌즈 ④ 어안렌즈

10 노출이 정확하지 않을 때 여러 단계로 노출을 조정하여 촬영하는 기법은 무엇인가?

① 브라케팅 ② 트리밍
③ 스포팅 ④ 필터링

11 카메라 모드에 관한 설명으로 옳지 않은 것은?

① M 모드 - 수동 모드로 촬영자가 조리개, 셔터를 모두 조절하여 촬영한다.
② AV/A 모드 - 조리개 우선 모드로 촬영자가 조리개를 설정하면 자동으로 카메라가 셔터스피드를 설정하여 촬영한다.
③ TV/S 모드 - 셔터 우선식 모드로 촬영자가 셔터스피드를 정하면 자동으로 카메라가 조리개를 설정하여 촬영한다.
④ P 모드- 감도 우선 모드로 촬영자가 조리개, 셔터를 정하면 카메라가 자동으로 감도를 설정하여 촬영한다.

12 렌즈 코팅의 장점으로 옳은 것은?

① 빛의 반사율 감소
② 빛의 반사율 증대
③ 빛의 투과량 감소
④ 빛의 흡수량 감소

13 ND필터의 활용으로 올바른 것은?

① 흑백필름에서 콘트라스트를 강조할 때 사용하는 필터
② 컬러필름에서 색온도를 변환할 때 사용하는 필터
③ 낮에 장노출 촬영을 위해 광량을 감소시키는 필터
④ 사람 눈에 보이지 않는 자외선을 차단시키기 위한 필터

14 비트맵 이미지에 대한 설명으로 옳지 않은 것은?

① 확대하면 픽셀이 나타나며 모자이크처럼 구성되어 있다.
② 비트심도 정보를 가진 픽셀로 구성된 디지털 이미지이다.
③ 벡터 방식으로 선과 도형을 수학적 함수로 정의하여 구성된다.
④ 이미지의 해상도를 표시할 때 주로 PPI 단위를 사용한다

15 다음 중 콘택트 프린트를 의미하는 것을 적절한 것은?

① 흑백인화 ② 확대인화
③ 조합인화 ④ 밀착인화

16 렌즈의 MF 모드에 대한 설명으로 옳지 않은 것은?

① 움직이지 않는 피사체를 촬영할 때 적합하다.
② 렌즈의 초점 링을 돌려 초점을 맞춘다.
③ 반셔터를 누르면 원하는 영역의 초점을 맞춰준다.
④ 주변 환경이 어두워 AF검출이 안될 때 사용한다.

17 사진촬영 시 자연광을 사용할 경우 주의할 사항으로 옳은 것은?

① 같은 시간의 자연광의 밝기는 언제나 똑같다.
② 같은 시간의 자연광의 위치는 언제나 똑같다.
③ 자연광은 시간 및 계절에 따라 광질이 변화한다.
④ 시간이 변화하더라도 동일한 콘트라스트를 가진다.

18 콜로디온 습판법에 대한 설명으로 옳은 것은?

① 다게레오타입이나 칼로타입보다 인화시간이 길다.
② 노출시간이 매우 길고 현상 과정이 간단하다.
③ 사진 결과물이 선명하지 않고 흐릿하다.
④ 촬영으로 얻은 한 장의 네거티브로 여러 장의 포지티브를 인화할 수 있었다.

19 장초점 렌즈를 사용하기에 적합하지 않은 것은 무엇인가?

① 얕은 피사계심도를 표현할 때
② 좁은 공간을 넓게 한 장의 사진으로 표현할 때
③ 원근감을 축소시킬 때
④ 피사체를 확대하여 촬영할 때

20 다이내믹 레인지(dynamic range)에 관한 설명으로 옳지 않은 것은?

① 사진에서 밝은 부분과 어두운 부분의 세부 정보를 얼마나 폭넓게 표현할 수 있는지를 나타내는 개념이다.
② 이미지에서 가장 어두운 영역부터 가장 밝은 영역까지 표현 가능한 밝기의 범위를 의미한다.
③ 디지털카메라의 이미지 센서의 크기가 작은 크롭바디가 다이내믹 레인지 측면에서 유리하다.
④ 다이내믹 레인지가 넓은 카메라는 고대비 장면에서도 밝은 영역과 어두운 영역의 세부 정보를 더 잘 기록할 수 있다.

21 포토샵에서 비슷한 밝기와 색상의 영역을 한 번의 클릭으로 쉽게 선택할 수 있는 툴은?

① 매직완드 툴 ② 펜 툴
③ 라쏘 툴 ④ 마퀴 툴

22 다음 중 은(Ag)과 결합하여 유제가 될 수 없는 물질은 무엇인가?

① 염소(Cl) ② 아이오딘(I)
③ 브로민(Br) ④ 질소(N)

23 얼굴에서 허리까지의 상반신을 촬영하여 인물의 표정이나 분위기를 강조하는 샷은 무엇인가?

① 풀샷 ② 바스트샷
③ 웨이스트샷 ④ 니샷

24 인화 과정에서 필터를 사용하여 빛의 파장을 조절함으로써 명암 대비(콘트라스트)를 자유롭게 조정할 수 있는 인화지는 무엇인가?

① 필터 인화지
② 광택 인화지
③ 무광택 인화지
④ 가변 콘트라스트 인화지

25 보조광(Fill Light)에 대한 설명으로 옳지 않은 것은?

① 보조광이 주광보다 광량이 강해지면 역할이 바뀔 수 있다.
② 보조광은 그림자를 더욱 짙게 만들어 콘트라스트를 더욱 강조할 수 있다.
③ 암부의 밝기를 조정하여 조명비를 조절하는 역할을 한다.
④ 주광으로 인한 그림자에 빛을 보충하여 그림자의 농도를 조절한다.

26 필름 카메라에서 촬영 날짜, 촬영번호, 프레임의 촬영조건, 각종 촬영 데이터를 사진에 기입하는 역할을 하는 것은 무엇인가?

① 데이터 백　　② 컨버터
③ 모터 드라이브　　④ 배터리 그립

27 촬영한 파일을 저장할 때 디지털카메라에서 사용되는 파일 형식이 아닌 것은?

① RAW　　② JPEG
③ TIFF　　④ PSD

28 입체 광원을 얻기 위한 가장 적합한 기본 채광 방향은?

① 45° 위에서　　② 90° 위에서
③ 정면에서　　④ 45° 아래에서

29 노출계에 백색 반구 형태의 수광소자를 결합하여 피사체로 입사하는 빛의 양을 측정하는 노출 측정방식은?

① 스팟 측정법
② 입사식 측정법
③ 화이트 카드 측정법
④ 그레이카드 측정법

30 빛의 성질에 대한 설명으로 옳지 않은 것은?

① 입사광에 대한 반사광의 비를 반사율이라고 한다.
② 직진하는 빛이 다른 매질을 만나면 빛의 속도가 달라져 일부는 굴절한다.
③ 빛은 균일한 매질 속에서 회절과 직진을 동시에 한다.
④ 빛이 한 물질의 경계면에 입사할 때, 그 단색광의 진동수가 변하지 않고 빛이 되돌아오는 현상을 반사라 한다.

31 에드워드 마이브리지에 대한 내용으로 옳은 것은?

① 카메라 루시다를 발명하여 이동하며 스케치 도구로 유용하게 사용하게 했다.
② 렌즈를 개발하여 더욱 선명한 상을 얻게 하였다.
③ 오늘날에도 사용하는 네거티브 형태의 필름을 개발하였다.
④ 동물과 인체의 동작을 연속 촬영하여 정확한 동작의 표현을 한 자료집을 만들었다.

32 필름으로 촬영 후 바로 현상하지 않고 오랫동안 방치하면 기록된 잠상이 서서히 소실되어, 농도와 콘트라스트의 저하를 가져오는 현상을 무엇이라고 하는가?

① 잠상현상 ② 잠상퇴행
③ 잠상손실 ④ 잠상흡수

33 8비트의 색상심도에서 색상 채널당 표시할 수 있는 색상 수는?

① 128단계 ② 256단계
③ 512단계 ④ 1,024단계

34 시차를 이용하여 입체감을 묘사하는 카메라는 무엇인가?

① 폴라로이드 카메라(polaroid camera)
② 파노라마 카메라(panorama camera)
③ 스테레오 카메라(stereo camera)
④ 필드 카메라(field camera)

35 다음 중 접사기구가 아닌 것은?

① 컨버터 ② 클로즈업 필터
③ 익스텐션 튜브 ④ 벨로즈

36 이미지 서클(Image Circle)에 대한 설명으로 옳은 것은?

① 촬영 이미지의 내의 원형 모양의 피사체
② 초점이 선명하게 맺는 범위
③ 렌즈 초점거리에 따라 상이 기록되는 범위
④ 렌즈를 통해 형성되는 선명한 상의 원형

37 사진용 도구 중 렌즈 화각 밖의 광선을 제거하는 역할을 하는 도구는?

① 암천 ② 루페
③ 릴리즈 ④ 후드

38 필름의 입상성에 대한 설명으로 올바르지 않은 것은?

① 할로겐화은의 크기가 크면 조립자, 작으면 미립자라고 부른다.
② 저감도는 미립자고, 고감도는 조립자이다.
③ 할로겐화은의 크기가 큰지 작은지를 의미한다.
④ 저감도는 경조이고, 고감도는 연조이다.

39 전자플래시(electronic flash)의 특성으로 옳지 않은 것은?

① 1회용 인공광원이므로 비경제적이며 환경 친화적이지 않음
② 고속 순간 광원이므로 어두운 곳에서 순간적인 장면을 포착
③ 멀티 모드를 통해 연속 동작의 단계적 표현
④ 어두운 곳에서 주광원으로서 사용 가능

40 흑백 필름으로 사진을 찍을 때 Yellow필터로 맑은 하늘에 구름을 촬영한다면 어떤 효과를 얻을 수 있는가?

① 구름과 하늘이 모두 희게 나온다.
② 구름과 하늘이 모두 검게 나온다.
③ 구름은 검게, 하늘은 희게 나온다.
④ 구름은 희게, 하늘은 검게 나온다.

41 조명을 이용하여 인물 촬영 할 때 주로 사용하는 조명 기법이 아닌 것은?

① 쇼트 라이팅
② 브로드 라이팅
③ 하드 라이팅
④ 버터플라이 라이팅

42 디지털 출력장치가 아닌 것은?

① LCD 모니터 ② CRT 모니터
③ 평판 스캐너 ④ 잉크젯 프린터

43 디지털 입력, 출력 등 디지털 장비 간 발생하는 색상 차이를 최소화하여 디지털 이미지를 일관되게 볼 수 있도록 관리 및 유지하는 것은?

① ICC ② ISO
③ CMS ④ CMY

44 싱크로 장치의 전기 접점 중 포컬플레인셔터 전용으로 사용되는 것은?

① X접점 ② M접점
③ F접점 ④ FP접점

45 다음 중 표준렌즈를 사용하여 패닝 기법으로 움직이는 물체를 촬영할 때 가장 적합한 셔터 속도와 카메라 설정은 무엇인가

① 카메라 고정, 1/500초
② 카메라 고정, 1/30초
③ 카메라 회전, 1/500초
④ 카메라 회전, 1/30초

46 가색법에서 빨강(Red)과 녹색(Green)을 등량혼색하면 어떤 색이 되는가?

① 검정 ② 파랑
③ 노랑 ④ 마젠타

47 롤 필름의 개발과 소형 박스카메라로 사진의 대중화를 이끈 사람은?

① 조지 이스트먼
② 리처드 리치 매덕스
③ 탈보트
④ 존 프레드릭 허셀

48 일안반사식(SLR)카메라의 특징이 아닌 것은?

① 촬영 렌즈가 만드는 상을 직접 볼 수 있다.
② 근접하여 촬영하는 접사 시에는 시차가 발생한다.
③ 어떤 렌즈를 사용하더라도 파인더 시차가 없다.
④ 촬영 중에는 파인더를 통해서 촬영 장면을 확인할 수 없다.

49 디지털카메라의 크롭바디에서 APS-H 포맷이 의미하는 것은?

① 크롭 배수 x 1.3 ② 크롭 배수 x 1.6
③ 포서드 ④ 마이크로 포서드

50 형광등이 있는 실내에서 컬러필름으로 촬영 시 나타나는 녹색을 보정하기 위해 사용하는 필터는?

① FL필터 ② 소프트 필터
③ LB 필터 ④ 크로스 필터

51 색의 3속성을 옳게 나타낸 것은?

① 색상, 명도, 조도
② 조도, 휘도, 채도
③ 색상, 조도, 채도
④ 색상, 명도, 채도

52 4*5 인치 필름을 사용한다면 적합한 표준렌즈 초점거리는 무엇인가?

① 35mm ② 50mm
③ 150mm ④ 200mm

53 흑백 현상 과정의 순서로 올바른 것은?

① 정착 - 현상 - 정지 - 수세 - 건조
② 정지 - 정착 - 현상 - 건조 - 수세
③ 정지 - 현상 - 정착 - 건조 - 수세
④ 현상 - 정지 - 정착 - 수세 - 건조

54 TTL 노출 측광 방식에 대한 설명으로 옳은 것은?

① 렌즈를 통과한 빛을 직접 측광하며 반사율 18%를 기준으로 한다.
② 대형 카메라에 내장된 노출계이다.
③ 피사체로 입사하는 빛의 양을 측정하는 방식이다.
④ ND필터를 사용할 때 필터 계수 값을 계산하여 노출 보정을 해 주어야 한다.

55 색온도에 대한 설명으로 옳은 것은?

① 촛불의 색온도는 대략 1,900K이다.
② 색온도가 7,000K 이상이면 붉은색으로 나타난다.
③ 맑은 날 정오의 태양광의 색온도는 대략 2,200K이다.
④ 맑은 날 천공광의 색온도는 5,500K이다.

56 카메라 루시다(Camera lucida)의 발명가는 누구인가?

① 조세프 니세포르 니엡스
② 윌리엄 울러스턴
③ 존 허셀
④ 맥스웰

57 피사체의 왜곡을 바로잡는 소형 카메라 렌즈로, 렌즈 경통의 전반부가 360도 회전하며 상하좌우 조절이 가능한 렌즈는?

① 줌렌즈 ② 반사렌즈
③ 어안 ④ TS렌즈

58 컬러모드에 대한 설명으로 옳은 것은?

① 컬러이미지는 일반적으로 RGB, CMYK, Lab컬러모드를 사용한다.
② 일반적인 디지털카메라에서는 CMYK 컬러모드를 사용한다.
③ RGB 컬러모드는 레드, 그린, 블랙으로 구성된다.
④ Lab 색상모델은 블랙과 화이트 색상으로 이루어진 흑백모델이다.

59 RAW 파일에 대한 설명으로 옳은 것은?

① RAW파일은 색수차 보정은 할 수 없어 렌즈 선택에 신중해야 한다.
② RAW파일은 범용적으로 사용되는 이미지 파일이어서 호환성이 좋다.
③ RAW파일은 이미지센서가 받아들인 빛의 정보를 가공하지 않고 그대로 저장하는 형식이다.
④ RAW파일은 노출 관용도가 좁아 촬영 시 더욱 신경을 써야 한다.

60 조리개를 너무 많이 조이게 되면 해상력이 저하되는데 그 이유로 옳은 것은?

① 빛의 직진　② 빛의 반사
③ 빛의 굴절　④ 빛의 회절

CHAPTER 02

실전 연습 문제 2회

01 색의 3속성 중 인간의 눈에 가장 빠르고 예민하게 작용하는 요소는?

① 색상 ② 명도
③ 채도 ④ 감도

02 커스텀 화이트밸런스(사용자 설정)에 대한 설명으로 옳은 것은?

① 주로 야외 촬영에 활용되며, 다양한 조명 조건에서도 자동으로 색을 조정해 초보자들이 쉽게 사용할 수 있다.
② 조명의 변화가 없는 환경에서 일정한 색 표현을 위해 설정하며, 주로 고정된 조명이 사용되는 실내 촬영에 적합하다.
③ 주광용 조명에서만 색 정확도가 높아지는 한계가 있어 디지털 사진에서는 잘 사용되지 않는다.
④ 색온도 값을 수동으로 설정하여 촬영자가 원하는 색감을 조정할 수 있으며, 조명 환경이 자주 변하는 상황에서 유용하다.

03 중간 정지액으로 주로 사용되는 약품은 무엇인가?

① 염산 ② 빙초산
③ 황산 ④ 구연산

04 포토샵에서 Curves 기능에 대한 설명으로 틀린 것은?

① 각 채널마다 곡선 그래프를 개별적으로 조절할 수 있다.
② 실행 직후 나타나는 대각선은 이미지가 보정되기 전의 모습을 나타낸다.
③ 커브의 좌측은 암부, 우측은 명부를 조절한다.
④ 원본 대각선 그래프에서 곡선을 아래로 내리면 밝기가 밝아진다.

05 이퀴벌런트(equivalent)에 대한 설명으로 옳은 것은?

① 알프레드 스티글리츠가 사용한 이 용어는 '동등한'이란 뜻의 그의 연작물이다.
② 에드워드 웨스턴이 설립한 사진가 그룹의 이름이다.
③ 안셀 아담스가 고안한 체계로 여러 단계의 존으로 흑백 농도를 구분한다.
④ 에리히 살로몬이 상대방이 인식하지 못한 자연스러운 장면을 포착한 것이다.

06 카메라의 취급과 보관으로 옳은 방법은?

① 렌즈에서 기본 필터를 반드시 제거하여 보관한다.
② 렌즈에 묻은 먼지는 물로 깨끗이 씻어낸다.
③ 손으로 셔터막을 만지지 않고 먼지를 에어브러시로 제거한다.
④ 카메라는 살균을 위해 높은 온도와 높은 습도에 보관한다.

07 컬러필름은 색온도에 따라 각각 특유의 색상으로 기록되어 나타난다. 다음 중 가장 낮은 색온도를 나타내는 광원은 무엇인가?

① 백열전구나 촛불
② 맑은 날의 자연광
③ 흐린 날의 자연광
④ 사진용 인공조명

08 RGB레이저광을 사진 인화지에 감광하여 화학적 처리 과정으로 사진을 출력하는 프린터는?

① 잉크젯 프린터
② 염화 승화 프린터
③ 레이저 프린터
④ 디지털 실버 프린터

09 렌즈의 초점거리와 화각, 원근감의 관계로 옳은 것은?

① 초점거리가 짧을수록 화각은 넓어지고, 원근감은 축소된다.
② 초점거리가 길수록 화각이 좁아지고, 원근감이 과장된다.
③ 초점거리가 짧을수록 화각은 넓어지며, 원근감이 과장된다.
④ 초점거리가 길수록 화각이 좁아지고, 원근감이 축소된다.

10 다층막 코팅처리로 빛의 투과를 증가시키고 플레어와 고스트이미지 현상을 줄여주는 필터는 무엇인가?

① UV필터 ② PL필터
③ MC필터 ④ ND필터

11 디지털카메라에서 RAW형식으로 촬영한 후 진행되는 후처리 과정을 포함한 변환과정을 의미하는 것은 ?

① RAW 파일 프로세싱
② RAW 파일 최적화
③ RAW 파일 매니지먼트
④ RAW 파일 컨버팅

12 빛이 필터를 통과할 때 그 빛의 색이 필터와 동일한 색상이라면 어떻게 되는가?

① 반사된다. ② 굴절된다.
③ 흡수된다. ④ 투과된다

13 가이드넘버(GN)가 64인 플래시에 조리개를 f8로 했을 때 적절한 노출이 될 수 있는 피사체의 거리는?(단, ISO는 100이다)

① 7m ② 8m
③ 10m ④ 20m

14 무채색에 대한 설명으로 옳지 않은 것은?

① 검은색, 회색, 흰색을 포함한다.
② 색의 3속성 중 명도만 가지고 있다.
③ 반사율이 낮을수록 검은색이 된다.
④ 무채색은 빛의 삼원색을 포함한다.

15 광축과 평행하지 않은 빛이 렌즈를 통과할 때 발생하는 수차로, 혜성의 꼬리 모양과 흡사하다 하여 지어진 이름의 수차는?

① 색수차 ② 구면수차
③ 코마수차 ④ 비점수차

16 렌즈의 초점거리를 바르게 설명한 것은?

① 렌즈의 제1주점에서 초점면까지의 직선거리
② 렌즈의 제2주점에서 초점면까지의 직선거리
③ 초점이 맞는 피사체와의 최단거리
④ 초점이 맞는 피사체와의 최장거리

17 셔터속도 1초일 때 EV 1의 F넘버로 옳은 것은?(ISO 100일 때 기준)

① 1.0 ② 1.4
③ 2 ④ 2.8

18 다음 감광유제에 대한 설명으로 옳지 않은 것은?

① 네거티브 필름 – 촬영 후 현상된 필름이 음화로 나오는 필름을 말하며 음영과 색상이 반전되어 있고 주로 인화용으로 사용한다.
② 포지티브 필름 – 촬영 후 현상된 필름이 양화로 나오는 필름으로 음영과 색상이 눈에 보이는 그대로 기록된다.
③ 적외선 필름 – 사람 눈에 보이지 않는 적외선에 반응하는 필름이다.
④ 흑백필름 – 관용도를 넓히기 위해 하나의 단일 유제층을 도포한다.

19 광원으로부터 피사체까지의 거리가 2배로 늘어났을 때 피사체에 대한 조명의 광량은 어떻게 되는가?

① 1/2로 줄어든다. ② 1/4로 줄어든다.
③ 1/8로 줄어든다. ④ 1/16로 줄어든다.

20 3원색의 이론을 설명하여 컬러사진의 토대를 마련한 인물은?

① 맥스웰 ② 허셀
③ 매독스 ④ 아처

21 디지털 컬러 장치의 색상 특성을 정의하고, 색상 관리를 위한 표준 파일 형식으로 사용되는 데이터 파일은 무엇인가?

① Lab profile ② CMS profile
③ RGB profile ④ ICC profile

22 다음 중 현상주약에 해당하는 두 가지 물질로 나열된 것은?

① 메톨, 커플러
② 하이드로퀴논, 아세트산
③ 메톨, 염산
④ 페니돈, 하이드로퀴논

23 여러 개의 조명을 사용할 때 조명 간의 상호 간섭이나 카메라 렌즈로 직접 들어오는 빛을 막아 주기 위한 장치는 무엇인가?

① 리플렉터 ② 뷰티디시
③ 소프트박스 ④ 고보

24 적목현상을 방지하는 방법으로 옳지 않은 것은?

① 모델의 시선을 조명이 아닌 다른 곳을 향하게 한다.
② 카메라의 기능 중 적목 감소 기능을 이용한다.
③ 플래시와 카메라의 거리를 멀리해서 찍는다.
④ 플래시의 광량을 약 한 스탑 더 강하게 하여 촬영한다.

25 다음 현상 과정 중 농도와 콘트라스트에 미치는 영향이 가장 적은 것은?

① 현상 온도 ② 현상 시간
③ 수세 시간 ④ 교반

26 젤라틴 형태로 컬러 필름으로 촬영 시 색보정 필터로 사용하는 것은?

① CPL Filter ② FL Filter
③ ND Filter ④ CC Filter

27 뷰카메라처럼 무브먼트를 구사할 수 있으며 보다 휴대하기 편하게 고안된 카메라는?

① SLR카메라 ② TLR카메라
③ 필드카메라 ④ 파노라마 카메라

28 카메라 셔터의 기능에 대한 설명으로 옳은 것은?

① 촬영 구도를 조절하고 범위를 결정
② 피사체에서 반사되는 빛을 모아 필름에 상을 형성
③ 빛을 양을 받아들이는 시간을 통해 조절
④ 색온도를 조절하여 원하는 색감을 촬영

29 6 x 9cm 필름사이즈를 사용하는 카메라의 표준렌즈는 몇 mm인가?

① 75mm ② 80mm
③ 105mm ④ 150mm

30 조리개 f/8, 셔터 속도 1/125초, ISO 100이 적정 노출이었다. 조리개를 고정한 채로 ISO를 400으로 변경하여 동일한 장면을 촬영한다면 적정 노출의 셔터 속도는?

① 1/60초 ② 1/125초
③ 1/250초 ④ 1/500초

31 KS 색채규정의 설명으로 옳지 않은 것은?

① 꽃색, 사과색 등 관용적으로 사용되는 이름은 색이름으로 허용하지 않는다.
② 색을 표시하는 방법은 색견본의 제시, 색이름, 색의 표시 등 크게 3가지로 나눌 수 있다.
③ KS A 0062(색의 3속성에 의한 표시 방법)은 한국 산업표준(KS)에서 규정하였다.
④ 빨강(R), 주황(YR), 노랑(Y) 등은 유채색의 기본색 이름이다.

32 조명의 혼합광에 대한 설명으로 옳지 않은 것은?

① 혼합광에서 광량이 높은 조명이 전체 사진의 색온도를 지배한다.
② 혼합광은 인공광과 자연광을 섞은 조명이라 할 수 있다.
③ 혼합광원에서 셔터스피드를 통해 배경의 밝기를 조절한다.
④ 혼합광원에서 태양광이 무조건 주광원이 된다.

33 스트로보 촬영 시 피사체에 고르고 부드러운 조명을 하고자 할 때 천장이나 벽을 향하게 하여 촬영하는 방법은?

① 브로드 라이트
② 바운스 라이트
③ 파라마운트 라이트
④ 다이렉트 라이트

34 리프셔터(leaf shutter)에 대한 설명으로 옳지 않은 것은?

① 모든 셔터 속도에서 플래시를 동조할 수 있다.
② 포컬플레인 셔터보다 최대 셔터속도가 빠르다.
③ 포컬플레인 셔터보다 진동이 적고 소음이 적다.
④ 뷰카메라에 사용되는 셔터이다.

35 디지털카메라로 촬영할 때 이미지화 함께 기록되는 정보로 촬영 날짜를 포함하여 화소 수, 노출값 등의 정보를 무엇이라고 하는가?

① 메타데이터　② ICC프로파일
③ 캘리브레이션　④ HDR

36 그레이 카드(gray card)에 대한 설명 중 옳은 것은?

① 표면에 입사하는 광선의 18%만을 반사하고 나머지는 모두 흡수한다.
② 표면에 입사하는 광선의 35%만을 흡수하고 나머지는 모두 반사한다.
③ 표면에 입사하는 광선의 35%를 반사하고 나머지는 반흡수한다.
④ 표면에 입하사는 광선 18%만을 흡수하고 나머지는 모두 반사한다.

37 거리계 연동식 카메라의 특징으로 옳지 않은 것은?

① 뷰파인더를 통해 피사체를 관찰할 수 있다.
② 촬영 시 셔터의 진동과 소음이 작다.
③ 반사경과 펜타프리즘이 없다.
④ 파인더로 보이는 장면이 그대로 기록되어 시차가 생기지 않는다.

38 극단적인 노출 차이가 발생되는 장면을 촬영할 때 노출을 여러 단계로 촬영하여 한 장으로 합쳐 모든 밝기 범위를 표현할 수 있도록 만들어 주는 기능은?

① Layer 병합
② Photomerge 병합
③ Auto-align 병합
④ HDR 병합

39 어떤 색을 보고 흥분 또는 침정되는 것을 느낀다면 색의 3속성 중 어느 것과 가장 관계가 있는가?

① 명도　② 색상
③ 채도　④ 잔상

40 카메라 옵스큐라는 피사체를 좌우상하 역상이 투영되는데 그 이유는 무엇인가?

① 빛의 직진 ② 빛의 회절
③ 빛의 굴절 ④ 빛의 반사

41 작은 흰 색지 뒤에 검정 배경 색지를 대비시켰을 때 가장 뚜렷하게 나타나는 대비 현상은?

① 보색대비 ② 색상대비
③ 채도대비 ④ 명도대비

42 약품이 감광재료의 표면에 균일하게 반응하도록 하기 위해 현상 필름이 담긴 현상탱크를 흔들어 주는 것을 무엇이라고 하는가?

① 현상 ② 정지
③ 정착 ④ 교반

43 어도비 포토샵에서 기본적으로 사용되는 파일 형식으로, 포토샵에서 작업한 레이어가 함께 저장되어 편리하지만 호환성의 제약이 있는 파일 형식은?

① TIFF ② PNG
③ PSD ④ JPG

44 카메라 렌즈 중 의도적으로 수차가 생기도록 설계하여 상이 확산되어 얼굴 주름 같은 질감을 부드럽게 만들어 주는 특수렌즈는 무엇인가?

① 어안렌즈 ② TS렌즈
③ 소프트포커스렌즈 ④ 매크로 렌즈

45 전자플래시 튜브에 주로 사용되는 가스는?

① 산소 ② 수소
③ 제논 ④ 헬륨

46 필름 현상 처리 프로세스와 옳지 않게 연결된 것은 무엇인가?

① 흑백 네거티브 필름 - Kodak
② 컬러 네거티브 필름 - C-41
③ 내형 발색 컬러 리버설 필름 - E-6
④ 외형 발색 컬러 리버설 필름 - K-14

47 다음 중 저작권법에 대한 설명으로 옳지 않은 것은 무엇인가?

① 저작권법은 창작자의 권리를 보호하고 창작물이 공정하게 활용될 수 있도록 규정한 법이다.
② 저작재산권은 경제적 이익과 관련된 권리로 복제, 배포, 공중송신, 전시 등이 포함된다.
③ 저작권 보호 기간은 창작자가 사망한 후 70년 동안 보호되며, 공동 저작물의 경우 마지막 사망한 창작자를 기준으로 보호 기간이 결정된다.
④ 정부 및 공공기관이 제작한 저작물은 저작권 보호를 받지 않으며 자유롭게 이용할 수 있다.

48 고유 감도보다 높게 설정해서 촬영한 후 현상에서 조절하는 방법을 무엇이라고 하는가? (예-ISO100 필름을 카메라 ISO 400으로 설정 후 촬영)

① 증감법 ② 감감법
③ 보력법 ④ 감력법

49 컬러사진을 인화할 때 확대기에 내장되어 사용하는 필터는 무엇인가?

① 색온도조정 필터
② 편광필터
③ 멀티그레이드 필터
④ 다이크로익 필터

50 초저분산 유리로 만들어 색수차를 보정하는 렌즈는?

① ED렌즈 ② TS 렌즈
③ PC 렌즈 ④ MACRO 렌즈

51 렌즈 조리개를 한 스탑 조일 때마다 노출의 변화는 어떠한가?

① 2배씩 증가한다. ② 4배씩 증가한다.
③ 1/2씩 감소한다. ④ 1/4씩 감소한다.

52 빛의 여러 현상 중 스펙트럼(spectrum)과 가장 관계있는 것은?

① 직진 ② 반사
③ 굴절 ④ 회절

53 포토 플로(Photo-Flo)를 사용하는 시점으로 가장 적절한 것은?

① 촬영 후, 현상 전 ② 현상 후, 정지 전
③ 정지 후, 정착 전 ④ 수세 후, 건조 전

54 CMS의 장점이라고 할 수 없는 것은?

① 색상을 정확하고 원활하게 조정할 수 있도록 돕는다.
② 다양한 출력 장치 간의 색상 일관성을 유지할 수 있다.
③ 색상 출력 장치의 하드웨어 성능을 향상시킨다.
④ 원하는 색상을 예측하고 재현한다.

55 청색사진용 전구의 색온도는?

① 5,500K ② 4,000K
③ 3,400K ④ 3,200K

56 노출계에 사용되는 수광소자로 볼 수 없는 것은?

① GPD ② CdS
③ CMS ④ SPD

57 특수한 반사나 투과력에 의해서 문서나 회화의 감정, 감식사진에 이용되고 가시광선보다 파장이 긴 광선은?

① 자외선 ② 적외선
③ 감마선 ④ X선

58 그리스어로 '아름다운 이미지'라는 뜻 사진술로 영국의 탈보트가 발명한 사진술은 무엇인가?

① 다게레오타입 ② 콜로디온 습판법
③ 칼로타입 ④ 틴 타입

59 **컬러사진에는 사용되지 않는 필터는 무엇인가?**

① UV 필터 ② ND필터
③ CPL 필터 ④ Y 필터

60 **레인지파인더 카메라나 TLR카메라에서 발생하는 시차(Parallax)의 원인은 무엇인가?**

① 촬영 거리가 너무 가까워질 때
② 촬영 거리가 너무 멀어질 때
③ 뷰파인더와 레인지 파인더의 위치가 불일치할 때
④ 뷰파인더와 렌즈의 위치가 불일치할 때

CHAPTER 03

실전 연습 문제 3회

01 피사계심도를 깊게 하는 방법으로 옳지 않은 것은?

① 조리개를 조인다.
② 초점거리를 길게한다.
③ 피사체와 촬영거리를 멀게 한다.
④ 광각렌즈를 사용한다.

02 JPG 파일의 설명으로 옳지 않은 것은?

① 디지털카메라의 기본 촬영 이미지로 주로 사용된다.
② 용량대비 압축 효율이 좋다.
③ 손실압축 파일로 수정할 때마다 이미지의 품질이 저하된다.
④ 이미지 파일이 아니어서 호환성에 제약이 있다.

03 빨간색의 사과가 인간의 눈에 빨간색으로 보이는 이유로 가장 옳은 것은?

① 적색광만 반사하기 때문이다.
② 적색광만 굴절하기 때문이다.
③ 빨간색의 보색인 사이언을 반사하기 때문이다.
④ 빨간색의 보색인 사이언을 굴절시키기 때문이다.

04 대형 필름을 사용하는 뷰 카메라와 비교할 때 소형 카메라의 장점은?

① 기동성과 휴대성이 유리하다.
② 필름 사이즈가 커서 화질이 좋다.
③ 확대 시 해상력이 좋다.
④ 주름막을 이용한 무브먼트가 가능하다.

05 가시광선보다 파장이 짧은 광선으로 사람 눈에는 안보이지만 살균기에 사용되고 형광물질에 비추면 형광물질이 빛을 발하는 광선을 무엇이라고 하는가?

① 적외선 ② 자외선
③ 감마선 ④ 가시광선

06 감광재료가 발달한 순서로 옳은 것은?

① 건판→습판→필름→은판
② 습판→은판→건판→필름
③ 은판→습판→건판→필름
④ 필름→은판→건판→습판

07 컬러필터에서 블루(Blue)색이나 앰버(Amber)색 필터의 주된 용도는 무엇인가?

① 자외선 차단용
② 블루라이트 제거용
③ 색온도 변환용
④ 노출 조절용

08 카메라 보관방법으로 가장 알맞은 것은?

① 밀폐되고 온도가 높고 곳에 보관한다.
② 습도가 높은 곳에 보관한다.
③ 직사광선에 노출된 곳에 보관한다.
④ 통풍이 잘 되는 곳에 보관한다.

09 조명 도구 중 소프트박스에 대한 설명으로 옳은 것은?

① 날카로운 그림자를 만든다.
② 빛을 집중적으로 모을 수 있다.
③ 강한 콘트라스트를 만들 수 있다.
④ 대표적인 확산 장치이다.

10 RAW 파일의 설명으로 적절하지 않은 것은?

① '날 것'이라는 뜻으로 데이터 손실이 없다.
② 상대적으로 사진 용량이 작아서 효율적이다.
③ 이미지센서가 포착한 데이터를 그대로 저장한다.
④ 밝기와 색상 등의 후보정 작업에 유리하다.

11 현상액에 관한 설명으로 옳지 않은 것은?

① 페니돈과 하이드로퀴논을 사용하는 약품이 MQ 현상액이다.
② 현상액은 현상주약, 산화방지제, 촉진제, 억제제, 경막제 등으로 구성된다.
③ 현상액의 액성은 알칼리성이다.
④ PQ현상액은 현상시간을 연장해도 입자가 커지지 않는다.

12 일상의 사건이나 이야기를 작가 주관적인 시각으로 기록하여 표현하는 사진을 무엇이라고 하는가?

① 순수 사진　② 커머셜 사진
③ 저널리즘 사진　④ 다큐멘터리 사진

13 초기 사진술에 대하여 옳지 않은 내용을 고르시오.

① 사진 발명 초기에는 감광시간이 매우 길었다.
② 다게레오타입은 음화로 기록되어 복제성이 있었다.
③ 롤 필름의 개발은 사진의 대중화에 기여했다.
④ 칼로타입은 영국의 탈보트가 개발하였다.

14 Zone System의 설명 중 옳지 않은 것은?

① 0부터 10까지 11단계의 Zone으로 구성된다.
② Zone System은 색재현을 일관성있게 관리하기 위한 과정이다.
③ Zone V은 반사율 18%의 중성 회색을 나타낸다.
④ Zone 0은 완전 검정을 나타낸다.

15 PCCS 표색계에 대한 내용으로 옳은 것은?

① PCCS는 색채조화를 주목적으로 하기에는 한계가 있기 때문에 적절하지 않다.
② 톤과 색조를 종합적으로 이해하는 데 적합한 구조를 가지고 있다.
③ 색채관리 및 조색, 색좌표의 전달에 적합하다.
④ 1964년 프랑스 색채연구소가 독자적으로 개발하여 발표하였다.

16 컴퓨터 모니터와 같은 디스플레이는 어떠한 색들을 혼합하여 색상을 표현하는가?

① Cyan, Magenta , Yellow
② Red, Green, Blue
③ White, Black
④ Red, Purple, Orange

17 다음에서 설명하는 장치는 무엇인가?

윌리엄 울러스턴이 발명한 도구로 도화지 위에 프리즘을 이용하여 공간과 입체감을 사실적으로 재현하여 사진이 발명되기 전 휴대용 드로잉 보조도구로 많이 활용되었다.

① 카메라 드로잉　② 카메라 프리즘
③ 카메라 옵스큐라　④ 카메라 루시다

18 기존 사용하던 렌즈와 카메라 바디 사이에 장착하여 초점거리를 1.4배 또는 2배 늘려주는 렌즈 도구는?

① 컨버터　② 후드
③ 익스텐션 튜브　④ 루페

19 소형 카메라에 사용되는 표준렌즈의 초점거리는 일반적으로 몇 mm 인가?

① 35　② 50
③ 70　④ 105

20 두 개 이상의 광원의 광량 차이를 말하며 인물 및 정물에 콘트라스트를 결정하는 것을 무엇이라 하는가?

① 주광　② 보조광
③ 조명비　④ 반사율

21 색의 3속성 중 중량감을 가장 잘 나타내는 요소는?

① 색상　② 명도
③ 채도　④ 순도

22 디지털 사진의 느낌과 분위기를 조절할 수 있는 변수 중 질감의 표현 정도를 결정하는 변수로서 노이즈에 영향을 주는 요소는?

① 채도(Saturation)
② 컬러 톤(Color tone)
③ 콘트라스트(Contrast)
④ 선예도(Sharpness)

23 다음 중 X접점의 신호가 활성화되는 시점은?

① 카메라의 반셔터를 눌렀을 때
② 셔터가 열리기 직전에
③ 포컬플레인셔터의 후막이 완전히 내려왔을 때
④ 셔터가 완전히 열렸을 때

24 최초로 전쟁 사진을 촬영한 로저 펜튼에 관한 내용으로 옳은 것은?

① 미국 남북전쟁을 촬영했다.
② 소형 35mm 필름을 사용하여 촬영했다.
③ 콜로디온 습판법을 사용하여 촬영했다.
④ 최초로 컬러 필름을 사용하여 사진을 촬영했다.

25 디지털카메라의 이미지센서가 아닌 것은?

① Foveon X3 ② CCD
③ CMOS ④ CF card

26 포토샵에서 히스토그램을 보면서 암부, 중간 농도, 명부 각각의 슬라이더를 좌우로 움직여 밝기를 조절할 수 있는 기능은?

① 레벨 ② 커브
③ 컬러 밸런스 ④ 휴/새츄레이션

27 얼굴의 적당한 입체감을 나타내어 무난하게 많이 사용되는 조명기법으로 코밑 옆 한쪽에 동그란 그림자를 만드는 인물 조명기법은 무엇인가?

① Paramount lighting
② Loop lighting
③ Rembrandt lighting
④ Split lighting

28 자외선과 천공광 제거하기 위한 필터로 옅은 분홍빛을 띄는 필터는 무엇인가?

① UV 필터
② 스카이라이트 필터
③ ND필터
④ Magenta 필터

29 확대기 내부 전구로 발산하는 빛을 필름에 균일하게 모아 주는 역할을 하는 확대기 구성요소는 무엇인가?

① 콘덴서 ② 오팔글라스
③ 포커스 스코프 ④ 이젤

30 확대기의 종류 중 집광식과 산광식의 특징이 혼합된 형태의 확대기는 무엇인가?

① 입사식 ② 반사식
③ 혼합식 ④ 집산광식

31 빛의 광선이 조리개 구경을 통과하는 렌즈 앞부분의 지름을 말하며 실제 빛이 통과하는 구경의 크기를 의미하는 것은?

① 유효구경 ② 적정구경
③ 렌즈구경 ④ 필터구경

32 ACR(Adobe Camera Raw) 프로그램에서 Light의 농도를 조절하는 항목에 대한 설명으로 옳지 않은 것은?

① Exposure - 사진 이미지 전체의 밝기를 조절
② Shadows - 사진 이미지의 어두운 영역을 조절
③ Highlights - 사진 이미지의 중간 농도를 조절
④ White - 사진 이미지의 가장 밝은 영역을 조절

33 조명 촬영에서 동조(synchronization)에 대한 설명으로 옳은 것은?

① 플래시가 발광하는 시점부터 꺼질 때까지의 시간을 말한다.
② 전자플래시의 발광을 셔터 개방과 일치 시키는 것을 말한다.
③ 카메라의 셔터가 열리기 시작하여 닫힐 때까지 시간을 말한다.
④ 플래시가 발광하는 시간부터 셔터가 닫히는 시간 까지를 말한다.

34 **빛의 성질 중 회절에 관한 설명으로 옳은 것은?**

① 빛이 장애물이나 작은 구멍을 통과하면 빛이 직진하지 않고 굴절하여 퍼지는 현상이다.
② 일반적으로 빛이 반사하는 표면을 만나면 발생하며 반사하는 표면이 불규칙할수록 심해진다.
③ 피사계심도를 얕게 하기 위해 조리개를 과도하게 개방하면 회절현상이 생긴다.
④ 회절현상이 생기면 빛의 집광성이 높아져 해상력이 좋아진다.

35 **화각이 180° 이상인 렌즈로, 피사체의 원근감을 극단적으로 강조하며 왜곡이 심하게 생겨 독특한 화면효과를 얻을 수 있는 특수렌즈는?**

① 단렌즈 ② 어안렌즈
③ 매크로 렌즈 ④ TS 렌즈

36 **자연광과 인공광의 비율이 비슷한 상황에서 화이트밸런스를 잡는 방법으로 가장 적절한 것은?**

① 인공광의 색온도를 기준으로 화이트밸런스를 맞춘다.
② 자연광의 색온도를 기준으로 화이트밸런스를 맞춘다.
③ 시각적으로 중요한 비중을 차지하는 영역에 기준을 잡고 광원을 조절한다.
④ 카메라의 화이트밸런스 모드를 백열등으로 설정하여 촬영한다.

37 **포컬플레인 셔터의 장점이 아닌 것은?**

① 자유롭게 렌즈교환이 가능하다.
② 렌즈 내부에 셔터가 있어 편리하다.
③ 슬릿(Slit)의 조절로 셔터 속도 조절이 간단하다.
④ 고속 셔터가 가능하다.

38 **노란색을 한동안 응시하다가 흰색으로 시선을 옮겼을 때 남색이 잠깐 보이다가 사라졌다면, 어떤 현상 때문인가?**

① 계속대비 ② 보색 잔상
③ 정의 잔상 ④ 연변대비

39 **가시광선 모든 색상 파장에 반응하는 감광유제의 특성은?**

① 레귤러 ② 정색성
③ 오소크로매틱 ④ 전정색성

40 **상반칙불궤에 대한 설명으로 옳은 것은?**

① 과도하게 느린 저속 촬영 시 노출 부족이나 색 균형이 좋지 않게 되는 현상
② 촬영한 필름을 방치하고 오랫동안 현상을 하지 않아 잠상이 서서히 소실되는 현상
③ 노출량에 비례하여 필름의 농도가 증가하는 현상
④ 현상 처리를 완료한 필름의 수세를 충분히 하지 않아 변색이 되는 현상

41 1940년대 에드윈 H. 랜드가 출시한 폴라로이드 카메라의 특징은 무엇인가?

① 입체 화상을 만든다.
② 즉석 사진을 만든다.
③ 음화를 만든다.
④ 파노라마 사진을 만든다.

42 해상도의 설명으로 옳은 것을 고르시오.

① 이미지 파일 해상도는 DPI를 사용한다.
② 모니터의 해상도가 높을수록 모니터 스크린 구성 요소는 확대된다.
③ 프린터 해상도는 PPI를 사용한다.
④ 해상도는 픽셀 수를 나타내기도 하고 픽셀 밀도를 나타내기도 한다.

43 빛에 대한 감광재료의 반응 민감도를 나타내는 용어는 무엇인가?

① 명시도 ② 감광도
③ 관용도 ④ 감색도

44 컬러 네거티브에 오렌지 마스크(orange mask)가 되어있는 이유는 무엇인가?

① 필름 베이스에서 빛이 반사되지 않도록 흡수하여 할레이션 방지
② 저감도 유제층과 고감도 유제층을 이중 도포하여 관용도를 확장
③ 색의 부정 흡수를 방지하여 정확한 색상 표현
④ 감광유제의 은입자들끼리 난반사되지 않도록 하여 이레이디에이션 방지

45 디지털 사진과 카메라에 대한 설명으로 옳지 않은 것은?

① 디지털카메라의 모자이크 필터는 비가시광선인 자외선과 적외선을 차단한다.
② 디지털카메라로 촬영된 사진은 일반적으로 카메라 내부의 메모리 카드에 저장된다.
③ 디지털카메라로 촬영된 사진은 0과 1의 2진수로 색과 밝기 정보를 표시하고 있다.
④ 일반적인 디지털카메라는 CCD와 CMOS의 이미지센서를 사용하고 있다.

46 다음 중 빛의 3원색과 염료의 3원색의 보색 관계 연결이 알맞은 것은?

① 파랑(blue) - 빨강(red)
② 초록(green) - 마젠타(magenta)
③ 파랑(blue) - 시안(cyan)
④ 빨강(red) - 노랑(yellow)

47 카메라 옵스큐라는 오늘날의 완성도 있는 카메라의 모습이 되기까지 여러 차례 개량되어 왔다. 다음 중 가장 먼저 개량된 사항은?

① 카메라 옵스큐라 크기를 줄였다.
② 카메라 옵스큐라에 초점 조절 장치를 설치했다.
③ 카메라 옵스큐라의 구멍에 오목렌즈를 끼웠다.
④ 카메라 옵스큐라의 구멍에 볼록렌즈를 끼웠다.

48 대형 카메라의 샤임 플러그의 법칙에 대한 설명으로 적절한 것은?

① 무브먼트를 하여 렌즈 축을 틸트하고 필름 축을 시프트하면 피사체의 피사계심도가 얕아진다.

② 무브먼트를 하여 렌즈 축과 필름 축과 피사체면의 축의 연장선이 한 점에서 만나면 피사계심도가 깊어진다.

③ 무브먼트 과정에서 벨로즈 길이가 너무 길어지면 노출이 감소한다.

④ 무브먼트 과정에서 과도한 움직임을 하면 이미지서클을 벗어나 일부 비네팅 현상이 발생하는 법칙이다.

49 렌즈 후드 선택 시 주의해야 하는 사항은 무엇인가?

① 렌즈의 초점거리에 따른 화각

② 렌즈의 초점 모드

③ 렌즈의 길이와 구경

④ 렌즈의 필터 종류

50 카메라 손질방법 중 적합한 것은?

① 카메라 렌즈는 가능한 한 분해하지 않는 것이 좋다.

② 파인더와 반사경은 칫솔과 같은 도구로 닦아 준다.

③ 렌즈 표면에 묻은 지문은 신속한 제거를 위해 휴지로 닦아준다.

④ 렌즈 표면에 잘 지워지지 않는 얼룩은 아세톤으로 제거한다.

51 인공조명을 사용하여 촬영할 때 피사체를 평면적으로 나타낼 수 있는 조명 방향은?

① 정면 ② 45º 측면

③ 90º 측면 ④ 45º 위

52 알파 채널을 가지고 있어 투명도를 지원하며 GIF와 JPEG의 장점을 합쳐 웹사이트에서 비트맵 이미지 구현이 가능하도록 만든 이미지 파일 포맷은?

① PNG ② TIFF

③ JPG ④ RAW

53 현상액 중 보항제 역할을 하는 화합물은?

① 브로민화칼륨 ② 아황산나트륨

③ 탄산나트륨 ④ 하이드로퀴논

54 확대기에 35mm 필름을 사용하여 인화할 때 확대기 렌즈의 초점거리로 적합한 것은?

① 35mm ② 50mm

③ 105mm ④ 150mm

55 조리개 조절과 관련하여 옳지 않은 것은?

① 조리개값을 f-stop 또는 f-number라고 한다.

② 조리개값의 앞, 뒤 간격을 스톱(stop)으로 표시하며 빛의 양이 2배 또는 1/2배 변화하는 단계이다.

③ f/5.6인 상태에서 -2스톱이면 f/2.8로 조리개값을 변경해야 한다.

④ 조리개값이 높으면 조리개 크기가 작아져 빛의 양이 감소한다.

56 텅스텐 필름의 색온도에 관한 설명으로 틀린 것은?

① 주광에서 촬영하면 사진이 파란색으로 나온다.
② 주광에서 촬영할 때는 색온도 보정 필터를 장착해야 한다.
③ 백색 사진전구 또는 텅스텐 조명에서 촬영할 때 적합하다.
④ 색온도는 5500~6500K이다

57 자동초점 모드로 해당하지 않은 것은?

① AF-B ② AF-A
③ AF-S ④ AF-C

58 고온에서 현상한 필름을 저온으로 급격히 정착시키면 필름 표면에 주름 모양의 요철이 생기는데 이런 기법을 무엇이라 하는가?

① 레티큘레이션 ② 솔라리제이션
③ 릴리프포토 ④ 포토그램

59 렌즈에 평행광선이 입사될 때 렌즈 중심부와 주변부에 입사한 빛의 굴절차이로 빛이 한 곳에 모이지 않고 퍼지게 되는 수차로 광각렌즈에서 영향이 큰 것은?

① 왜곡수차 ② 코마수차
③ 구면수차 ④ 비점수차

60 특성 곡선에서 솔라리제이션(반전) 부분에 해당되는 구간은?

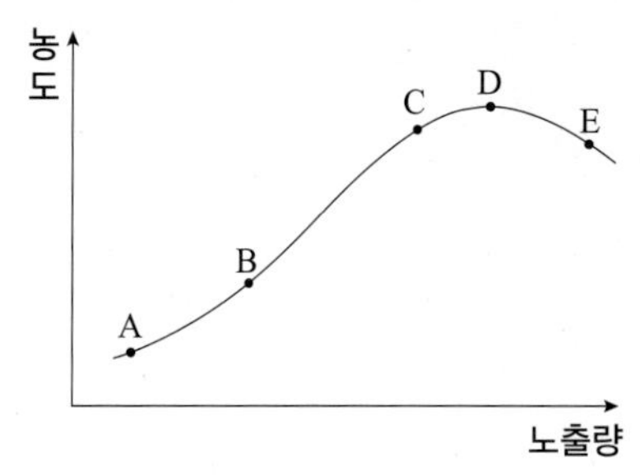

① AB ② BC
③ CD ④ DE

CHAPTER 04

실전 연습 문제 4회

01 포컬플레인 셔터 방식으로 전자플래시를 사용하여 촬영했을 때 이미지에 노광얼룩이 생겼다면 그 이유는 무엇인가?

① 조리개를 개방하고 촬영했기 때문
② 조리개를 조이고 촬영했기 때문
③ 셔터가 너무 느리게 작동했기 때문
④ 셔터가 너무 빠르게 작동했기 때문

02 심도를 얕게 하여 피사체의 배경을 흐리게 하는 데 가장 적합한 렌즈는?(단, 촬영 거리는 동일하다고 가정)

① 광각렌즈 ② 표준렌즈
③ 망원렌즈 ④ 어안렌즈

03 플래시 촬영 시 조명효과를 미리 확인하기 위해 플래시 내부에 설치되어 있는 텅스텐 전구를 무엇이라 하는가?

① LED 램프 ② 모델링 램프
③ 형광등 램프 ④ 청색 램프

04 디지털 사진의 컬러모드에 대한 설명으로 옳지 않은 것은?

① RGB 컬러 모드 - 3개의 채널로 빛을 이용하는 장치에 사용
② Grayscale 모드 - 0~255 값을 흑백 표현
③ CMYK 컬러 모드 - 4개의 채널로 인쇄와 모니터에 사용
④ Lab 컬러 모드 - L, a, b 채널로 이미지를 구성

05 상대방이 의식하지 못한 상태에서 그 자연스러운 동작이나 표정을 훔쳐서 찍는다는 의미의 캔디드 포토(Candid Photo)의 대표적인 사진가는?

① 마이너 화이트
② 안셀 아담스
③ 에리히 살로몬
④ 헨리 피치 로빈슨

06 촬영하고자 하는 장면 중 일부 특정 부분을 측정하려면 어떤 노출계를 사용하는 것이 적합한가?

① 스폿 노출계
② TTL 노출계
③ 반사식 노출계
④ 입사식 노출계

07 측색법, 표색기호법, 색명법 등을 이용하여 색을 표시하며 국제조명위원회에서 규정한 색체계는 무엇인가?

① CIE 표색계
② PCCS 표색계
③ NCS 표색계
④ 오스트발트 표색계

08 이미지 형식 중 TIFF 파일에 관한 설명으로 옳지 않은 것은?

① TIFF 포맷은 원본 그대로의 품질을 유지하며 용량이 매우 크다.
② TIFF 포맷은 무손실 압축이 가능하다.
③ TIFF 포맷은 저장 시 이미지 손실이 없다.
④ TIFF 포맷은 호환성이 매우 뛰어나고 디지털카메라에서 기본적인 파일 형식으로 지원한다.

09 오늘날 사진 촬영 도구인 사진기의 기원이 되는 카메라 옵스큐라와 연관 없는 것은 무엇인가?

① 거꾸로 비치는 상
② 벽에 뚫린 작은 구멍
③ 어두운방
④ 거울과 펜타프리즘

10 포토샵에서 색상을 조절할 때 사용하지 않는 기능은?

① Color balance
② Hue/Saturation
③ Brightness/Contrast
④ Photo Filter

11 ACR과 유사하게 RAW파일 컨버팅이 가능한 프로그램은 무엇인가?

① Illustrator ② InDesign
③ Bridge ④ Lightroom

12 소형 전자플래시(Electronic Flash Light)의 특징이 아닌 것은?

① 기동성과 휴대성이 좋다.
② 색온도 불일치로 데이라이트 타입 필름에는 적합하지 않다.
③ 발광 지속시간이 매우 짧아 흔들리지 않는 상을 얻는다.
④ 움직이는 피사체를 고정된 상으로 촬영할 때 적합하다.

13 은염 감광재료 중 감도가 가장 높아 빛에 빠르게 반응하는 것은?

① AgCl ② AgBr
③ AgI ④ AgF

14 메타데이터에 대한 설명으로 적절한 것은?

① 촬영 날짜와 시간도 메타데이터에 포함된다.
② 메타데이터에는 추가 수정을 할 수 없다.
③ 이미지 데이터를 복제하면 메타데이터는 삭제되고 이미지만 복제된다.
④ 저작권이나 촬영자에 대한 정보는 개인정보이기 때문에 입력할 수 없다.

15 다음 중 프로파일 종류로 옳지 않은 것은?

① sRGB
② Adobe RGB
③ Prophoto RGB
④ CMS RGB

16 비은염 감광재료로만 나열된 것은?

① 디아조늄염, 중크롬산염
② 아황산나트륨, 탄산나트륨
③ 탄산나트륨, 수산화나트륨 물질
④ 포름알데히드, 붕사

17 정색성(Orthochromatic) 인화지와 관련한 설명으로 틀린 것은?

① 600nm 이하의 빛에서만 반응한다.
② 붉은색에는 반응하지 않기 때문에 붉은등 아래에서 암실 작업이 가능하다.
③ 대표적으로 흑백 다계조인화지가 있다.
④ 컬러와 흑백 모두 사용 가능하다.

18 사진촬영에 사용되는 인공광의 특성으로 적절한 것은?

① 객관적이고 사실적인 광질을 갖는다.
② 시간에 따라 위치가 계속 변하는 성질이 있다.
③ 특별한 조절이 없다면 광량과 콘트라스트는 고정되어 있다.
④ 촬영 장소에 따라 색온도가 달라진다.

19 노출 차이가 큰 고대비 장면에서 밝은 부분과 어두운 부분을 모두 표현하기 위한 기법으로 노출을 다양하게 촬영 후 밝기를 합성하는 방법을 무엇이라 하는가?

① 파노라마 ② 밀착인화
③ RAW ④ HDR

20 정착주약으로 사용되는 약품은 무엇인가?

① 티오황산나트륨 ② 아황산나트륨
③ 탄산나트륨 ④ 수산화나트륨

21 촬영 장면의 왜곡을 가장 원활하게 보정할 수 있는 카메라는?

① 일안반사식 카메라
② 이안반사식 카메라
③ 뷰카메라
④ 거리계 연동식 카메라

22 렌즈 표면에 발생하는 반사로 인한 현상으로 적합한 것은?

① 노이즈 ② 고스트
③ 구면수차 ④ 솔라리제이션

23 컬러필름으로 흐린 날 촬영할 때 푸른색을 감소시키기 위해 필터를 사용한다면 어떤 필터가 적합한가??

① Blue 필터 ② CPL 필터
③ Red 필터 ④ Amber 필터

24 해상도의 단위로 1x1inch를 구성하는 픽셀 밀도를 나타내는 단위는?

① MTF ② CCD
③ PPI ④ DPI

25 증감법 관한 설명으로 옳지 않은 것은?

① 빛이 적은 어두운 환경에서 증감 방법을 사용한다.
② 관용도를 넓히기 위해 감광유제에 고감도층과 저감도층을 분포한다
③ 암부 디테일이 잘 표현되지 않을 수 있다.
④ 필름의 상대적 감도를 높이는 현상이다.

26 디지털 사진을 구성하는 최소 단위를 무엇이라고 하는가?

① 비트심도 ② 픽셀
③ 바이트 ④ 비트

27 1839년 8월 19일 공식적 최초의 사진으로 인정을 받게 된 사진술과 발명가는?

① 롤 필름 - 이스트먼
② 습판사진법 - 아처
③ 헬리오그래피 - 니에프스
④ 다게레오타입 - 다게르

28 디지털카메라에서 필름 역할을 하는 부분으로 적합한 것은?

① LCD ② LED
③ CMS ④ CMOS

29 현상액에서 아황산나트륨의 역할은 무엇인가?

① 현상 촉진 ② 포그 방지
③ 산화 방지 ④ 현상 정지

30 포토샵에서 작업한 레이어 그대로 보존하여 다음 작업 때 불러올 수 있는 파일 포맷은?

① PSD ② JPG
③ PDF ④ PNG

31 핀홀카메라가 상을 맺을 때 빛의 어떤 성질을 이용하는가?

① 굴절 ② 직진
③ 반사 ④ 분광

32 입사광식 노출계의 측정 방법으로 가장 옳은 것은?

① 피사체에 입사되는 광량을 카메라의 위치에서 피사체를 향하여 측정한다.
② 피사체에 입사되는 광량을 피사체의 위치에서 광원를 향하여 측정한다.
③ 피사체에 반사되는 광량을 카메라의 위치에서 피사체를 향하여 측정한다.
④ 피사체에 반사되는 광량을 카메라의 위치에서 광원을 향하여 측정한다.

33 촬영 장면을 여러 부분으로 나눠 개별적으로 측광한 다음 평균을 내어 노출을 결정하는 방식은?

① 스폿 측광 ② 부분 측광
③ 중앙부 중점 측광 ④ 분할 측광

34 움직이는 피사체를 촬영할 때 동적인 표현을 하기 가장 적합한 셔터 속도는?

① 1/500초　② 1/250초
③ 1/60초　④ 1/15초

35 칼로타입(Calotype)에 대한 설명으로 옳은 내용을 고르시오.

① 포지티브 양화 기법이다.
② 복사성을 가지고 있다.
③ 지지체가 유리판이어서 다게레오타입보다 선명하다.
④ 프랑스에서 개발되었다.

36 줌렌즈와 비교했을 때 단렌즈의 장점으로 옳지 않은 것은?

① 렌즈의 유효구경이 커서 밝기가 밝다.
② 줌렌즈에 비해 해상력이 우수하다.
③ 줌렌즈에 비해 수차가 적다.
④ 하나의 렌즈로 다양하게 화각을 바꿔가며 촬영할 수 있다.

37 흑백필름으로 촬영 할 때 하늘의 구름을 강조하기 위한 가장 적합한 필터는?

① Red 필터　② Blue 필터
③ YG 필터　④ CC 필터

38 조명장비 중 빛을 확산시켜 부드럽게 하는 용도로 사용되지 않는 것은?

① 소프트박스　② 스누트
③ 엄브렐러　④ 디퓨져

39 너무 어둡게 촬영된 부분을 인화 과정에서 확대기의 노광 빛을 가려서 밝게 해 주는 안화 방법은?

① 버닝　② 패닝
③ 주밍　④ 닷징

40 다음 중 혼합광에 대한 설명이 아닌 것은?

① 빛의 가색법을 이용하여 다른 색온도의 빛을 혼합해 원하는 분위기를 만들 수 있다.
② 화이트밸런스 기능을 이용하거나 컬러필터를 사용하면, 특정 색온도의 광원으로 공간을 비추고 있어도 피사체의 정확한 색을 재현할 수 있다.
③ 한 공간에 두 가지 이상의 광원이 섞여 있을 경우, 색온도 차이에 따라 색이 다르게 표현된다.
④ 텅스텐 필름(3,200~3,400k)을 이용하면 혼합광의 색을 정확하게 표현할 수 있다.

41 인화 도중에 2차 노광을 하여 한 장의 사진에 음화와 양화가 함께 나타나게 하는 효과는?

① 포토그램　② 솔라리제이션
③ 몽타주　④ 디포메이션

42 색의 대비에 대한 설명으로 옳은 것은?

① 밝은색은 진출되어 보이고 어두운색은 후퇴해 보인다.
② 중앙의 색보다 배경의 색이 밝으면 중앙의 색의 면적이 넓어 보인다.
③ 녹색은 빨간색에 비해 명시도가 높다.
④ 어두운색은 밝은색보다 크게 보인다.

43 다음 중 암실 작업 시 반드시 지켜야 할 사항으로 옳지 않은 것은?

① 사용한 약품은 폐액 처리를 해야 한다.
② 작업 후에는 항상 손을 씻어야 한다.
③ 알칼리성 약품은 산성으로 액성을 변환시켜 처리한다.
④ 암실 작업 중에는 정기적으로 환기해야 한다.

44 포컬플레인 셔터의 특징으로 옳지 않은 것은?

① 선막과 후막의 주행 간격을 조절하여 의해 빛의 양을 조절한다.
② 고속 셔터룰가 가능하다.
③ 렌즈의 교환이 용이하다.
④ 렌즈에 위치하여 렌즈 중심부에서 주변부로 셔터막이 열리고 닫힌다.

45 은(Ag)이 광선에 반응하는 것을 과학적으로 증명한 학자는 누구인가?

① 애드워드 머이브리지
② 안셀 아담스
③ 슐체
④ 니에프스

46 시대에 따라 변하는 유행색이 아닌 보편적인 자연색을 기본으로 인간이 어떻게 색채를 인지하는지에 기초한 지각색의 심리적 혼합비를 나타낸 표색계는?

① CIE 표색계
② 먼셀 표색계
③ NCS 표색계
④ PCCS 표색계

47 망원렌즈의 특징으로 옳지 않은 것은?

① 원근감이 축소된다.
② 피사계 심도가 깊게 표현된다..
③ 화각이 좁고 피사체의 크기는 커 보인다.
④ 대체로 표준렌즈보다 크고 무겁다.

48 흑백필름 현상액의 성분 중 메톨이 하는 역할은 무엇인가?

① 산화방지제 ② 현상촉진제
③ 현상주약 ④ 포그방지제

49 카메라 렌즈 마운트에 이어 사용하는 하는 카메라 보조기구로 접사 거리를 짧게 하여 피사체에 근접하여 촬영할 수 있도록 하는 도구는?

① 클로즈업 필터 ② 중간 링
③ 컨버터 ④ 릴리즈

50 필름의 대각선 길이와 비슷한 초점거리를 가진 렌즈를 무엇이라 하는가?

① 광각렌즈 ② 표준렌즈
③ 망원렌즈 ④ 줌렌즈

51 롤 필름과 소형 카메라를 개발하여 사진의 대중화를 이끈 사람은?

① 니엡스 ② 다게르
③ 이스트먼 ④ 안셀 아담스

52 가시광선의 스펙트럼 중 파장이 가장 긴 색은 무슨 색인가?

① 보라 ② 파랑
③ 노랑 ④ 빨강

53 확산광에 대한 설명으로 틀린 것은?

① 명부와 암부 모두 약하게 표현된다.
② 직사광보다 콘트라스트가 약하고 방향성이 약하다.
③ 광질이 부드럽고 광원을 분산시켜 부드러운 느낌을 연출한다.
④ 선명한 짙은 그림자를 생성하고 그림자의 경계는 날카롭게 나타난다.

54 디지털 이미지 파일로 압축 효율이 좋아 용량을 작게 저장할 수 있고 호환성이 우수한 파일 포맷은 무엇인가?

① JPG 파일 ② TIFF 파일
③ PSD 파일 ④ RAW파일

55 1935년 미국의 경제공황을 계기로 결성한 미국 농업안정국 FSA의 사진가로 미국의 농촌 상황을 기록한 사진가는?

① 워커 에반스 ② 게리 위노그랜드
③ 에드워드 웨스턴 ④ 이모젠 커닝햄

56 화각이 가장 넓은 렌즈의 초점거리를 고르시오.

① 16mm ② 24mm
③ 50mm ④ 200mm

57 확대기의 종류 중 오팔 글라스를 통해 확산된 부드럽고 균일한 빛으로 필름을 비춰 확대 이미지를 형성하는 방식은 무엇인가?

① 집광식 ② 산광식
③ 집산광식 ④ 수평식

58 조명 구성 요소 중 슬레이브(Slave)에 해당하는 것은?

① 조명에 부착하는 벌집 모양의 도구로 조명의 조사범위를 좁혀주는 장치
② 카메라의 셔터 신호를 받아 플래시를 발광시키는 장치
③ 조명과 조명 도구를 연결하는 연결 부위
④ 다른 플래시에서 나오는 섬광을 감지하여 동시에 발광하는 플래시 장치

59 장치에 관계없이 색상이 일관되게 표현되는, 인간의 시각에 기반한 색상 모델로 색상과 밝기를 정의하는 색상체계는 무엇인가?

① Lab ② RGB
③ CMYK ④ Grayscale

60 슬릿(slit)이 뜻하는 것이 무엇인가?

① 포컬플레인 셔터의 선막과 후막 사이의 간격
② 포컬 플레인 셔터의 후막이 닫히는 시간
③ 포컬플레인 셔터의 선막이 열리는 시간
④ 포컬플레인 셔터의 플래시 동조 속도

1회 정답 및 해설

1	④	2	③	3	①	4	③	5	③
6	④	7	②	8	③	9	③	10	①
11	④	12	①	13	③	14	③	15	④
16	③	17	③	18	④	19	②	20	③
21	①	22	④	23	③	24	④	25	②
26	①	27	④	28	①	29	②	30	③
31	④	32	②	33	②	34	③	35	①
36	④	37	④	38	④	39	①	40	④
41	③	42	③	43	③	44	④	45	④
46	③	47	①	48	②	49	①	50	①
51	④	52	③	53	④	54	①	55	①
56	②	57	④	58	①	59	③	60	④

01 ④

뷰카메라의 프런트(Front)와 백(Back)을 수직축을 중심으로 좌우로 비트는 것을 스윙이라고 하고 수평축을 중심으로 앞뒤로 비트는 것을 틸트라고 한다.

02 ③

백열등은 약 3,000~4,000k의 색온도를 갖는 조명이기 때문에 5,500k로 설정된 카메라로 촬영하면 붉은색 계열의 따뜻한 분위기로 촬영된다.

03 ①

평가(분할)측광은 화면의 모든 부분을 각각 따로 측정하고 평균값을 계산하여 노출을 결정하는 방식이다.

04 ③

헬리오그래피는 감광도가 낮아서 한 장의 사진을 얻는데 약 8시간의 노출이 필요했다.

05 ③

먼셀 표색계의 기준 색상은 5색상으로 빨강, 노랑, 초록, 파랑, 보라색이다.

06 ④

가시광선이 프리즘을 통과할 때 단파장의 빛이 가장 많이 굴절되고 장파장의 빛이 가장 적게 굴절된다.

07 ②

컬러 네거티브 필름에서 청색(Blue) 감광층은 현상처리 후 황색(Yellow)으로 발색 된다. 적색(Red)감광층은 청록(Cyan), 녹색(Green)감광층은 자홍색(Magenta)으로 발색된다.

08 ③

모니터의 색 조정을 위해 반드시 캘리브레이션 기기가 필요한 것은 아니다. 모니터의 OSD(On-Screen Display)옵션을 조절하여 모니터의 밝기, 대비, 색상 등을 조절할 수 있다.

09 ③

망원렌즈일수록 심도가 얕아져 배경이 흐려지고, 광각렌즈일수록 심도가 깊어져 배경이 선명해진다.

10 ①

노출 측정이 어려운 상황에서 여러 단계로 노출을 과다 또는 부족시켜 여러 장의 사진을 찍는 기법이다. 이렇게 여러 장의 사진을 촬영하여 가장 적합한 노출을 선택할 수 있다.

11 ④

P모드는 프로그램(Program)모드이며 조리개와 셔터스피드를 카메라가 설정하는 모드이다.

12 ①

렌즈 코팅의 주 목적은 빛의 반사율을 감소시키고 빛 반사로 인한 플레어와 고스트 현상을 방지하기 위함이다.

13 ③

ND필터(Neutral Density Filter)는 중성 밀도 필터로, 렌즈에 들어오는 빛의 양을 줄여 필름이나 카메라 센서에 도달하는 광량을 감소시키는 역할을 한다.

14 ③

비트맵 이미지는 비트심도 정보를 가진 픽셀로 구성된 이미지를 말하며 확대하면 정사각의 픽셀들이 모자이크처럼 구성된 것을 볼 수 있다. 비트맵 이미지의 해상도를 PPI를 사용한다. 선과 도형을 수학적 함수로 정의하여 구성된 이미지는 벡터 이미지라고 한다.

15 ④

콘택트 프린트(Contact Print)는 필름 원본과 동일한 크기로 인화하는 방식으로, 필름을 인화지에 직접 밀착하여 감광시킨 후 인화하는 밀착인화를 말한다.

16 ③

반셔터는 AF를 사용하여 자동으로 초점을 맞출 때 사용한다.

17 ③

자연광은 시간과 계절에 따라 위치, 광량, 색온도 등의 광질이 변화한다.

18 ④

콜로디온 습판법은 네거티브(음화)로 기록되며 복제성이 있어 여러 장의 포지티브(양화)를 인화할 수 있다.

19 ②

장초점 렌즈(망원 렌즈)는 화각이 좁고 피사체가 확대된다. 또한 피사계심도가 얕게 표현되고 원근감이 축소된다는 특징이 있다. ②번의 내용은 단초점 렌즈(광각렌즈)에 대한 특징이다.

20 ③

다이나믹 레인지란 이미지에서 가장 어두운 영역부터 가장 밝은 영역까지 표현 가능한 밝기의 범위를 의미하며 크롭바디보다 이미지센서가 더 큰 풀프레임 바디가 더욱 풍부한 다이나믹 레인지를 표현한다.

21 ①

포토샵에서 매직완드 툴은 한 번의 클릭으로 비슷한 밝기와 컬러 영역을 한 번에 선택해주는 도구이다.

22 ④

은(Ag)과 결합하여 사진용 감광유제가 될 수 있는 원소로는 염소(Cl), 아이오딘(I), 브로민(Br)이 있다.

23 ③

얼굴에서 허리까지의 상반신을 촬영하여 인물의 표정이나 분위기를 강조하는 인물 프레이밍 방법은 웨이스트 샷이라고 한다.

24 ④

가변 콘트라스트 인화지(다계조 인화지)는 다계조 필터를 이용하여 콘트라스트를 바꿔주는 인화지이다.

25 ②

보조광은 주광으로 인한 그림자의 농도를 조절하여 조명비를 결정한다. 보조광이 주광보다 광량이 강해지면 주광과 보조광의 역할이 바뀌게 된다. 보조광의 광량이 강해질수록 그림자가 약해져 콘트라스트가 약해진다.

26 ①

컨버터는 렌즈의 초점거리를 연장시켜주는 도구, 모터 드라이브는 수동 필름 카메라에서 자동으로 와인딩 해주는 도구, 배터리 그립은 배터리의 수명을 연장하는 도구이다.

27 ④

PSD는 어도비 포토샵에서 사용되는 파일 형식으로 디지털카메라에서 사진 촬영용 파일 형식으로 사용되지 않는다. 디지털카메라에서는 주로 JPG, RAW파일로 사진을 기록하고 일부 카메라에서 TIFF파일도 지원한다.

28 ①

45° 위에서 빛을 비추면 피사체의 입체감을 잘 살릴 수 있다. 이 방향은 자연광에서 흔히 나타나는 조명 각도이며, 피사체의 다양한 부분에 빛과 그림자가 자연스럽게 형성되어 입체적인 효과를 강조한다.

29 ②

입사식 노출계는 플라스틱 반투명한 반구형의 수광부가 있으며 피사체로부터 광원을 향하여 피사체로 입사하는 빛의 양을 측정한다.

30 ③

빛은 균일한 매질 속에서 직진한다. 회절은 빛이 장해물로 인해 일부가 차단되었을 때 발생한다.

31 ④

에드워드 머이브리지는 동물과 인체의 연속동작을 촬영하였다.

32 ②

필름으로 촬영 후 바로 현상하지 않고 오랜 시간 방치하면 기록된 잠상이 서서히 소실되는데 이를 잠상퇴행이라고 한다.

33 ②

8bit이미지는 색상 채널당 256단계를 표현한다.

34 ③

스테레오 카메라는 두 눈의 시차로 거리와 입체를 지각하는 육안의 원리를 이용하여 입체화상을 기록하기 위한 카메라이다.

35 ①

컨버터는 렌즈의 초점거리를 연장해 주는 기구이다.

36 ④

이미지 서클(Image Circle)은 렌즈를 통해 형성되는 선명한 원형의 상을 말한다.

37 ④

사진용 도구 중 렌즈 화각 밖의 광선을 제거하는 역할을 하는 도구는 렌즈 후드이다. 암천과 루페는 뷰카메라 촬영 시 초점유리의 상을 더욱 명확하게 확인하기 위해 사용하는 도구이며 셔터 릴리즈는 셔터를 누를 때 카메라의 흔들림을 방지하기 위해 외부 버튼으로 셔터를 작동시키는 액세서리이다.

38 ④

연조와 경조는 콘트라스트(명암대비)에 대한 것이다.

39 ①

전자플래시는 재사용이 가능하며 효율적인 인공광원이다.

40 ④

흑백필름에서 Yellow필터를 사용하면 파란색 계열의 빛을 약간 흡수하여 하늘을 더 어둡게 표현하는 동시에, 구름의 밝기를 유지하여 대비를 높여주는 효과가 있다.

41 ③

하드라이트는 그림자의 경계가 선명하고 뚜렷한 형태를 말하는 것으로 인물 조명 기법이라고 할 수 없다.

42 ③

평판 스캐너는 출력장치가 아니라 입력장치이다.

43 ③

CMS(Color Management System)는 디지털 입력과 출력 장치 간 발생하는 색상 차이를 최소화하고, 디지털 이미지를 장치 간 일관되게 재현할 수 있도록 관리 및 유지하는 시스템이다.

44 ④

FP 접점은 포컬플레인셔터를 사용하는 카메라에서 플래시와 동기화하기 위해 사용한다.

45 ④

패닝 기법은 카메라를 움직이며 움직이는 물체를 촬영하는 기법이다. 이때 촬영 대상은 상대적으로 선명하게 보이고 배경은 흐릿하게 보이도록 표현하여 빠른 운동감을 표현할 수 있다. 1/30초와 같은 느린 셔터 속도를 사용하면 배경이 흐릿하게 표현되고, 카메라 회전을 통해 물체와 함께 움직이는 효과를 얻을 수 있다.

46 ③

가법혼색에서 색상 혼합은 다음과 같다.
Red+Green= Yellow, Red+Blue= Magenta, Green+Blue= Cyan

47 ①

조지 이스트먼은(George Eastman) 롤 필름과 소형 박스카메라를 개발하여 사진의 대중화에 큰 기여를 한 인물이다.

48 ②

일안반사식(SLR)카메라는 시차가 발생하지 않아 뷰파인더 보이는 장면 그대로 촬영할 수 있다.

49 ①

크롭바디 APS-H 포맷은 크롭 배수 x1.3이고 APS-C 포맷은 크롭 배수 x1.6이다.

50 ①

FL 필터(Fluorescent Filter)는 형광등 아래에서 촬영할 때 나타나는 녹색빛을 보정하기 위해 사용하는 필터로 FL-D(주광형), FL-B(텅스텐형) 등으로 구분된다.

51 ④

색의 3속성은 색상, 명도, 채도이다.

52 ③

4*5 인치 필름을 사용할 경우 적합한 표준렌즈는 150mm이다. 35mm 필름을 사용할 경우 50mm가 적합하다.

53 ④

흑백 현상 과정의 순서는 [현상-정지-정착-수세-건조]이다.

54 ①

TTL(Through The Lens)은 카메라 내부에서 렌즈를 통해 들어오는 빛의 양을 직접 측정하는 방식이다. 반사식 측정 방식이기 때문에 반사율 18%를 기준으로 삼는다.

55 ①

촛불의 색온도는 약 1,900k이다.

56 ②

카메라 루시다를 발명한 사람은 '윌리엄 울러스턴'이다.

57 ④

TS렌즈는 Tilt-Shift렌즈로 대형 카메라에서 가능한 무브먼트 기능을 중소형 카메라에서도 가능하도록 설계한 렌즈이다. 렌즈 경동이 회전하여 왜곡을 조절하고 피사계심도를 자유롭게 조절 가능하다.

58 ①

컬러 이미지는 각기 다른 용도와 환경에서 RGB, CMYK, Lab 컬러모드가 사용된다. 디지털카메라를 비롯한 디지털 화면(모니터)에서 RGB 색 모델이 사용되고 인쇄물에는 CMYK 색 모델이 사용된다.

59 ③

RAW파일은 카메라 이미지 센서가 받아들인 빛의 정보를 가공하지 않고 바로 저장한 데이터 형식의 파일로, 관용도가 넓어 더욱 유연한 후처리가 가능하고 후처리 과정에서 색수차 제거를 비롯한 다양한 편집이 가능하다. 다만 범용적인 이미지 형식의 파일이 아니기 때문에 컨버팅을 해줘야 하며 범용성 측면에서 제한적이다.

60 ④

렌즈의 조리개를 과도하게 조이게 되면 빛의 회절현상으로 인해 해상력이 저하될 수 있다.

2회 정답 및 해설

1	②	2	②	3	②	4	④	5	①
6	③	7	①	8	④	9	③	10	③
11	④	12	④	13	②	14	④	15	③
16	②	17	①	18	④	19	②	20	①
21	④	22	④	23	④	24	④	25	③
26	④	27	③	28	③	29	③	30	④
31	①	32	④	33	②	34	②	35	①
36	①	37	④	38	④	39	③	40	①
41	④	42	④	43	③	44	③	45	③
46	①	47	④	48	①	49	④	50	①
51	③	52	①	53	④	54	③	55	①
56	③	57	②	58	③	59	④	60	④

01 ②

색의 3속성 중 사람의 눈이 가장 민감하게 반응하는 요소는 명도이다.

02 ②

커스텀 화이트 밸런스는 촬영자가 그레이카드와 같은 도구를 이용하여 촬영하는 장면의 색온도에 맞게 수동으로 설정해주는 방식이다. 주로 색온도가 고정된 조명 환경에서 사용한다.

03 ②

중간 정지액으로 사용되는 화학 약품은 빙초산이다. 현상액의 반응을 중지시키는 역할을 한다.

04 ④

포토샵에서 커브(Curves)의 대각선을 위로 올리면 밝기가 밝아지고 아래로 내리면 밝기가 어두워진다.

05 ①

알프레드 스티글리츠(Alfred Stieglitz)는 미국 근대 사진에 큰 기여를 한 사진가로 스트레이트 포토를 주창하며 사진 분리파운동을 전개하였다. 또한 291화랑을 운영하고 카메라 워크지를 창간하였으며 후반기 작품으로 이퀴벌런트 연작 사진을 촬영하였다.

06 ③

셔터막과 같이 민감한 부분을 무리하게 손으로 만지는 것은 바람직하지 않고 먼지가 있다면 에어브러시나 부드러운 천을 이용하여 제거한다.

07 ①

백열전구는 약 3,000~4,000K, 촛불은 약 1,500~2,000k의 색온도를 갖는다. 맑은 날의 태양광과 사진용 전구는 약 5,500k이며 흐린 날의 하늘은 약 7,000k이다.

08 ④

디지털 실버 프린터는 인화지에 RGB레이저광을 감광하여 화학적으로 현상하는 프린터이다. 프린트 속도가 빠르고 단가가 상대적으로 저렴하여 대량 작업 시 유리하다는 장점이 있지만 프린트 결과가 일정하지 않고 지속적인 약품관리가 필요하다는 단점도 있다.

09 ④

렌즈의 초점거리가 짧을수록 화각은 넓어지고 원근감은 과장된다. 반대로 렌즈의 초점거리가 길수록 화각은 좁아지고 원근감은 축소된다.

10 ③

MC 필터는 Multi-Coated Filter의 약자로, 여러 층의 코팅을 통해 빛의 반사를 최소화하고 투과율을 높이는 필터이다.

11 ④

RAW파일 컨버팅은 디지털카메라에서 촬영한 RAW 파일을 후처리하는 과정으로 노출, 화이트밸런스, 색조/채도 등 다양한 수정을 해줄 수 있다.

12 ④

필터와 동일한 색상의 빛은 필터를 통과하고 보색은 흡수한다.

13 ②

가이드넘버(GN)는 소형플래시의 광량을 나타내는 단위로, 광량에 따른 적합한 촬영 거리를 구하기 위해서 가이드 넘버를 조리개 값으로 나눠줘야 한다.

14 ④

무채색은 색의 3속성 중 명도로만 구성되는 색을 말하며 색상과 채도는 포함하지 않는다.

15 ③

코마수차라는 이름은 빛이 퍼지는 모양이 혜성의 꼬리 모양과 비슷하여 붙여진 이름이다.

16 ②

렌즈의 초점거리란 렌즈의 제2주점과 초점면까지의 직선거리를 말한다. 초점거리를 기준으로 렌즈를 광각, 표준, 망원으로 분류한다.

17 ①

조리개 f1일 때 EV 값은 0이고 한 스탑씩 수치가 증가할 때마다 1씩 증가한다. 또한 셔터스피드가 1초일 때 EV 값은 0이고 한 스탑씩 빨라질 때마다 1씩 증가한다.

18 ④

흑백필름의 유제에는 관용도를 넓혀주기 위해 고감도 유제층과 저감도 유제층이 중층도포 되어있다.

19 ②

광량은 거리의 제곱에 반비례하는 '역제곱 법칙'에 따라 거리가 2배 늘어날 경우, 빛의 세기는 1/4로 감소한다.

20 ①

영국의 물리학자 맥스웰은 Red, Green, Blue 각각 분해 촬영하여 최초의 컬러 사진은 재현하였다.

21 ④

ICC Profile은 국제 색상 컨소시엄(International Color Consortium)이 정한 표준화된 색상 프로파일이다. 디지털 장비 간의 색상 일관성을 유지하기 위해 사용되며, 각 장비의 색상 특성을 기술한 데이터 파일로 구성된다.

22 ④

현상주약에는 메톨, 하이드로퀴논, 페니돈, 파이로, 아미돌, 글라이신 등이 있다.

23 ④

고보(Gobo)는 빛을 차단하거나 빛의 경로를 제한하는 데 사용하는 조명 도구이다.

24 ④

광량을 더욱 강하게 하면 오히려 눈에 더 많은 반사를 유도할 수 있기에 적목현상을 방지하는 방법으로 적합하지 않다.

25 ③

현상에 영향을 미치는 요인으로는 현상 온도, 현상 시간, 교반이 있다. 수세 시간은 현상 과정 중 농도와 콘트라스트에 영향을 미치지 않는다.

26 ④

CC필터는 색보정에 사용되는 필터로, 특정 색상의 빛을 보강하거나 줄임으로써 촬영 결과물의 색 균형을 조정한다.

27 ③

필드카메라는 대형 카메라를 휴대하기 편하도록 접이식 가방처럼 제작한 형태의 카메라로 4x5인치 이상의 대형 필름을 사용하며 무브먼트가 가능하다.

28 ④

셔터는 빛을 허용하는 시간을 조절하여 빛의 양을 조절하며 운동감 조절을 할 수 있다. 색온도 조절과 거리가 멀다.

29 ④

표준렌즈로 필름의 대각선 길이와 비슷한 길이의 초점거리의 렌즈를 사용하며 6x9 중형 필름의 표준렌즈는 105mm이다.

30 ④

ISO100과 ISO400은 두 스탑 차이(증가)가 나므로 셔터스피드를 두 스탑(감소) 빠르게 하여 노출을 맞춰준다.

31 ①

KS색체 규정에서 물체의 색이름은 크게 계통적 색이름과 관용적 색이름으로 표현하고 관용적 색이름은 우리에게 익숙한 과일, 식물, 사물에 빗대어 나타낸 표현이다.

32 ④

인공광의 광량이 태양광의 광량보다 더 강할 경우 인공광이 주광원이 되어 색온도와 조명 효과를 지배할 수 있다.

33 ②

피사체에 고르고 부드러운 조명을 하고자 할 때 피사체에 직접 조명하지 않고 천장이나 벽을 향하게 하여 촬영하는 방법을 '바운스 촬영'이라고 한다.

34 ②

리프셔터는 렌즈 안에 위치하는 셔터로 포컬플레인 셔터보다 진동과 소음이 적다. 고속 셔터가 불가하지만 모든 셔터속도에서 플래시를 동조할 수 있다는 특징이 있다. 뷰카메라, 레인지파인더 카메라, 이안반사식카메라 등에서 사용된다.

35 ①

메타데이터란 디지털카메라로 촬영할 때 이미지와 함께 기록되는 정보이며 촬영 날짜를 포함하여 화소 수, 노출 값, 카메라와 렌즈, 저작권 등의 정보를 기록한다.

36 ①

그레이카드는 반사율 18%의 중성 회색 카드이며 그레이 카드로 입사하는 빛의 18%만 반사하고 나머지는 흡수한다.

37 ④

거리계 연동식 카메라(RFC)는 촬영 장면을 확인하는 뷰파인더와 사진이 촬영되는 렌즈의 위치가 달라 시차가 발생한다.

38 ④

촬영하고자 하는 장면의 노출 차이가 너무 나는 경우 한 장의 사진에 모든 밝기 범위를 기록할 수 없다. 이럴 때 노출을 여러 단계로 촬영(브라케팅) 한 후 한 장으로 합쳐 모든 밝기 범위를 표현할 수 있도록 만들어 주는 기능이 HDR이다.

39 ③

흥분과 침정 효과와 관련된 것은 색의 채도이다.

40 ①

카메라 옵스큐라로 투영되는 상이 좌우상하 역상인 이유는 빛의 직진성 때문이다.

41 ④

명도 대비는 주변 색상의 명도에 따라 색이 밝게 보이거나 어둡게 보이는 현상이다.

42 ④

현상 과정 중 약품이 감광재료의 표면에 균일하게 반응하도록 하기 위해 현상 필름이 담긴 현상탱크를 흔들어 주는 것을 교반이라고 한다.

43 ③

어도비 포토샵 기본 파일 형식으로 레이어를 저장할 수 있다는 특징을 가진 것은 PSD(Photoshop Document)파일이다.

44 ③

소프트포커스 렌즈는 수차를 의도적으로 발생시켜 부드럽게 표현하는 렌즈이다.

45 ③

제논(Xenon)은 고압 상태에서 전기 에너지를 방출하면 밝은 빛을 생성하는 성질을 가지고 있어, 플래시와 같은 순간적인 강한 빛을 내는 장치에 적합하다.

46 ①

컬러 네거티브 필름의 현상 처리 과정을 C-41이라고 하며 내형 발색 컬러 리버설 필름의 프로세스는 E-6, 외형발색은 K-14이다.

47 ④

정부 및 공공기관이 제작한 저작물은 저작권 보호를 받을 수 있으며, 특정 조건 하에서만 자유롭게 이용할 수 있다.

48 ①

고유 감도보다 높게 설정해서 촬영한 후 현상에서 조절하는 방법을 증감법이라고 한다. 사용하는 필름의 감도보다 노출이 어두운 상황일 때 사용한다.

49 ④

다이크로익 필터(Dichroic Filter)는 컬러 확대기에 내장되어 색조정을 위해 쓰이는 필터로 Cyan, Magenta, Yellow로 구성된다.

50 ①

색수차를 보정하는 저분산 렌즈로 ED, 아포크로매틱 렌즈 등이 있다.

51 ③

조리개를 한 스탑 조일 때마다 노출은 1/2씩 감소하고 한 스탑 개방할 때마다 노출은 2배로 증가한다.

52 ③

스펙트럼은 빛이 프리즘을 통과할 때 빛의 파장에 따른 굴절로 분광 되는 현상이다.

53 ④

포토 폴로(Photo-Flo)는 수세 후 물방울이 뭉쳐 건시시 물 자국이 남는 현상을 방지해준다. 그러므로 수세 후, 건조 전에 처리해줘야 한다.

54 ③

CMS는 하드웨어의 성능을 직접적으로 향상시키는 역할을 하지 않는다.

55 ①

사진용 청색전구의 색온도는 5,500k이다.

56 ③

반사식 노출계에 사용되는 수광소자의 종류에는 Se(셀레늄), SPD(실로콘 포토 다이오드), CdS, GPD(갈륨 포토 다이오드) 등이 있다.

57 ②

적외선은 가시광선보다 파장이 길어서 사람의 눈으로 보이지 않지만 특수한 반사와 투과력으로 인해 문서나 회화의 감정과 감식사진에 활용된다.

58 ③

그리스어로 '아름다운 이미지'라는 뜻 사진술은 영국 탈보트가 발명한 '칼로타입'이다.

59 ④

R(Red), O(Orange), Y(Yellow)필터는 흑백 사진에서 강조용 필터로 사용된다.

60 ④

시차(Parallax)는 뷰파인와 렌즈의 위치가 달라서 생기는 현상이다.

3회 정답 및 해설

1	②	2	④	3	①	4	①	5	②
6	③	7	③	8	④	9	④	10	②
11	①	12	④	13	②	14	②	15	①
16	②	17	④	18	①	19	②	20	③
21	②	22	④	23	④	24	③	25	④
26	①	27	②	28	②	29	①	30	④
31	①	32	③	33	②	34	①	35	②
36	③	37	②	38	②	39	④	40	①
41	②	42	④	43	②	44	③	45	①
46	②	47	④	48	②	49	①	50	①
51	①	52	①	53	②	54	②	55	③
56	④	57	①	58	①	59	③	60	④

01 ②

피사계 심도를 깊게 하는 방법은 1) 조리개를 조인다. 2) 초점거리를 짧게(광각렌즈)한다. 3) 피사체와의 촬영거리를 멀게 한다.

02 ④

JPG파일은 대표적인 이미지파일 형식으로 업계 표준으로 사용되어 호환성이 좋다.

03 ①

특정 파장을 선택적으로 반사하게 해당 색상으로 보이게 된다.

04 ①

소형 카메라는 크기가 작고 가벼워 기동성과 휴대성이 우수하다.

05 ②

자외선은 가시광선보다 파장이 짧아 사람 눈에 보이지 않지만 살균기에 사용되고 형광물질이 반응하여 빛을 발한다.

06 ③

감광재료가 발달한 순서는 '은판→습판→건판→필름' 순이다.

07 ③

블루(Blue) 필터와 앰버(Amber) 필터는 색온도 변환 필터로, 블루 필터는 색온도 상승, 엠버 필터는 색온도를 하강시킨다.

08 ④

촬영 장비를 직사광선의 고온 다습한 곳에 보관하는 것은 바람직하지 않고 서늘하고 통풍이 잘 되는 곳에 보관해야 한다.

09 ④

소프트박스는 대표적인 조명 확산 장치로 부드러운 그림자를 생성하는 특성이 있다.

10 ②

RAW 파일은 디지털카메라의 이미지센서가 받아들인 빛의 정보를 가공하지 않은 순수한 상태의 데이터 파일 JPG파일에 비해 용량이 크며 컨버팅 작업을 해야한다.

11 ①

페니돈과 하이드로퀴논을 사용하는 약품은 PQ 현상액이다.

12 ④

다큐멘터리 사진은 일상의 사건이나 이야기를 작가의 주관적인 시각으로 기록하여 표현하는 사진이다.. 다큐멘터리 사진은 주로 사회적, 역사적 사건이나 상황을 사실적으로 담고 있지만, 작가의 개인적인 해석과 감정도 포함될 수 있다.

13 ②

다게르의 다게레오타입은 양화로 기록되는 사진술이다. 복제성이 있는 사진술은 칼로타입과 콜로디온 습판법이다.

14 ②

Zone System이란 흑백사진에서 노출과 현상을 체계적으로 작업하기 위한 과정으로 색재현과는 거리가 멀다.

15 ①

PCCS표색계는 일본 색채 연구소가 색채조화를 주목적으로 발표한 표색계로 톤과 색조를 종합적으로 이해하는 데 적합한 구조를 가지고 있다.

16 ②

모니터와 같은 디스플레이는 빛의 삼원색 Red, Green, Blue를 혼합하여 색을 표현하는 가법혼색을 사용한다.

17 ④

카메라 루시다는 윌리엄 울러스턴이 프리즘을 이용하여 발명한 드로잉 보조 도구이다.

18 ①

렌즈의 초점거리를 연장시켜주는 렌즈 도구는 컨버터이다.

19 ②

소형 필름(35mm)을 사용하는 소형 카메라는 표준렌즈로 50mm 초점거리 렌즈를 사용한다.

20 ③

조명비는 두 개 이상의 광원(주광과 보조광) 간의 광량 차이를 나타내며, 이 차이가 인물 또는 정물에 대한 콘트라스트를 결정한다.

21 ②

색의 중량감을 나타내는 요소는 색의 명도이다.

22 ④

픽쳐스타일 파라미터에 대한 내용으로 질감의 표현 정도를 결정하고 노이즈에 영향을 주는 요소는 선예도(Sharpness)이다.

23 ④

X접점은 셔터가 완전히 열렸을 때 전류가 흘러 작동하는 플래시 싱크로 접점이다.

24 ③

미국 남북전쟁을 촬영한 사진가는 매튜 브레디(Mathew Brady)이다. 최초의 전쟁 사진은 크리미아 전쟁을 촬영한 로저 팬튼(Roger Fenton)이 촬영했으며 콜로디온 습판법을 이용하여 사진을 제작하였다.

25 ④

이미지센서의 대표적인 종류로 CCD, CMOS, Foveon X3 가 있다. CF card는 메모리카드의 종류이다.

26 ①

포토샵에서 레벨(Levels)은 암부, 중간, 명부 슬라이더를 좌우로 조정하여 밝기를 조정한다.

27 ②

Loop lighting(루프)는 코에서 나오는 그림자가 입꼬리를 항하는 원형 고리(루프) 모양을 형성하고 과하지 않은 입체감으로 많이 사용되는 인물 조명법이다.

28 ②

스카이라이트 필터는 천공광을 제거하는 옅은 분홍빛의 필터이다.

29 ①

콘덴서는 집광식과 집산광식 확대기에서 빛을 모아주는 장치이다.

30 ④

확대기 내부에 콘덴서와 오팔글라스를 모두 사용하는 구조로 집광식과 산광식의 장점을 결합한 확대기이다.

31 ①

유효구경은 실제 빛이 렌즈를 통과하는 구경의 크기를 말한다.

32 ③

ACR(Adobe Camera Raw) 프로그램에서 Highlights는 사진 이미지의 밝은 명부의 농도를 조절한다.

33 ②

동조는 카메라의 셔터와 플래시 발광이 정확히 일치하도록 하는 것을 말한다.

34 ①

빛의 회절은 장애물로 인해 파동의 전파 일부가 차단되었을 때 장애물의 그림자까지 파동이 전파되는 현상으로 조리개를 너무 많이 조이면 회절현상이 발생하여 해상력이 저하될 수 있다.

35 ②

어안렌즈는 180도 이상의 화각를 갖는 렌즈로 피사체의 원근감이 극단적으로 강조되며 왜곡이 심하게 생기는 렌즈이다.

36 ③

자연광과 인공광의 비율이 비슷할 경우 시각적으로 중요한 비중을 차지하는 영역을 기준으로 광원을 조절한다.

37 ②

포컬플레인셔터는 카메라 바디 안에 있으며, 렌즈 내부에 있는 셔터는 렌즈셔터이다.

38 ②

보색 잔상은 부의 잔상의 일종으로 본 자극의 보색으로 나타나는 잔상이다

39 ④

감광유제의 감색성에 대한 설명으로 전전색성(Panchromatic)은 가시광선 전체 파장에 반응한다.

40 ①

상반측불궤란 노출시간이 느려지는 상황에서 노출의 상반법칙이 적용되지 않고 노출 부족 되거나 컬러 밸런스가 깨지는 현상이다.

41 ②

폴라로이드 카메라는 촬영 후 바로 인화되는 즉석사진을 만든다.

42 ④

비트맵 이미지는 비트심도 정보를 가진 픽셀로 구성된 이미지를 말하며 확대하면 정사각의 픽셀들이 모자이크처럼 구성된 것을 볼 수 있다. 비트맵 이미지의 해상도를 PPI를 사용한다. 선과 도형을 수학적 함수로 정의하여 구성된 이미지는 벡터 이미지라고 한다.

43 ②

감광도는 감광재료가 빛에 얼마나 민감하게 반응하는지를 나타내는 것으로 주로 ISO단위로 표기한다.

44 ③

컬러 네거티브 필름은 오렌지 마스킹을 하여 갈색 또는 주황빛을 띄는데, 이를 통해 색의 부정 흡수를 방지하고 정확한 색으로 인화한다.

45 ①

모자이크 필터(베이어 필터)는 이미지 센서의 픽셀이 특정 색상의 빛을 감지하여 컬러데이터를 입력하는 필터이다.

46 ②

빨강(red) - 시안(cyan) / 초록(green) - 마젠타(magenta) / 파랑(blue) - 노랑(yellow)

47 ④

카메라 옵스큐라의 가장 처음 개량된 사항은 구멍에 볼록렌즈를 끼우는 것이었다.

48 ②

샤임플러그 법칙이란 뷰카메라의 렌즈면과 필름면과 피사체면을 가상으로 연장했을 때 하나의 공통점에서 만나도록 무브먼트를 조절하면 피사체 모든 영역에 초점이 맞는 법칙이다.

49 ①

렌즈 후드 선택 시 렌즈의 화각보다 더 긴 후드를 장착하면 비네팅 현상이 발생할 수 있기 때문에 주의해야 한다.

50 ①

렌즈를 분해하여 내부에 먼지가 들어가면 사진에 영향을 줄 수 있으므로 되도록이면 렌즈는 분해하지 않는 것이 좋다.

51 ①

피사체 정면으로 조명하면 피사체를 평면적으로 나타낼 수 있다.

52 ①

PNG파일은 알파 채널을 지원하여 투성도를 나태 낼 수 있다. 또한 무손실압축파일의 GIF파일 특성과 24비트 색상표현의 JPG 특성을 동시에 지니고 있다.

53 ②

현상액의 보항제는 아황산나트륨을 사용한다.

54 ②

35mm 필름을 사용하여 인화할 때 사용하는 렌즈의 초점거리는 표준렌즈인 50mm이다.

55 ③

조리개 값은 증가할수록 어두워지고 감소할수록 밝아진다. F5.6에서 두 스탑 감소시키면(어둡게 하면) f11이 된다.

56 ④

텅스텐 필름의 색온도는 약 3200K~3400k이다.

57 ①

니콘의 자동초점 모드에 대한 질문으로 니콘 AF모드에는 AF-S, AF-A, AF-C가 있다.

58 ①

레티큘레이션은 고온에서 현상한 필름을 저온으로 급격히 정착시켜 필름 표면에 주름 모양의 요철을 만드는 기법이다.

59 ③

구면수차는 렌즈 중심부와 주변부에 입사한 빛의 굴절 차이로 빛이 한곳에 모이지 않고 퍼지게 되는 수차로 특히 대구경 렌즈나 광각렌즈에서 발생하기 쉽다. 비구면렌즈를 사용하여 보완한다.

60 ④

반전(Solarization) 부분 특성곡선에서 최고 농도점을 이후로 빛을 받으면 오히려 농도가 줄어들어 일부 반전이 생기는 부분으로 E-D구간에 해당한다.

4회 정답 및 해설

1	④	2	③	3	②	4	③	5	③
6	①	7	①	8	④	9	④	10	③
11	④	12	②	13	②	14	①	15	④
16	①	17	④	18	③	19	④	20	①
21	③	22	②	23	④	24	④	25	②
26	②	27	③	28	④	29	③	30	①
31	②	32	②	33	④	34	④	35	②
36	④	37	①	38	②	39	④	40	④
41	②	42	①	43	③	44	④	45	③
46	③	47	②	48	③	49	②	50	②
51	③	52	④	53	④	54	①	55	①
56	①	57	②	58	④	59	①	60	①

01 ④

포컬플레인셔터식 카메라로 플래시 촬영 시 빠른 셔터스피드로 촬영하면 노광얼룩이 생기게 된다.

02 ③

망원렌즈일수록 피사계심도는 얕아지고 광각렌즈일수록 피사계심도는 깊어진다.

03 ②

플래시 촬영 시 조명효과를 미리 확인하기 위해 플래시 내부에 설치되어 있는 텅스텐 전구를 모델링 램프라고 한다.

04 ③

CMYK 컬러 모드는 인쇄시스템에서 사용되고 모니터에 사용되지 않는다. 모니터에 사용되는 컬러 모드는 RGB 컬러 모드이다.

05 ③

에리히 살로몬(Erich Salomon)은 상대방이 의식하지 못한 상태에서 그 자연스러운 동작이나 표정을 훔쳐서 찍는다는 의미의 캔디드 포토(Candid Photo)의 대표적인 사진가이다.

06 ①

스폿 노출계는 촬영 장면의 중 일부 특정 부분만 측정하는 반사식 노출계이다.

07 ①

CIE표색계는 1931년 국제조명위원회(CIE)에서 개발한 가법혼색의 원리를 기본으로 하는 표색계이다.

08 ④

TIFF 포맷은 일부 디지털카메라에서만 지원하며 화질이 우수하고 용량이 매우 큰 파일이다. 무손실압축/비압축 방식으로 원본 그대로의 품질을 유지한다.

09 ④

거울과 펜타프리즘으로 구성된 카메라는 일안반사식(SLR)카메라에 대한 설명이다.

10 ③

Brightness/Contrast는 밝기와 명암대비를 조정하는 포토샵의 기능이다.

11 ④

RAW파일 컨버팅프로그램으로 Adobe Camera Raw(ACR), Adobe Lightroom, Capture One 등이 있다.

12 ②

소형 전자플래시의 색온도는 5,500k로, 데이라이트 타입 필름과 색온도가 일치한다.

13 ②

할로겐화은의 감도는 브로민화은(AgBr), 염화은(AgCl), 아이오딘화은(AgI) 순으로 감도가 높다.

14 ①

메타데이터는 촬영 날짜와 시간, 카메라 설정, 저작권 등을 포함하여 추가 수정이 가능하다. 이미지를 복제하면 메타데이터 또한 함께 복제된다.

15 ④

프로파일 종류로 sRGB, AdobeRGB, ProPhoto RGB, P3등이 있다.

16 ①

비은염 감광재료는 은염을 사용하지 않는 감광재료로, 디아조늄염과 중크롬산염이 있다.

17 ④

컬러 인화지는 모든 빛의 파장에 반응하는 전정색성이다.

18 ③

인공광은 특별한 조절이 없다면 광량과 콘트라스트는 고정되는 조명이다. 다른 보기는 자연광에 대한 설명이다.

19 ④

HDR(High Dynamic Range)은 다이나믹 레인지를 확장해 주기 위한 기법으로 고대비 장면을 여러 단계의 노출로 촬영하여(노출 브라케팅) 노출을 합성하는 방법이다. 이를 통해 한 장의 사진으로 밝은 명부와 어두운 암부의 디테일을 모두 표현할 수 있다.

20 ①

정착주약으로 티오황산나트륨과 티오황산암모늄이 사용된다.

21 ③

뷰카메라의 무브먼트를 이용하면 촬영 장면의 왜곡을 손쉽게 보정하여 촬영할 수 있다.

22 ②

고스트는 렌즈의 빛 반사로 인해 실제 피사체의 위치가 아닌 곳에 상이 맺혀지는 현상을 말한다.

23 ④

컬러필름을 사용하여 촬영 시 색온도를 조절할 때 색온도 변환 필터 또는 색조 조정 필터(LB)를 사용하게 된다. 블루(Blue)계열 필터는 색온도를 상승시켜 푸른색을 증가시키고 엠버(Amber)계열 필터는 색온도를 하강시켜 푸른색을 감소시킨다.

24 ③

PPI(Pixels Per Inch)는 1인치 당 몇 개의 픽셀로 구성되는지를 나타내는 해상도의 단위로 모니터 등의 디스플레이 장치에서 사용된다.

25 ②

필름의 감광유제에 관용도를 넓혀주기 위해 고감도층과 저감도층을 이중도포하는데, 이는 증감법과는 무관하다.

26 ②

디지털 사진을 구성하는 최소 단위를 픽셀이라고 한다.

27 ④

1839년 8월 19일 프랑스의 다게르가 최초의 사진술 '다게레오타입'을 개발하였다.

28 ④

디지털카메라에서 필름 역할을 하는 부분은 디지털 이미지 센서이며 이미지 센서의 종류로 CCD, CMOS, 포베온X3가 있다.

29 ③

현상액을 구성하는 보항제로 아황산나트륨이 사용되며 산화 방지하는 역할을 한다.

30 ①

PSD파일은 어도비 포토샵에서 기본적으로 사용되는 파일 형식으로 포토샵 작업 후 작업 내용의 Layer를 저장할 수 있다.

31 ②

핀홀카메라는 빛의 직진성을 이용하여 상을 맺는다.

32 ②

입시광식 노출계는 피사체에 입사되는 광량을 피사체의 위치에서 광원을 향하여 측정한다. ③번은 반사식 노출계의 측정방법에 대한 내용이다.

33 ④

분할 측광 방식은 촬영 장면의 모든 부분을 각각 따로 측정하고 평균값을 계산하여 노출을 결정하는 방식이다.

34 ④

적절하게 느린 셔터스피드로 촬영하면 움직임을 효과적으로 동적으로 표현할 수 있다.

35 ②

칼로타입은 영국 탈보트가 개발한 사진술로 지지체를 종이를 사용하고 네거-포지 방식으로 복제가 가능하다는 특징이 있다.

36 ④

단렌즈는 초점거리와 화각이 고정되어 있는 렌즈이다. 단렌즈는 줌렌즈에 비해 밝기가 밝고 수차가 적어 해상력이 우수하다.

37 ①

흑백 강조용 필터로 Yellow, Orange, Red필터가 있다.

38 ②

스누트는 빛을 모아주는 조명장비다.

39 ④

인화 과정에서 노광 중 일부만 가려 특정 부분을 밝혀주는 기법이다.

40 ④

텅스텐 필름은 보통 3,200K 정도의 색온도를 갖기 때문에 혼합광에서 두 개 이상의 광원이 섞일 때 색을 정확하게 표현하는 데는 제한이 있을 수 있다.

41 ②

인화 도중에 2차 노광을 하여 한 장의 사진에 음화와 양화를 함께 나타내는 기법을 솔라리제이션이라고 한다.

42 ①

밝은색은 진출되어 보이고 어두운색은 후퇴해 보인다.
②-중앙의 색보다 배경의 색이 밝으면 중앙의 색의 면적이 작아 보인다.
③-녹색은 빨간색에 비해 명시도가 낮다.
④-어두운색은 밝은색보다 작아 보인다.

43 ③

암실에서 사용하는 약품들을 알칼리성이나 산성을 띄고 있기 때문에 사용한 약품을 폐액 처리할 때 중성으로 변환 시켜 처리해야 한다.

44 ④

렌즈셔터에 대한 설명이기 때문에 옳지 않다.

45 ③

슐체는 은(Ag)가 빛에 반응한다는 것을 과학적으로 증명하였다.

46 ③

NCS표색계는 시대에 따라 변하는 유행색이 아닌 보편적인 자연색을 기본으로 인간이 어떻게 색채를 인지하는지에 기초한 지각색의 심리적 혼합비를 나타낸 표색계이다.

47 ②

망원렌즈로 사진을 촬영하면 피사계심도가 얕게 표현된다.

48 ③

현상액 성분 중 메톨은 현상주약이다. 현상주약에는 메톨, 하이드로퀴논, 페니돈, 파이로, 아미돌, 글라이신 등이 있으며 주로 메톨과 하이드로퀴논, 페니돈 세 가지가 혼합되어 사용된다.

49 ②

카메라 바디와 렌즈 사이에 장착하여 피사체와 근접하여 촬영하도록 도와주는 렌즈 액세서리이다.

50 ②

표준렌즈는 필름(이미지센서)의 대각선 길이와 비슷한 길이의 초점거리 사용한다.

51 ③

코닥 사를 설립한 이스트먼은 소형 카메라와 롤 필름을 개발하여 사진 대중화에 큰 기여를 했다.

52 ④

가시광선에서 파장이 가장 긴 색은 빨간색이 파장이 가장 짧은 색은 보라색이다.

53 ④

확산광은 직사광보다 부드럽고 고른 조명을 하는 간접조명법이다. ④번은 직사광에 대한 설명이다.

54 ①

JPG파일은 디지털 이미지 파일 중 압축 효율이 좋아 용량을 작게 저장할 수 있고 호환성이 우수한 파일 포맷이다.

55 ①

루즈벨트 대통령이 시행한 뉴딜정책의 일환으로 설립된 농업안정국(FSA)은 대공황 시기에 미국 농민과 노동자의 삶을 개선하려는 목적을 두고 있으며 워커 에반스(Walker Evans)를 비롯한 도로시어랭(Dorothea Lange) 아서 로드스타인(Arthur Rothstein) 등의 사진가들을 고용하여 농민들의 삶을 사진으로 기록했다.

56 ①

렌즈의 초점거리가 짧은 광각렌즈일수록 화각이 넓고 초점거리가 긴 망원렌즈일수록 화각이 좁다.

57 ②

산광식 확대기는 전구의 빛을 오팔 글라스(Opal Glass)로 확산시켜 주는 확대기로 고르게 분산된 빛을 부드럽게 발광하므로 필름의 입자와 흠이 잘 나타나지 않고 노광 시간이 길고 콘트라스트가 약하다는 특징이 있다.

58 ④

슬레이브(Slave)는 다른 플래시에서 나오는 섬광을 감지하여 동시에 발광하는 플래시 동기화 발광 장치이다.

59 ①

Lab 색상 모델은 인간의 시각을 기반으로 색상과 밝기를 정의하는 색상 체계이다. Lab는 장치 비의존형(device-independent) 색상 모델로, 특정 디스플레이 장치나 출력 장치에 관계없이 색상을 일관되게 표현할 수 있도록 설계되었다.

60 ①

슬릿은 포컬플레인 셔터의 선막과 후막 사이의 간격을 말하며 이 슬릿의 간격을 통해 빛의 양을 조절한다.

PART 03

사진기능사 실기

국가기술자격 실기시험문제

▶ 자격 종목 : 사진기능사
▶ 과제명 : 촬영 및 출력작업
※ 시험시간 : 60분(장비운용 및 촬영 작업: 30분, 디지털 이미지프로세싱 및 출력: 30분)

1. 요구사항

※ 감독위원이 정해준 피사체를 아래의 제시한 조건에 따라 RAW파일로 촬영하고, 리터칭 작업을 수행한 후 프린트하여 제출하시오.

가. 장비운용 및 촬영 작업

1) 장비 확인 : 나열된 장비의 이상 유무를 확인하시오.

장비 목록		
카메라 등	**주광용 조명 액세서리**	**배경광용 조명 액세서리**
1. 35mm 1:1센서 DSLR (동일 수준의 크롭바디)	1. 기본 반사갓	1. 배경용 반사갓
2. 표준계 줌렌즈	2. 엄브랠러(백색)	**기타 조명 액세서리**
3. 동조기	**보조광용 조명 액세서리**	1. 스누트
4. 입사식 노출계	1. 기본 반사갓	2. 조명 스탠드
5. 플래시 조명	2. 디퓨저 (소프트박스 대체 가능)	3. 미니 조명 스탠드 (배경조명용)
	3. 허니컴 30°	

2) 조명장비운용 :나열된 조명장비를 촬영에 적합하도록 세팅 후 동조 발광이 되도록 설정하시오.
[조명장비운용기준]
가) 촬영대 좌측 전방에 주광용 조명, 우측 후방에 보조광용 조명을 위치시키고, 적절한 조명 액세서리를

사용한다.

※ 조명장비의 위치 제한은 없으며, 바닥의 표시(X표, 점, 직선)를 참고하시오.

나) 촬영대 후방 또는 배경지 후방에 배경용 조명을 위치시키고, 프레임의 중앙은 밝고 주변부로 갈수록 어두워지는 그라데이션 표현이 나타날 수 있도록 적절한 조명 액세서리를 사용하고 조명장비의 출력을 조정한다.

다) 조명을 감독위원이 제시한 광량비(주광:보조광 = :)에 맞게 조정한다.

3) 촬영장비운용 :카메라의 설정을 아래와 같이 세팅하고 삼각대에 고정하여 촬영가능한 상태로 만드시오.

[DSLR카메라 설정]

가) DSLR 카메라의 메모리카드 포맷
(수험자 지참 카메라 사용 시 카메라 공장 초기화 과정 추가)

나) 화질모드: RAW

다) ISO 설정: 시험용 카메라에서 최저 감도

라) 초점거리: (최대(70mm), 표준(50 mm)) 중 감독위원의 지정값에 따름
(단, 크롭바디 사용 시 35미리 환산 기준으로 적용)

마) 촬영모드: M(수동) 모드만 사용

바) 초점모드: AF(자동초점), MF(수동초점) 모두 사용 가능
(단, 라이브 뷰 모드 사용 불가능)

사) 기타 세팅 값은 카메라의 표준 설정값 기준

4) 피사체 배열 및 촬영 : 감독위원이 지정한 피사체에 맞게 아래의 과정을 선택하여 수행하시오.

가) 사물

(1) 주어진 주 및 보조 피사체 모두를 원근감이 나타나도록 배열하시오.
(단, 주 피사체를 제외한 보조 피사체는 원근감의 표현 등을 위해 보이는 면적의 30% 이내에서 겹침을 허용한다.)

(2) 표준 컬러 차트와 명패를 피사체의 좌·우에 적절히 배치하시오.
(단, 표준 컬러 차트와 명패가 가리거나 이후 과정에서 잘릴 경우 실격됨을 유의하시오.)

(3) 조명 모두를 사용하여 피사체가 잘 표현될 수 있도록 적절히 조정 배치한 후, 노출값을 측정하시오.

(4) 삼각대를 이용하여 카메라가 피사체를 20~30°각도로 내려보는 가로프레임이 되도록 조정하시오.

(5) DSLR 카메라에 입사식 노출계로 측정된 노출값을 적용하시오.

(6) 배치한 피사체를 감독 위원이 지정한 방법(아웃포커스, 팬포커스)으로 광학식 뷰파인더를 사용하여 촬영하시오.

(7) DSLR 카메라로 최대 5회까지만 촬영하시오.

※ 최종 작품 이미지 안에 배경지 외부, 조명 장비 등이 포함되면 실격됨을 주의하여 프레이밍 하시오.
(단, 후반작업에서 트리밍(크롭)으로 제외할 수 있으면 실격되지 않음)

나) 인물

(1) 인물형 피사체를 배치하시오.

(2) 표준 컬러 차트와 명패를 피사체의 좌·우에 적절히 배치하시오.

(단, 표준 컬러 차트와 명패가 가리거나 이후 과정에서 잘릴 경우 실격됨을 유의하시오.)

(3) 조명 모두를 사용하여 피사체가 잘 표현될 수 있도록 적절히 조정 배치한 후, 노출값을 측정하시오.

(4) 삼각대를 이용하여 카메라를 세로프레임으로 조절하고, 카메라 높이를 프레임 안에 석고상의 얼굴과 몸체 전체가 보이도록 조절하시오.

(5) DSLR 카메라에 입사식 노출계로 측정된 노출값을 적용하시오.

(6) 배치한 피사체를 광학식 뷰파인더를 사용하여 초점을 맞춰 촬영하시오.

(7) DSLR 카메라로 최대 5회까지만 촬영하시오.

※ 최종 작품 이미지 안에 배경지 외부, 조명 장비 등이 포함되면 실격됨을 주의하여 프레이밍 하시오.
(단, 후반작업에서 트리밍(크롭)으로 제외할 수 있으면 실격되지 않음)

5) 촬영 후 절차(정리·정돈)

가) 촬영된 이미지를 확인하고 DSLR 카메라에서 메모리카드를 추출하시오.

나) 피사체, 조명기구 등 사용한 모든 장비를 스튜디오 입장 시 정렬되어 있던 대로 정리·정돈하시오.

나. 디지털 이미지프로세싱 및 출력

1) 감독위원 입회하에 컴퓨터의 바탕화면에 "날짜-오전/오후-비번호"로 된 폴더을 생성 후, 메모리카드 리더기를 활용하여 촬영된 RAW파일 5개를 생성한 폴더에 저장하시오.
(폴더 생성 예시: 20210620-오전-01)

2) 브리지(Bridge)로 저장된 사진 5개를 확인 후 양호한 순서대로 우열을 정하여 별점(rating)을 주시오.

3) 브리지(Bridge)에서 가장 양호한(별 5개로 지정한) RAW 파일 1개를 카메라 로(CameraRAW)로 열어 아래 사항을 보정 후, 포토샵(Photoshop)으로 여시오.

가) 표준 컬러 차트를 확인하여 화이트밸런스를 교정하시오.

나) 이미지를 적정 노출, 정확한 색재현 및 명·암부의 디테일 손실이 없게 보정하시오.

다) 색수차를 제거하시오.

라) 촬영된 피사체의 왜곡을 수정하시오.
(단, 왜곡의 수정은 포토샵에서 수행하여도 무방하다.)

마) 색공간은 감독위원이 제시한 (sRGB, AdobeRGB)로 설정하고, 비트심도(bit depth)는 채널당 8 bit로 설정하시오.

4) 포토샵(Photoshop)에서 아래 사항을 포함하여 후보정하고 완료된 파일을 "사진원본이름-작품-비번호.psd"로 같은 폴더에 다른 이름으로 저장(Save As)하시오.
(작품 파일 명 예시: IMG_0004-작품-1.psd)

가) 이미지의 먼지 및 흠집 등을 제거하시오.

나) 불필요하게 반사된 조명을 제거하시오.

다) 작품의 이미지 사이즈는 짧은 변(16 cm),긴 변(24 cm)로 설정하고, 해상도는 300PPI로 설정하시오.

※ 작업 중간 프로그램 재실행, 컴퓨터 종료 등의 사고에 대비하기 위해 진행사항을 저장하여도 무방하나, 작업 종료 후 최종 PSD 파일만 남기고 삭제하여야 하며 원본 이미지 파일(RAW)에 덮어 써 원본 이미지를 훼손할 경우 또는 삭제 과정 중 RAW 또는 XMP 파일을 삭제한 경우 실격하게 됨을 유의

하시기 바랍니다.

5) 제공된 출력 용지에 맞는 프로파일(Profile)과 렌더링 의도(Rendering Intent)를 설정하고 이미지가 A4 크기의 출력용지 중앙에 화상이 오도록 출력하시오.

6) 지급된 용지 3매 중 2매는 테스트 출력하고, 1매는 최종 작품용으로 출력하시오.
(테스트 출력이 불필요하다 판단할 경우 생략 가능하다.)

다. 작품 제출

1) 최종 작품용 프린트 용지 뒷면에 색공간(Color space), 프린터 프로파일(Printer Profile), 렌더링 의도(Rendering Intent)를 기입하시오.

2) 최종 작품 프린트 1장, 테스트 프린트 2장과 나-1)에서 생성한 폴더(내부 자료 포함)를 복사한 메모리카드를 작품 제출용 봉투에 넣어 제출하시오.

※ 메모리카드 내에는 촬영매수에 해당하는 RAW 및 XMP 파일, 1개의 최종 작품 PSD파일이 포함되어야 하며, 복사 중 파일이 훼손되거나, 삭제된 경우 실격됨을 유의합니다.
(예시1: 5회 촬영 시: RAW 파일 5개, XMP 파일 5개, 최종 작품 PSD파일 1개
예시2: 3회 촬영 시: RAW 파일 3개, XMP 파일 3개, 최종 작품 PSD파일 1개 등)

2. 수험자 유의사항

※ 다음 유의사항을 고려하여 요구사항을 완성하시오.

1) 수험자는 대기 장소에서 무단으로 이탈하여선 안되며, 시험장 출입 시 감독위원의 승인을 받아야 하며, 시험 종료자의 대기실 출입을 금합니다.

2) 시험 시작 전 지급재료와 지급재료 목록을 대조, 이상이 있을 때는 시험 시작 전에 시정을 받아야 하며 시험 도중에 재지급이나 교환은 일체 없습니다.

3) 지급받은 명패에 비번호, 제작 연월일을 기록하고 감독위원의 서명날인을 받아야하며, 명패는 피사체와 함께 촬영되도록 하여야 합니다.

4) 메모리카드는 시험장에서 제공하는 것만 사용가능합니다.

5) 수험자가 지참한 카메라를 사용하기 위해선 아래의 절차를 모두 수행하여야 합니다.

수험자 지참 카메라 사용 절차
가) 촬영 시작 전 시험장 제공 메모리카드 및 소프트웨어와의 호환성을 확인받아야 합니다. 나) 스튜디오 입장 후 지참한 장비와 시험장에 구비된 장비의 호환성 확인을 위한 최대 10분의 추가 시간이 부여됩니다. (단, 추가시간동안 호환성만 확인할 수 있으며 그 외의 조작은 할 수 없습니다.) 다) 시험 시작 후 감독위원이 보는 앞에서 수험자가 직접 카메라 모든 설정 초기화(=모든 카메라설정 해제하기 등 공장출고 상태 초기화)를 진행해야 합니다. 모든 설정 초기화를 원하지 않거나 수행할 수 없을 경우 시험장에 구비된 카메라를 사용하여야 합니다.

6) 수험자의 부주의·실수로 인해 발생하는 기기파손 및 안전사고는 수험자 본인에게 귀책사유가 있음을 특히 유의하여야 하고, 작업 중 기기파손 등으로 인하여 상처 등을 입었을 경우에는 즉시 감독위원에게 알리고 조치를 받아야 합니다.
7) RAW 이외의 파일 또는 동시작성(RAW+JEPG 등)으로 촬영한 경우 총 촬영 가능 횟수에서 제외합니다.
8) 다음 사항은 실격에 해당하여 채점 대상에서 제외됩니다.
   가) 시험의 전 과정을 응시하지 않는 경우
   나) 수험자 본인이 시험 도중 시험에 대한 포기 의사를 표시한 경우
   다) 시험도중 감독위원의 사전 승인 없이 시험장을 무단이탈하는 경우
   라) 지정된 시설(메모리카드 및 소프트웨어 포함) 및 재료 이외의 것을 사용하는 경우
   마) 주어진 피사체를 모두 배치(Display)하지 않은 경우
   바) 촬영 또는 출력된 이미지에서 피사체. 명패 및 표준 컬러 차트가 잘렸거나, 누락되거나, 글자를 알아 볼 수 없는 경우
   사) 제한된 촬영 횟수를 초과하여 촬영하거나, 모든 사진원본이 RAW 이외의 파일 또는 동시작성(RAW+JEPG 등)으로 촬영한 경우
   아) 촬영 데이터(메타데이터, XMP포함)를 임의로 삭제 또는 손상시킨 경우
   자) "수험자 지참 카메라 사용 절차"를 위반한 경우
   차) 시험 중 부정행위를 하거나 부정행위의 위험(무선통신기능(WiFi, 블루투스) 사용 등)이 있다고 감독위원이 판단한 경우
   카) 후보정 작업 결과물 저장을 psd 이외의 파일로 한 경우
   타) 후보정 작업 결과물 이미지 내에 배경지 외부, 조명 장비 등 작품과 관련 없는 이미지가 포함된 작품을 제출한 경우
   파) 프린터 출력 시 프로파일 불일치 등으로 인해 제출한 작품이 실제 피사체와 현격한 밝기(노출량) 및 색상 차이(L*a*b* 색차계 기준, 델타E(△E)가 2이상 차이나는 경우)가 난 경우
   하) 사진 작품으로서 가치가 없다고(초점이 피사체 어느 위치에도 맞지 않는 등) 감독위원 전원이 합의하여 판단한 경우
   거) 요구사항을 누락(불이행 포함)시킨 경우
   너) 시험 중 시설장비의 조작 또는 재료의 취급이 미숙하거나 그로 인하여 장비의 고장 또는 인명에 대한 위해를 일으킬 것으로 감독위원 전원이 합의하여 판단한 경우
   더) 각 과정의 시험시간 내에 요구사항을 완성하지 못한 경우

3. 지급재료목록

일련번호	재료명	규격	단위	수량	비고
1	피사체	피사체 세트 중 무작위	세트	1 또는 4	1인당
2	메모리카드	CF카드와 SD카드 중 택1	1	1	1인당
3	명패 및 받침	아트지 300g/m2 (10cm × 6cm)	매	1	1인당
4	프린트 용지	사진출력용 A4	매	3	1인당
5	프린터 잉크	프린터에서 사용 가능한 정품 잉크	세트	1	공용
6	작품수납 봉투	행정용 봉투(25×30cm)	매	1	1인당

※ 국가기술자격 실기시험 지급재료는 시험종료 후(기권, 결시자 포함) 수험자에게 지급하지 않습니다.

CHAPTER 02

시험 과정 수행

가. 장비운용 및 촬영 작업

1. 장비 확인

장비 목록을 확인 후 장비의 이상 유무를 확인한다.

2. 조명장비 운용

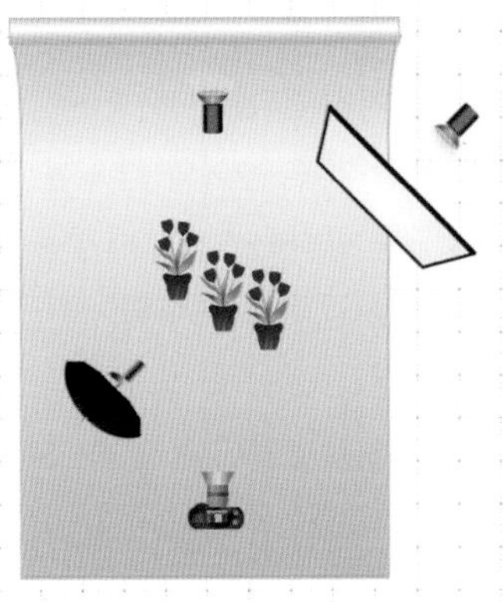

조명과 피사체 위치 구성

정면에서 본 조명 설치 모습

측면에서 본 조명 설치 모습

1) 촬영대 좌측 전방에 주광용 조명을 위치시킨다.
2) 촬영대 우측 후방에 보조광용 조명을 위치시킨다.
3) 촬영대 후방에 배경용 조명을 위치시킨다.
   (바닥의 위치 X표시가 있다면 참고하여 위치시킨다)
4) 조명에 시험장에서 제시하는 액세서리를 장착 후 높이와 각도를 적절하게 조절한다.
5) 주광용 조명과 보조광용 조명은 주피사체를 향하는 방향, 배경용 조명을 배경을 향하는 방향으로 조절한다.
6) 배경조명은 프레임의 중앙은 밝고 주변부로 갈수록 어두워지는 그라데이션 표현이 나타날 수 있도록 배경과의 적절한 거리와 각도에 맞게 조절한다.
7) 입사식 노출계를 이용하여 시험에서 제시하는 광량비에 맞게 조명의 광량을 측정하고 조절한다.

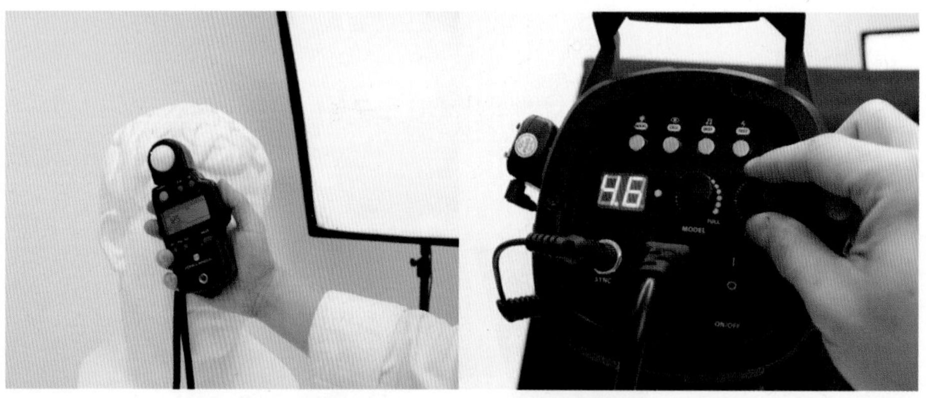

3. 촬영장비운용

1) 지급받은 메모리카드를 포맷한다.
2) 수험자 카메라 지참 시 카메라 공장 초기화를 진행한다.
3) 화질모드를 RAW파일로 설정한다.
4) 촬영모드를 M모드로 설정하고 카메라의 최저감도로 설정한다.

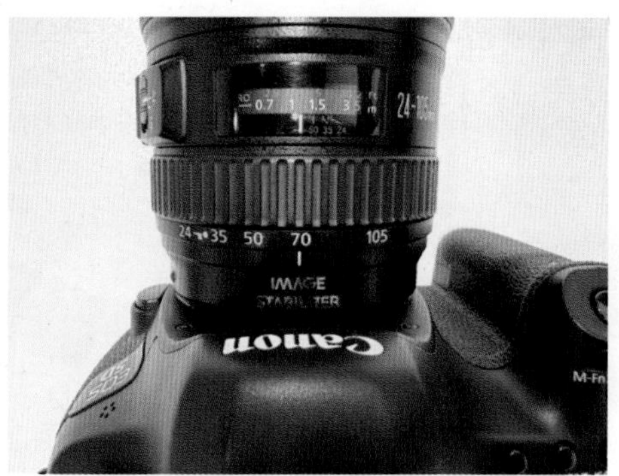

5) 시험에 제시된 초점거리에 맞게 렌즈를 조절하고 초점 모드는 AF 또는 MF로 설정한다.

6) 이외 설정은 표준값으로 설정하되 시험장에서 제시하는 설정이 있다면 지침에 따라 설정한다.

4. 피사체 배열 및 촬영

4-1 사물형

1) 주어진 사물형 피사체를 원근감이 표현 되도록 배치하며 30%이상 겹치지 않도록 유의한다.

2) 표준 컬러 차트와 명패가 잘리지 않도록 유의하며 좌·우에 적절히 배치 한다.

3) 삼각대를 조절하여 카메라가 피사체를 20~30°각도로 내려보는 가로프레임이 되도록 조정한다.

4) 입사식 노출계로 측정된 노출값을 카메라에 설정하고 시험에서 제시하는 피사계 심도(아웃포커스, 팬포커스)에 맞는 설정을 해준다.
5) 배경지 외부, 조명 장비 등이 포함되지 않도록 프레이밍 한다.
6) 광학식 뷰파인더를 사용하여(라이브 뷰 사용X) 5회까지만 촬영한다.
7) 촬영이 완료되면 메모리 카드를 추출한다.
8) 피사체, 조명기구 등 사용한 모든 장비를 스튜디오 입장 시 정렬되어 있던 대로 정리·정돈한다.

4-2 인물형

1) 인물형 피사체를 중앙에 배치하고 표준 컬러 차트와 명패가 잘리지 않도록 유의하며 좌·우에 배치한다.

2) 삼각대를 조절하여 세로프레임이 되도록 하고 석고상의 얼굴과 몸체 전체가 나오도록 높이 높이와 각도를 조절한다.
3) 입사식 노출계로 측정된 노출값을 카메라에 설정한다.
4) 배경지 외부, 조명 장비 등이 포함되지 않도록 프레이밍 한다.
5) 광학식 뷰파인더를 사용하여(라이브 뷰 사용X) 5회까지만 촬영한다.

6) 촬영이 완료되면 메모리 카드를 추출한다.

7) 피사체, 조명기구 등 사용한 모든 장비를 스튜디오 입장시 정렬되어 있던대로 정리·정돈한다.

나. 디지털 이미지프로세싱 및 출력

1. 촬영본 PC 이동

1) 컴퓨터의 바탕화면에 "날짜-오전/오후-비번호"로 된 폴더를 생성한다.

2) 카드리더기를 활용하여 촬영한 RAW파일을 생성한 폴더에 복사한다.

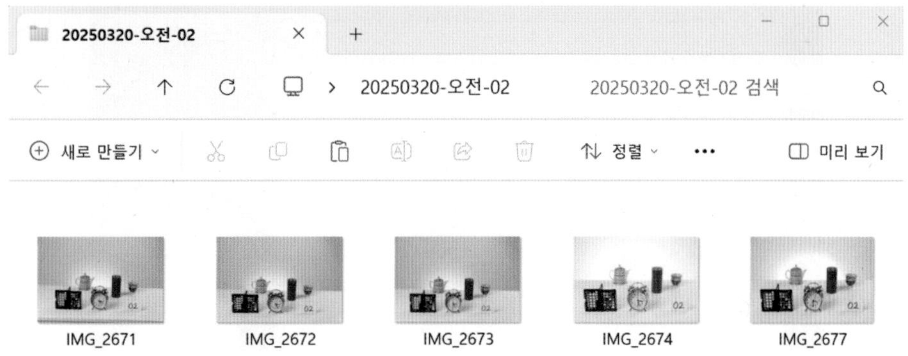

2. Adobe Bridge를 이용하여 별점(rating)

1) Adobe Bridge를 실행하여 바탕화면에 생성한 폴더를 연다.

2) 촬영한 Raw파일의 우열을 가려 별점을 지정하고 제일 양호한 촬영본 1개에 별점 5개 지정한다.
(ctrl+1 → 별점 1개 / ctrl+2 → 별점 2개 / ctrl+3 → 별점 3개/ ctrl+4 → 별점 4개 / ctrl+5 → 별점 5개)

3. Adobe CameraRaw를 이용하여 RAW파일 컨버팅

1) 별점 5개를 지정한 RAW파일을 Adobe CameraRaw로 실행한다.

2) Workflow(워크플로우)옵션에서 시험에서 제시하는 색공간과 비트심도를 설정한다.

 *Space : 색공간, Depth : 비트심도

 (ACR의 우측 상단 톱니바퀴 모양을 눌러 Workflow옵션에 접근 가능하고 ACR하단에 표시되는 '색공간-비트심도-사이즈-해상도' 밑줄 표시를 클릭하여 접근 가능하다)

3) 표준 컬러 차트를 확인하여 [Color 패널]에서 화이트밸런스를 교정한다.

4) 표준 컬러 차트를 확인하여 [Light 패널]에서 노출을 교정한다.

5) [Optics 패널]에서 색수차를 제거하고 왜곡을 수정한다.

6) Open을 눌러 Photoshop으로 실행한다.

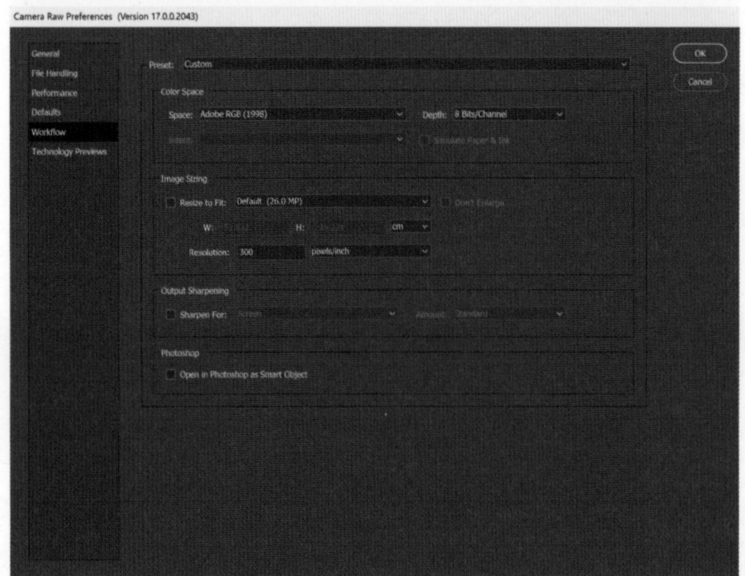

4. Adobe Photoshop을 이용하여 후보정 및 저장

1) 제거 도구를 이용하여 **먼지 및 흠집을 제거**한다.
2) 제거 도구를 이용하여 **불필요하게 반사된 조명을 제거**한다.
3) 작품의 이미지 사이즈를 **짧은 변 16cm, 긴 변 24cm, 해상도 300PPI**로 설정한다.
   [Image] - Image Size (Ctrl+I) *Resample 체크
4) 편집 완료된 파일을 "사진원본이름-작품-비번호"로 같은 폴더에 **PSD파일 형식**으로 '다른 이름으로 저장(Save As)'한다. [File]-Save As(Ctrl+Shift+S)
   (작품 파일 명 예시: IMG_0004-작품-1.psd)

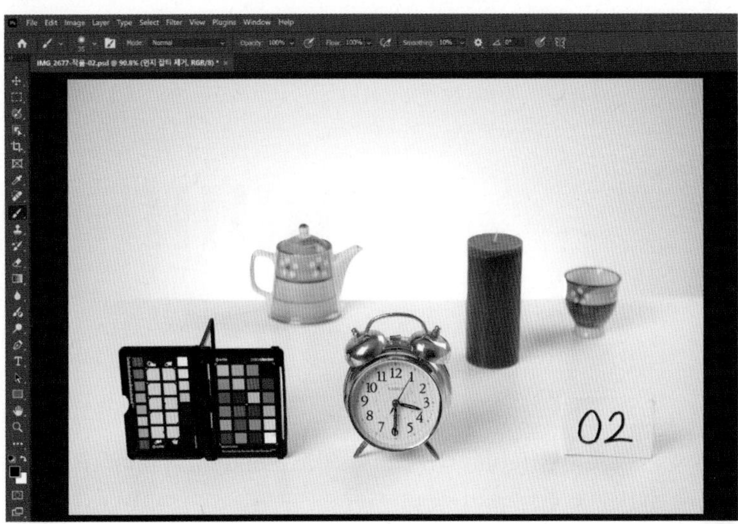

5. 작품 출력

1) 프린터 설정에 들어간다. [File]-Ptint(Ctrl+P)

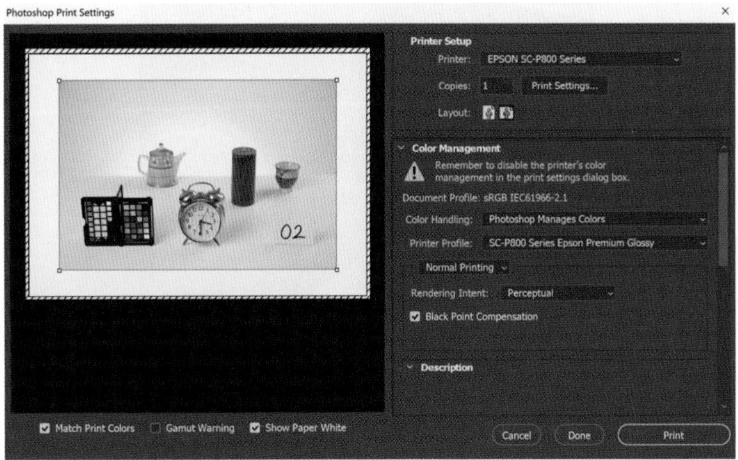

2) 시험장 프린터 드라이버 설정을 한다.

3) 제공된 출력 용지에 맞는 프로파일(Profile)과 렌더링 의도(Rendering Intent)를 설정하고 이미지가 A4 크기의 출력용지 중앙에 화상이 오도록 출력한다.

5) 지급된 용지 3매 중 2매는 테스트 출력하고, 1매는 최종 작품용으로 출력한다.
(테스트 출력이 불필요하다 판단할 경우 생략 가능하다.)

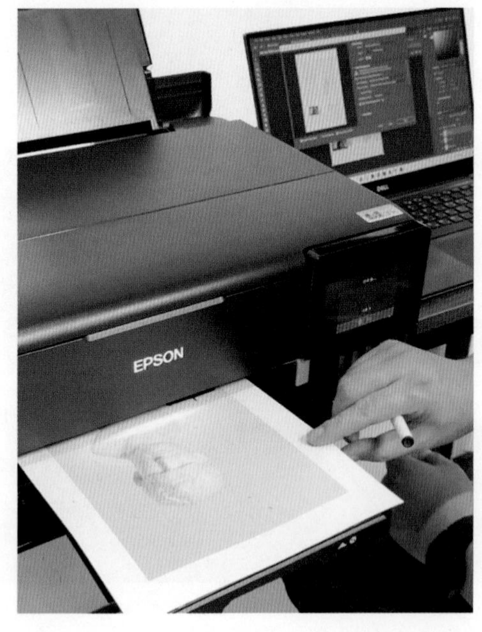

6. 작품 제출

1) 최종 작품용 프린트 용지 뒷면에 색공간(Color space), 프린터 프로파일(Printer Profile), 렌더링 의도(Rendering Intent)를 기입한다.

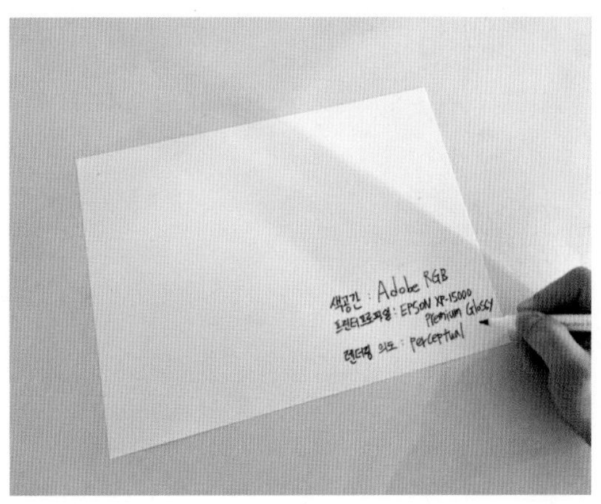

2) 최종 작품 프린트 1장, 테스트 프린트 2장 바탕화면에 생성한 폴더(내부 자료 포함)를 복사한 메모리카드를 작품 제출용 봉투에 넣어 제출한다.
   폴더 내부자료 : 로우파일, 로우파일에 해당하는 XMP파일, 작업물 PSD파일을 확인한다.
   (예시: 5회 촬영 시: RAW 파일 5개, XMP 파일 5개, 최종 작품 PSD파일 1개)

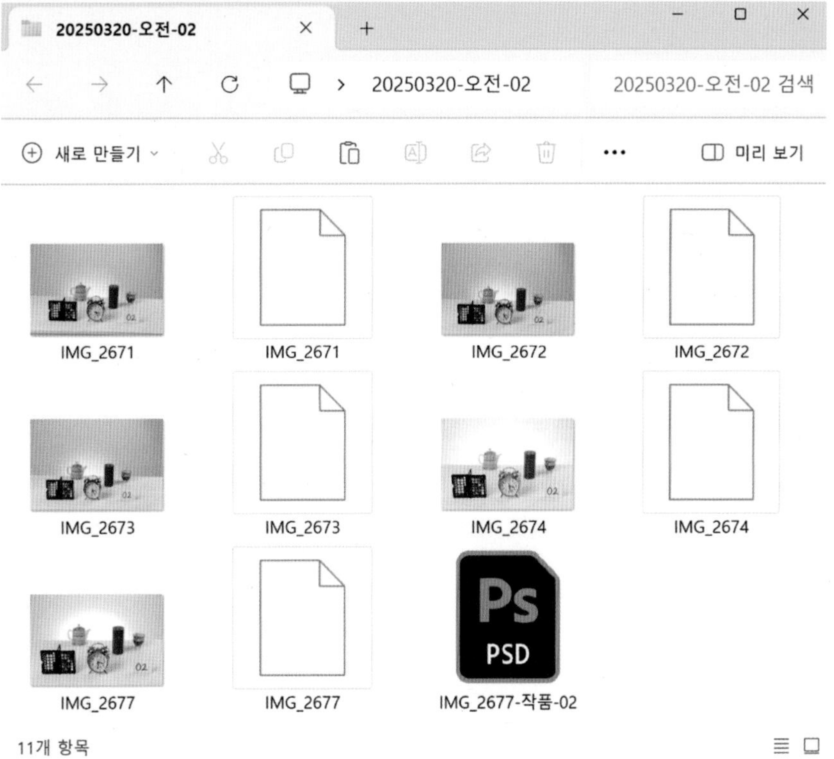

2025 유튜버 찐군 전체 무료강의 제공되는

사진기능사 필기+실기 필독서

발행일 2025년 1월 30일
발행처 인성재단(지식오름)
발행인 조순자
편저자 찐군
편집디자인 이우미

정가 26,000원 **ISBN** 979-11-94539-34-6